- 广州市教育科学规划课题:高职院校现代产业学院人才培养质量保证体系研究与实践（课题编号:202214410）
- 广东省科研项目(普通高校特色创新类):职业教育市域产教联合体机制研究与实践（课题编号:2024WTSCX252）
- 广东省继续教育质量工程提升工程示范基地项目:广州科学城产业学院社区教育示范基地(项目编号:JXJYGC2021FY0450)

高职产业学院人才培养质量保证体系建设研究

曾兰燕 著

东南大学出版社
SOUTHEAST UNIVERSITY PRESS

·南京·

图书在版编目(CIP)数据

高职产业学院人才培养质量保证体系建设研究 / 曾兰燕著. -- 南京：东南大学出版社，2025.6. -- ISBN 978-7-5766-2180-8

Ⅰ.G718.5

中国国家版本馆 CIP 数据核字第 20259804X6 号

高职产业学院人才培养质量保证体系建设研究

Gaozhi Chanyexueyuan Rencai Peiyang Zhiliang Baozheng Tixi Jianshe Yanjiu

著　　者	曾兰燕
出版发行	东南大学出版社
社　　址	南京市四牌楼 2 号(邮编:210096)
出 版 人	白云飞
网　　址	http://www.seupress.com
策划编辑	孙松茜
责任编辑	孙松茜
责任校对	子雪莲
封面设计	王　玥
责任印制	周荣虎
经　　销	全国各地新华书店
印　　刷	广东虎彩云印刷有限公司
开　　本	700mm×1000mm　1/16
印　　张	16.25
字　　数	328 千字
版　　次	2025 年 6 月第 1 版
印　　次	2025 年 6 月第 1 次印刷
书　　号	ISBN 978-7-5766-2180-8
定　　价	88.00 元

(本社图书若有印装质量问题,请直接与营销部联系。电话:025-83791830)

前　言

在新一轮科技革命与产业变革深度重塑全球经济格局的时代浪潮中，职业教育正处于转型升级的关键节点。作为深化产教融合、校企协同育人的核心载体，高职产业学院肩负着为产业升级和经济社会发展输送高素质技术技能人才的时代使命。随着产业学院建设规模的快速扩张，如何构建科学完备的人才培养质量保证体系，已成为突破发展瓶颈、增强职业教育适应性的核心命题。作为由政校行企园等多元主体共建的实体化职业教育机构，产业学院在产教融合、科教融汇进程中发挥着重要的枢纽作用。它不仅创新了学历教育、技术研发、技能培训与生产服务一体化的育人模式，更显著提升了企业在职业教育中的主体地位。

本书基于理论与实践的双重视角，以高职院校产业学院人才培养质量保证体系建设为出发点，通过对比德、美、英、日等国及国内的典型案例，系统梳理产业学院发展脉络，深入剖析产业学院建设现状与机制运行逻辑，精准定位产业学院人才培养质量保证体系建设中"区域产业需求响应滞后、跨主体质量标准缺失"等痛点与难点，构建了产业学院内部专业、课程、教师、学生、社会服务等多维度的质量评价标准，既为产业学院规范化建设提供理论指引，又为校企协同育人机制的创新实践提供方法论支撑。研究成果对于深化职业院校人才培养改革、完善现代职业教育体系、增强产业核心竞争力具有重要现实意义，同时也为职业教育管理者、教学质量从业者及相关研究者提供了参考范例。

本书对产业学院人才培养质量保证体系进行系统性阐释，其创新构建的多维度评价标准，不仅有助于推动校企深度合作，培育契合产业升级需求的高素质创新人才，更能促进职业教育评价改革，树立高质量发展理念。期待本书能为职业教育管理者提供决策参考，为院校教师搭建实践框架，为企业界人士开辟协同育人的新路径。我们希望，通过系统化的质量治理创新，推动产业学院成为技术技能人才的"孵化器"、产教融合的"试验田"和区域发展的"动力源"，在科技革命与产业变革的浪潮中，实现职业教育与产业发展的同频共振、共生共长，共同推动职业教育与产业发展的深度融合、协同创新。

曾兰燕

2025 年 5 月

目 录

第一章 产业学院概述 ⋯⋯⋯⋯⋯⋯⋯⋯⋯⋯⋯⋯⋯⋯⋯⋯⋯⋯⋯⋯⋯ 1
　第一节　产业学院的界定 ⋯⋯⋯⋯⋯⋯⋯⋯⋯⋯⋯⋯⋯⋯⋯⋯⋯⋯ 1
　第二节　产业学院的任务与功能 ⋯⋯⋯⋯⋯⋯⋯⋯⋯⋯⋯⋯⋯⋯⋯ 7
　第三节　产业学院相关研究综述 ⋯⋯⋯⋯⋯⋯⋯⋯⋯⋯⋯⋯⋯⋯⋯ 14

第二章 产业学院发展的历史与现状 ⋯⋯⋯⋯⋯⋯⋯⋯⋯⋯⋯⋯⋯⋯ 18
　第一节　我国产业学院发展概况 ⋯⋯⋯⋯⋯⋯⋯⋯⋯⋯⋯⋯⋯⋯⋯ 18
　第二节　英德美日产业学院发展概况 ⋯⋯⋯⋯⋯⋯⋯⋯⋯⋯⋯⋯⋯ 24

第三章 产业学院的建设 ⋯⋯⋯⋯⋯⋯⋯⋯⋯⋯⋯⋯⋯⋯⋯⋯⋯⋯⋯ 54
　第一节　产业学院建设概述 ⋯⋯⋯⋯⋯⋯⋯⋯⋯⋯⋯⋯⋯⋯⋯⋯⋯ 54
　第二节　产业学院的建设策略 ⋯⋯⋯⋯⋯⋯⋯⋯⋯⋯⋯⋯⋯⋯⋯⋯ 59
　第三节　产业学院建设评价 ⋯⋯⋯⋯⋯⋯⋯⋯⋯⋯⋯⋯⋯⋯⋯⋯⋯ 63

第四章 产业学院产教融合的理论基础 ⋯⋯⋯⋯⋯⋯⋯⋯⋯⋯⋯⋯⋯ 74
　第一节　利益相关者理论 ⋯⋯⋯⋯⋯⋯⋯⋯⋯⋯⋯⋯⋯⋯⋯⋯⋯⋯ 74
　第二节　契约理论 ⋯⋯⋯⋯⋯⋯⋯⋯⋯⋯⋯⋯⋯⋯⋯⋯⋯⋯⋯⋯⋯ 80

第五章 产业学院产教融合机制建设 ⋯⋯⋯⋯⋯⋯⋯⋯⋯⋯⋯⋯⋯⋯ 87
　第一节　产业学院产教融合共同体建设 ⋯⋯⋯⋯⋯⋯⋯⋯⋯⋯⋯⋯ 87
　第二节　产业学院产教联合体建设 ⋯⋯⋯⋯⋯⋯⋯⋯⋯⋯⋯⋯⋯⋯ 102
　第三节　产业学院产教融合组织机制建设 ⋯⋯⋯⋯⋯⋯⋯⋯⋯⋯⋯ 112
　第四节　产业学院产教融合运行机制建设 ⋯⋯⋯⋯⋯⋯⋯⋯⋯⋯⋯ 121

第六章 产业学院的专业评价体系构建 ⋯⋯⋯⋯⋯⋯⋯⋯⋯⋯⋯⋯⋯ 130
　第一节　产业学院的专业评价概况 ⋯⋯⋯⋯⋯⋯⋯⋯⋯⋯⋯⋯⋯⋯ 130
　第二节　德美英日的专业评价概况 ⋯⋯⋯⋯⋯⋯⋯⋯⋯⋯⋯⋯⋯⋯ 131
　第三节　产业学院的专业评价策略 ⋯⋯⋯⋯⋯⋯⋯⋯⋯⋯⋯⋯⋯⋯ 139
　第四节　产业学院的专业评价实践 ⋯⋯⋯⋯⋯⋯⋯⋯⋯⋯⋯⋯⋯⋯ 142

第七章　产业学院的课程评价体系构建 ……………………………… 154
第一节　产业学院的课程评价概况 ………………………………… 154
第二节　德美英日课程评价发展概况 ……………………………… 156
第三节　产业学院的课程评价策略 ………………………………… 164
第四节　产业学院的课程评价实践 ………………………………… 167

第八章　产业学院的教师评价体系构建 ……………………………… 174
第一节　产业学院的教师评价概况 ………………………………… 174
第二节　德美英日教师评价发展情况 ……………………………… 175
第三节　产业学院的教师评价构建策略 …………………………… 182
第四节　产业学院的教师评价实践 ………………………………… 187

第九章　产业学院的学生学习评价体系构建 ………………………… 196
第一节　产业学院的学生学习评价概况 …………………………… 196
第二节　德美英学生评价发展情况 ………………………………… 197
第三节　产业学院的学生评价体系构建策略 ……………………… 220

第十章　产业学院的社会服务评价体系构建 ………………………… 227
第一节　产业学院的社会服务评价概况 …………………………… 227
第二节　德美英产业学院的社会服务评价发展情况 ……………… 228
第三节　产业学院的社会服务评价策略 …………………………… 243

参考文献 ………………………………………………………………… 249

第一章 产业学院概述

《国务院办公厅关于深化产教融合的若干意见》《国家职业教育改革实施方案》等文件指出,"深化产教融合,促进教育链、人才链与产业链、创新链有机衔接,是当前推进人力资源供给侧结构性改革的迫切要求","要同步规划产教融合与经济社会发展,统筹职业教育与区域发展布局,引导职业教育资源逐步向产业和人口集聚区集中"。现代产业学院作为政府机构、行业协会、产业园区、龙头企业、高职院校等多主体合作兴办的集学历教育、技术研发、技能培训、生产服务于一体的实体化职业教育机构,在提升企业办学主体地位,推动深化产教融合、校企合作方面具有十分重要的作用。

第一节 产业学院的界定

一、产业学院的界定

(一)产业学院

从字面上理解,产业学院是指专门致力于产业的学习和研究的学院或机构。它可能是一个教育机构,提供与产业相关的课程和培训,培养人才以支持产业的发展和创新;也可能是一个研究机构,专门从事产业的研究和分析,为政府、企业和其他利益相关方提供决策和建议。产业学院可以关注特定的产业,如制造业、农业、能源等;也可以跨越多个产业领域,关注产业发展的整体问题和趋势。产业学院的目标是深入研究产业,并为实现可持续发展和创新提供支持和指导。

总的来说,产业学院是指专门从事产业分析、产业发展、产业政策等方面研究的学术机构或教育机构。其主要任务是培养人才、开展产业研究、提供咨询服务,从而推动区域产业发展和经济转型升级。产业学院通常涵盖多个学科领域,如经济学、管理学、工程学等,与企业、政府和其他社会各界密切合作,通过开展教育培训、科学研究和实践活动,为产业发展提供智力支持和技术支撑,推动产学研合作,促进产业升级与创新发展。

（二）现代产业学院

现代产业学院是指专门研究现代产业发展的学术机构或教育机构。它以培养适应现代产业发展需要的人才为主要任务，通过开展教育培训、研究和咨询等活动，推动现代产业的发展和创新。现代产业学院研究涵盖多个学科领域，如经济学、管理学、工程学、信息技术等，以全面理解和分析产业发展的各个方面。它与企业、政府和社会各界紧密合作，关注实际问题和需求，致力于提供相关领域的专业知识和技能培训。现代产业学院的研究和教育内容包括产业的发展趋势、产业政策、产业创新、产业转型等方面的知识和理论，通过打造学生的专业能力、创新思维和实践能力，培养适应现代产业需要的人才，为产业发展和社会经济发展作出贡献。

从深层次来看，现代产业学院是指面向现代产业界和社会需求，以培养具备产业发展所需知识和能力的高素质人才为主要任务的学术机构或教育机构。现代产业学院以适应现代产业发展需要为宗旨，依托高等院校或独立机构，开设与现代产业相关的学历教育，培养现代产业发展所需的人才；通过提供实用性、创新性和高水平的教育培训，培养具有创新思维、实践能力和综合素质的高素质专业人才，为现代产业的可持续发展提供有力的人才支持。

现代产业学院的目标是培养适应产业发展需要的高素质人才，推动产学研合作，促进产业创新和转型升级，它往往呈现出以下特征：(1) 跨学科融合。现代产业学院通常融合多个学科领域，如经济学、管理学、工程学、信息技术等，旨在培养具备综合知识和能力的人才，能够跨学科地研究和应对产业发展的挑战。(2) 产学研结合。现代产业学院注重产学研结合，与产业界和研究机构紧密合作，开展实践教学、科学研究和技术创新，将理论知识与实际问题相结合，培养学生解决实际问题的能力。(3) 创新创业导向。现代产业学院注重培养学生的创新创业精神和能力，关注创新驱动的产业发展，鼓励学生发展创新思维和进行创业实践，提供创业支持和创新创业教育，培养具备创新创业能力的人才。(4) 产业发展导向。现代产业学院致力于深入研究产业发展趋势和政策，为产业升级和转型提供智力支持和技术指导，为企业和政府决策提供咨询服务，推动区域经济发展和产业转型升级。

二、产业学院的建设

（一）产业学院的建设背景

经济全球化和科技进步的加速使产业结构不断调整和优化，对高素质专业人才的需求日益增加。传统的教育体系往往难以满足产业发展对人才的多元化需求。产学研合作是促进产业创新和技术转移的重要机制。为了加强企业与高等教育机构之间的合作，更好地应对产业的需求和挑战，建设产业学院成为搭建产学研合作平台的重要途径。产业学院的建设往往与国家的产业发展政策密切相关。随着产业结构的调整和转型，许多地区和行业面临产业升级的挑战。国家在每个规划周期都会提出发展特定产业或产业集群的战略目标，产业学院的建设可以提供相关领域的培训和支持，帮助产业实现转型升级，为国家产业发展战略的实施提供支持。国家产业发展需要各类专业人才，但现有教育培训体系往往无法满足这些需求。产业学院的建设可填补产业人才供需缺口，提供适应产业发展需要的高素质人才。创新创业是推动产业发展的重要引擎，为了培养和支持创新创业人才，产业学院可以为创新创业提供相关的教育培训、孵化器、创新创业项目支持等，促进创新创业的蓬勃发展。产业结构的调整和转型使得许多地区和行业面临着产业升级的挑战，产业学院可以通过提供相关领域的专业知识和技能培训，为产业转型升级提供智力支持和人才培养，满足现代产业发展对人才培养和技术支持的需要。为了加强企业与高等教育机构之间的合作，还可通过建设产业学院，提供创新平台、实践基地和资源支持，促进产学研合作。

在我国，产业学院建设得到了国家的大力支持，教育部《职业教育改革发展行动计划（2017—2020年）》指出，要加强产学研用协同创新，推动特色鲜明的产业学院建设，提高职业教育专业教师能力；教育部《关于推进现代学徒制改革创新的指导意见》提出，要推动产教融合人才培养，鼓励各地探索建设适应产业需求的产业学院，加强与企业合作，提升学徒制人才培养质量；教育部《关于推进高水平职业院校建设的实施意见》提出，要推动高水平职业院校建设，鼓励建设特色鲜明的产业学院，加强与产业企业合作，深化产学研用一体化创新能力建设；国务院《关于深化人才发展体制机制改革的实施意见》提出，要鼓励高校建设产业学院，加强与企业合作，推动人才培养与产业需求对接；国家发展改革委、教育部等部门联合发布的《关于支持产教融合型高水平职业院校建设的指导意见》提出，要支持产教融合型高水平职业院校的建设，鼓励建设特色鲜明的产业学院，推动产学研用一体化创新发展。这些文件的出台，为大力发展产业学院提供了坚实的政策保障，有效推动了产业学院的建设。

（二）产业学院建设的意义

产业学院的建设对于促进产业发展、推动产学研结合、提升就业竞争力和加强产业培训等方面都具有重要意义，是推动经济社会发展的重要组成部分，产业学院建设的意义包括：

1. 适应产业需求，推动产业升级

产业学院一方面致力于培养适应产业发展需求的高素质人才，通过与产业密切结合，提供与产业发展相匹配的专业课程和实践机会，为产业提供所需的人才储备；另一方面通过与企业合作、开展科研和技术创新等方式，推动产业的创新和升级，为企业提供专业的咨询服务、技术支持和人才培养，促进产业的技术进步和竞争力提升。

2. 促进产学研结合，提升社会服务能力

产业学院是产学研结合的重要平台，通过与企业、科研机构等合作，将学术研究成果转化为实际应用，促进科技成果的产业化。产业学院也可以为学生提供实践机会，使他们能够将所学知识应用到实际工作中。同时，产业学院还可以为企业提供专业的培训服务，通过提供定制化的培训课程，帮助企业提升员工的技能和素质，满足企业的特定需求，提高企业的竞争力和创新能力。

3. 推进校企深度融合，增强学生就业竞争力

产业学院通过与企业深度融合，试点现代学徒制、订单培养、现场工程师培养等多种人才培养模式改革，为学生提供更多的就业机会，帮助学生更好地适应就业市场的需求，提高就业竞争力。

（三）产业学院的定位

1. 产业导向

产业学院是以特定产业或产业群体的需求为导向，为其提供相关专业教育、培训和研究服务的教育机构，将产业需求作为主导，通过与企业、行业协会等合作，提供与产业发展密切相关的课程和实践机会，培养符合产业需求的专业人才。产业学院的产业导向主要体现在专业设置、产业合作、产业实践、产业研究等方面。产业学院的专业设置要与产业需求对接，产业学院根据当地或国家特定产业的发展需求，设立相关的专业课程和学科方向。产业学院紧密关注产业发展趋势和市场需求，结合产业特点和技术要求，调整和更新专业设置，确保培养出符合产业需求的专业人才。产业学院注重产业合作与联盟建设，与相关产业企业、行业协会等建立合作关系，共同探讨和解决产业发展中的问题，通过与产业企业的紧密合作，进一步了解产业的实际需求，及时调整课程内容和教学方法，培养符合产业标准和要求的人才。同时，产业学院特别强调实践教学与产业对接，注重实践教学环节，并与产业深度对接，例如在学院开设实习、实训、实践项目等课程，让学

生深入真实的产业环境中,学习和应用专业知识和技能,通过与产业对接,学生能够了解产业运作机制、学习实际操作技能,从而提高就业竞争力。此外,产业学院还注重产业研究与创新,开展与产业相关的研究和创新活动,积极解决产业面临的技术难题和发展瓶颈,例如在学校组织科研团队和专家学者,与产业企业共同研究,开展技术创新和产业转型升级方面的项目,为产业发展提供技术和智力支持。通过与产业密切结合,产业学院可以培养出适应产业发展需求的专业人才,为产业发展提供积极的支持。

2. 实践性教育

实践性教育是产业学院的重要特点和优势。产业学院的实践性教育是指注重培养学生的实践动手能力和实际操作技能,通过实践活动来提升学生的职业素养和就业竞争力。产业学院除了传授理论知识之外,特别强调学生的实践能力培养,通过实习、实训、项目等形式,学生能够接触到真实的工作环境,提升自己的实践能力和解决问题的能力,提高学生的就业竞争力,为产业发展提供技术和人才支持。产业学院的实践性教育主要有以下环节:(1)实习实训。产业学院与相关产业企业合作,为学生提供实习实训机会,学生一方面可以在真实的产业环境中学习和应用专业知识和技能,通过实践活动提升自己的实际操作能力;另一方面可以更好地了解产业的运作机制和业务流程,为毕业后的就业作好准备。(2)实践项目。产业学院开展与产业相关的实践项目,包括技术研发、产品设计、市场调研等,让学生通过实践项目的实施,锻炼自己解决问题的能力和团队合作能力,进而能够更好地理解产业需求和挑战,培养创新思维和实践能力。(3)创新创业。产业学院通过开设创业课程、组织创业竞赛等方式,激发学生的创业意识和创新能力,积极鼓励学生开展创新创业实践,并提供相关支持和指导,让学生从创新创业实践中学习创业知识和经验,培养自主创业能力和创新精神。(4)实践教学方法。产业学院的教学中会采用多种实践教学方法,如案例分析、模拟实验、实际操作等,让学生更好地将理论知识应用到实践中。此外,产业学院还会邀请产业企业的专业人员来校进行实践授课,让学生直接接触和学习真实的产业实践经验,促进学生实践能力的培养。

3. 产学研结合

产业学院的产学研结合是指产业学院积极推动产学研结合,促进产业需要与学术研究有机结合,加强与产业界、学术界的交流与合作。通过共同开展研究项目、技术转移、人才培养等形式,实现产学研深度融合;通过开展科研项目、技术创新以及与企业的合作,将学术研究成果转化为实际应用,促进产业的发展和产业学院的创新能力提升,为产业发展提供支持。产学研结合的方式主要有以下几种:(1)产学合作。产业学院与产业企业建立紧密的合作关系,通过与企业合作开展研究项目、技术开发和转让等,将产业学院的教育资源和专业知识应用到实际产业中,了解企业的实际问题和需求;通过研究问题、解决问题,为企业提供技术支持和解决方案。(2)学术研究。产业学院与学术界建立合作关系,邀请学术界专家来校进行学术交流和讲座,提高学术水平和科研能力。(3)人才培养。产业学院与产业界合作开展人才培养,可以与企业合作共建实习基地,为学生提供实习实训机会,也可以与企业合作开设双证班,为企业培养适应产业需求的专业人才。通过与企业合作,产业学院能够更好地了解产业需求,进而有效地培养符合产业要求的人才。(4)成果转化。产业学院与产业企业合作,通过技术转移中心或专利转让等方式,将学校的研究成果应用到实际产业领域中,促进产业的技术创新和发展。通过产学研结合,产业学院能够充分发挥自身的教育和科研优势,为产业提供技术支持和解决方案,培养适应产业需求的专业人才,促进产业的发展和学院的创新能力,同时,产业界和学术界的合作也能够为学校提供实际问题和经验,促进教学和科研的实践性和创新性。

4. 职业素养培养

产业学院注重培养学生的职业素养,通过课程设置和实践活动,培养学生的综合素质,使其具备适应产业发展的能力和素养,包括良好的沟通能力、团队合作精神、创新能力等。产业学院的职业素养培养主要包括:(1)专业知识与技能培养。产业学院注重培养学生的专业知识和技能,使其掌握所学专业领域的核心知识和技能,并能够灵活运用于实际应用中。(2)实践能力培养。产业学院重视学生的实践能力培养,通过实验、实训、实习等方式,让学生接触实际问题和工作环境,提升解决问题和实际操作的能力。(3)团队合作与沟通能力培养。产业学院注重培养学生的团队合作和沟通能力,通过课程设计、项目实践等形式,让学生学会与他人沟通、协调、合作,建立良好的人际关系,增强团队协作能力。(4)创新思维与创业能力培养。产业学院鼓励学生具备创新思维和创业能力,通过创新创业教育和实践活动,培养学生的创新意识、问题解决能力和创业精神,使其能够在产业中具备创新和创业的能力。(5)职业道德与社会责任感培养。产业学院注重培养学生的职业道德和社会责任感,通过课程教育和社会实践,引导学生树立正确的职业操守和价值观,使其注重诚信、责任。通过职业素养培养,产业学院为学生提供全面的职业教育,使其能适应产业发展和就业需求,具备行业所需的专业素养和能力,从而提高就业竞争力和职业发展潜力。同时,职业素养培养也是培养学生终身学习和发展的基础,使其能够在不断变化的职业环境中适应和成长。

5. 产业服务

产业学院的核心是以产业需求为导向，注重实践性教育和产学研结合，培养具备职业素养的人才，并为产业提供相关服务，推动产业的发展和创新。产业学院为产业发展提供相关服务，包括人才培养、技术支持、咨询服务等。通过与企业合作，产业学院能够满足产业的需求，为企业提供专业的培训和解决方案，促进产业的发展和升级。产业学院的产业服务主要包括：(1) 产业咨询。产业学院通过专业团队为企业提供咨询服务，包括市场调研、战略规划、管理咨询等，帮助企业发现问题、解决问题，为其提供发展方向和建议。(2) 人才培养。产业学院通过开设专业课程、技能培训和学历教育等方式，为产业培养人才，提供符合产业需求的专业人才；也可以与企业合作，进行定制化培训和人才输送，满足产业的具体需求。(3) 创新研发。产业学院通过科研项目和技术研发，为产业提供创新支持。学院可以与企业合作开展研究项目，研发新技术、新产品，提供技术咨询和支持，推动产业创新发展。(4) 资源共享。产业学院可通过校企合作、产教融合，提供实验(训)室、设备、场地、师资等资源共享，为产业提供技术支持和实验(训)平台，促进产业的技术创新和发展。(5) 产业合作。产业学院可促进学校与企业进行合作，共同开展项目和商业化活动，推动产学研用的紧密结合，促进产业的发展和转型升级。产业学院作为产学研用结合的重要纽带，能够为企业和产业提供专业的支持和服务，帮助产业解决问题、提升竞争力，推动产业的可持续发展；同时，也可以为学生提供实践机会和就业渠道，为产业提供人才和创新支持，实现产业学院与产业的双赢。

第二节　产业学院的任务与功能

一、产业学院的任务

(一) 技术技能培养

产业学院致力于培养适应产业发展需求的技术技能人才，为产业提供高素质、专业化的人才支持。通过专业课程和实践教学，产业学院为学生提供相关专业知识和实际操作技能，使他们能够胜任各种职业岗位。技术技能培养是产业学院的主要任务之一，主要包括以下几方面：(1) 课程设置与教学。产业学院根据不同的产业需求，制定相应的课程体系，包括基础理论课程和专业实践课程，通过系统的教学安排和教学方法,为学生提供专业知识和技能培养,使其具备相关产业的核心技术。(2)实践实训。产业学院注重实践教学,在教学过程中引入实践环节,如实习、实训、项目实践等,学生可以在真实的工作场景中进行实践操作,掌握实际技能,并通过实际问题的解决提升自己的技术能力。(3)实验(训)室和工作坊。产业学院通常设有各种实验(训)室和工作坊,提供具体的实践环境和工具设备,学生可以在实验(训)室中进行实验研究,通过实际操作和实验数据的处理,提高技术操作能力。(4)导师制和师资队伍。产业学院通常拥有丰富的教师资源,师资队伍中既有具备学术背景和理论研究能力的教师,也有来自产业界的技术能手。产业学院通常采用导师制,为学生提供个性化的指导和辅导,并通过与导师的交流互动,提高学生的技术技能。(5)实践项目与合作企业。产业学院与企业、行业组织等建立密切的合作关系,共同开展实践项目,学生可以参与实践项目,与企业合作解决实际问题,深入了解产业现状和需求,并通过实践项目培养实际操作能力。

(二) 实践教学

产业学院注重实践教学,通过实习、实训、实践项目等方式,使学生能够在真实的工作环境中学习和应用所学知识和技能。这有助于学生更好地理解和掌握专业知识,并培养其解决实际问题的能力。产业学院的实践教学主要包括实习实训、项目实践、实验室、工作坊、模拟实训、企业讲座和访问等。(1)实习实训。产业学院通常与企业合作,为学生提供实习实训机会。学生在企业实际工作环境中进行实践操作,学习并应用相关技能和知识。通过实习实训,学生可以更好地了解产业的实际运作情况,提升自己的实际操作能力。(2)项目实践。产业学院通常与企业、行业组织等合作开展项目实践。学生可以参与具体的项目,与企业合作解决实际问题。通过项目实践,学生可以将课堂所学知识与实际应用相结合,培养解决实际问题的能力。(3)实验室、工作坊。产业学院通常设有各种实验室和工作坊,为学生提供实践环境和工具设备。学生可以在实验室中进行实验研究,通过实际操作和对实验数据的处理,提高实践能力。(4)模拟实训。产业学院通常会设置模拟实训环境,模拟真实的工作场景,学生可以在模拟实训环境中进行实践操作,通过模拟的情境培养实际操作能力。(5)企业讲座和访问。产业学院通常会邀请企业的专业人士来举办讲座或参观访问,为学生提供与企业交流的机会。学生可以听取企业专家的经验分享,了解企业的需求和实际应用情况。通过实践教学,产业学院能使学生更好地将理论知识应用到实际操作中,提高其实践能力和解决实际问题的能力,为其职业发展打下坚实基础。

(三)职业能力培养

产业学院重视培养学生的职业素养和综合能力。除了专业知识与技能的培养外,产业学院还注重培养学生的沟通能力、团队合作能力、创新能力等职业能力,以适应不断变化的职场需求。(1)专业知识与技能培养。产业学院通过丰富的课程设置,使学生掌握所学专业领域的核心知识和技能。学院注重理论与实践相结合,通过实践教学和实践项目,培养学生在特定产业领域的实际操作能力。(2)创新与问题解决能力培养。产业学院注重培养学生的创新意识和问题解决能力。通过项目实践、实验室研究等方式,学生可以在实践中探索新的思路和解决方案,培养创新思维和解决问题的能力。(3)团队合作与沟通能力培养。产业学院强调培养学生的团队合作和沟通能力。学生在实践项目和团队作业中,需要与他人合作,共同完成任务。通过团队合作,学生可以学会有效地进行沟通和协作,培养团队意识和领导能力。(4)职业素养与职业道德培养。产业学院注重培养学生的职业素养和职业道德。学院会针对学生所学专业的特点,开设相关的职业伦理和职业规范课程,引导学生树立正确的职业态度和价值观,培养良好的职业道德。(5)实习与就业指导。产业学院通常会为学生提供实习机会,并提供就业指导和职业规划服务。学院与企业和行业组织合作,为学生搭建就业信息平台和交流平台,帮助学生了解就业市场需求,提供实践就业技能培训,帮助学生顺利就业。

(四)产学研合作

产业学院的产学研合作是指产业学院与产业界、企业以及科研机构之间的合作。产业学院与产业界的合作非常重要,产业学院与企业、行业组织等建立紧密的合作关系,共同开展实践教学、科研项目、技术转移等活动,既可以促进产学融合,提升学生的实践能力和就业竞争力,同时也能为产业发展提供技术支持和创新动力。产业学院中产学研合作主要有:(1)产学研深度融合。产业学院与企业、行业组织以及科研机构之间建立深度合作关系,通过共同研究、项目合作等形式,将学术研究与实际产业需求相结合,学院的教师和学生可以通过产学研合作,更好地理解产业的实际运作情况,提升教学和研究的实际应用性。(2)技术创新与转化。产学研合作促进了技术创新与转化。学院的教师和学生通过与企业、科研机构的合作,可以共同研发和应用新技术、新产品,实现科技成果的转化和商业化;企业可以借助学院的科研实力和人才培养优势,提升自身的技术创新能力。(3)人才培养与实践教学。产学研合作为学生提供了更多的实践机会,学生可以参与企业的实习实训项目,与企业合作解决实际问题,培养实际操作能力和解决问题的能力;同时,产学研合作也为学生提供了更多的就业机会,产业学院与企业合作开展人才培养项目,为学生提供就业指导和就业机会。(4)产业发展与政策支持。产学研合作有助于促进产业发展并获得政策支持。产业学院通过与产业界的合作,可以了解产业发展的需求和趋势,为产业发展提供人才支持和技术支持;产业学院与政府部门合作,可以参与产业政策的制定和实施,为产业发展提供政策支持和指导。通过产学研合作,产业学院可以更好地与产业界和科研机构进行对接,提升教学和科研的实际应用性,培养与产业需求相匹配的高素质人才,促进产业发展和经济社会的进步。

(五)职业生涯规划与就业指导

产业学院为学生提供职业生涯规划和就业指导服务,帮助学生了解行业动态、职业发展方向,并提供职业规划、就业技巧等培训,帮助学生顺利就业或创业。具体做法有:(1)开设职业生涯规划课程。学院开设职业生涯规划课程,帮助学生了解自己的兴趣、能力和职业目标,并提供相关的职业规划知识和技巧。这些课程通常包括自我评估、职业探索、职业规划和就业准备等内容。(2)设立就业指导和就业服务部门,为学生提供个人职业咨询和就业信息。这些部门通常会组织职业规划讲座、就业技巧培训、模拟面试等活动,帮助学生提升就业技能和就业竞争力。(3)提供更多实习实训和实践机会。学院与企业建立合作关系,提供实习实训和实践机会,通过与企业合作的实习实训项目,学生可以接触真实的工作环境和项目,提升实际操作能力和解决问题的能力。(4)建立职业导师制度。学院与企业合作,建立职业导师制度,职业导师通常由具有丰富职业经验和行业背景的人士担任,他们职业经验丰富,人脉广泛,能够积极为学生提供职业指导、行业情报、职业网络和职业发展建议等支持。(5)搭建就业资源平台。学院通过校企合作设立或合作共建就业资源平台,为学生提供就业信息、招聘信息和职业发展资源。学生可以通过平台了解最新的就业信息,参与招聘活动,提交简历和求职信等,增加就业机会。(6)共建校企合作就业基地。产业学院与企业合作共建就业基地,为学生提供就业机会和实践机会。学生可在基地内进行实习、实训和项目合作,与企业的工作人员共同工作,了解实际工作环境和行业需求。产业学院的职业生涯规划与就业指导旨在帮助学生顺利过渡到职业生涯,并为他们提供就业所需的技能和资源。通过提供职业规划课程、就业指导和就业服务、实习实训和实践机会、职业导师制度、就业资源平台以及校企合作就业基地等,产业学院能够为学生提供全方位的支持,帮助学生实现自己的职业目标。

二、产业学院的功能

产业学院的功能在过去几十年间发生了显著的变化,从单一的职业教育与培训发展为综合的教育、研究与创新、产业合作与创业支持以及社会服务与人才培养,这些变化使得产业学院更加适应当今社会和经济的需求,为学生提供更多发展机会和职业选择,并为产业发展提供更多智力和技术支持。

(一)教育与培训

过去,产业学院主要提供职业教育和培训,以培养技术工人和蓝领工人为主,而现代产业学院则更加注重提供全面的教育,包括技术教育、学术教育和职业教育,通过提供学士学位、硕士学位和职业证书等不同层次的教育,满足不同学生的需求,并为他们的职业发展提供更多的选择。在教育与培训维度,现代产业学院的变化主要体现在专业设置、实践教学、创新创业教育、终身学习等方面。首先是多样化的专业设置。现代产业学院不再仅仅关注传统的工科和技术类学科,还增设了更广泛的学科专业领域,如商学、管理学、创新创业、设计艺术等。产业学院通过提供多样化的学科专业课程,满足不同学生的兴趣和需求,为他们的职业发展提供更多选择。其次是加强实践教学。现代产业学院注重将理论知识与实践能力相结合,加强实践教学,学院鼓励学生积极参与实习、实训、实践项目等实践活动,提升他们的实际操作能力和解决问题的能力。通过强化实践教学,学生能够更好地适应实际工作环境,并提前积累实践经验。再次是强化创新创业教育。现代产业学院非常注重培养学生的创新创业精神和实践能力。产业学院开设创业教育课程,组织创业讲座和创业竞赛,提供创业指导和创业资源,帮助学生了解创业的各个方面,并提供支持和指导,鼓励他们创办自己的企业或参与创新创业项目,提高学生创新创业实践能力。最后是强化终身学习的观念。现代产业学院强调学生终身学习的观念和自主学习能力的培养。产业学院提供在线学习平台和学习资源,鼓励学生积极参与自主学习和继续教育,不断更新知识和技能,以适应社会和技术的发展变化。现代产业学院在教育与培训方面更加注重学生的全面发展和实践能力培养,致力于为学生提供与时俱进的教育,以适应快速变化的职业需求和产业发展。

(二)研究与创新

产业学院不仅注重教育,还依托自身优势积极参与科学研究和创新活动,如产业学院师资力量强大,积极开展学术前沿、科技等方面的研究,并与企业和政府合作开展实际应用研究,为产业发展提供智力支持,推动技术进步和创新。在研究与创新方面,现代产业学院的变化主要体现在:(1) 产学研深度融合。现代产业学院更加注重将研究成果与实际产业需求相融合,推动产学研合作,学院积极与企业、行业协会等合作,开展联合研究项目,共同解决实际问题,在与产业的密切合作过程中,学院能更好地了解实际需求,提升研究的实用性和应用性。(2) 建立创新中心,现代产业学院往往会设立创新中心,旨在促进创新研究和技术创新。创新中心为学生和教师提供创新创业的支持和资源,包括创新项目的申报和资金支持、创新培训和指导等。通过创新中心的建设,产业学院能够培养学生的创新思维和创新能力,推动科技创新和产业发展。(3) 推进国际更深层次合作与交流。现代产业学院更为积极地开展国际合作与交流,与国内外高校、研究机构建立合作关系,鼓励学生和教师参与国际学术会议、研讨会等,促进学术交流与合作。频繁的国际合作与交流能够拓宽产业学院的研究领域和视野,引入国际前沿科技和研究成果,推动产业学院研究与创新的发展。(4) 丰厚的科研项目支持。现代产业学院加大对科研项目的支持力度,鼓励教师和学生积极申请科研项目,并提供相应的经费和资源支持。产业学院通过设立科研基地、引进优秀人才等方式,不断提升科研实力,推动科研成果的转化和应用。经过以上变化,现代产业学院在研究与创新方面更加注重产学研结合、创新中心的建设、国际合作与交流以及科研项目的支持,致力于推动产业研究与创新的发展,为产业发展和社会进步提供更多的智力支持。

(三) 产业合作与创业支持

现代产业学院与企业和产业界密切合作,建立产学研合作机制。产业学院为企业提供技术咨询、人才培养和项目合作等支持,促进产业创新和发展。同时,产业学院还积极支持学生创新创业,提供创业培训、创业资源和创业孵化服务,帮助学生实现创业梦想。在产业合作与创业支持方面,现代产业学院的变化主要有:(1) 积极搭建产业合作平台。现代产业学院积极搭建产业合作平台,与企业、行业协会等建立合作关系,促进产学研合作,学院通过合作平台提供的资金和支持,帮助学生和教师与企业合作,共同解决实际问题,推动产业发展。(2) 设立创业孵化中心等机构。现代产业学院设立创业孵化中心,为学生和教师提供创业支持和指导。创业孵化中心提供创业培训、创业项目的孵化和资金支持等服务,帮助创业者实现创业梦想。产业学院通过创业孵化中心的建设,为学生提供创业的平台和机会,培养创业精神和创新能力。(3) 加大产学研合作项目的支持力度。现代产业学院加大对产学研合作项目的支持,鼓励学生和教师申请产学研合作项目,并提供相应的经费和资源支持。通过与企业合作开展产学研合作项目,产业学院将学术研究成果应用到实际生产中,促进产业创新和技术进步。(4)加强创业教育的改革与推进。现代产业学院注重创业教育的改革与推进,将创业教育纳入课程体系,并提供相关的创业培训和指导。产业学院通过创业教育的开展,培养学生的创业意识和创新能力,为他们的创业之路提供必要的支持和引导。现代产业学院在产业合作与创业支持方面更加注重合作平台的建设、创业孵化中心的设立、产学研合作项目的支持以及创业教育的改革与推进,为学生和教师提供更多的产业合作与创业支持,帮助他们在创新创业领域取得更好的成果,并为产业发展和社会进步作出贡献。

(四)社会服务

现代产业学院的宗旨就是服务社会,因此,产业学院非常注重社会责任,在社会服务方面通过需求导向的课程设置、社会实践活动的开展、科技成果转化与知识产权支持以及社会合作伙伴关系的拓展等不断改善服务方式,为社会发展和进步作出贡献。(1)注重社会需求导向的课程设置。现代产业学院一般会根据社会需求调整课程设置,开设符合市场需求的专业课程,产业学院往往与企业、行业协会等建立深度合作关系,通过市场调研了解社会需求,将其反馈到课程设置中,确保学生所学的专业知识与社会需求相匹配。(2)注重实践活动的开展。现代产业学院依托校企合作优势,积极组织学生参与社会及行业企业的实践活动,如社区服务、公益活动、企业项目等。通过参与社会实践,学生可以深入了解社会问题,培养社会责任感和公民意识;通过参与企业项目,学生可以不断提升个人技术技能水平,同时也为社会和企业提供一定的服务和支持。(3)注重科技成果转化与知识产权支持。现代产业学院注重科技成果的转化和知识产权的保护。产业学院积极引导教师和学生将科研成果转化为实际应用,促进科技创新和产业发展;同时,也为教师和学生提供知识产权保护的支持和指导,确保他们的创新成果得到妥善保护和利用。(4)注重社会合作伙伴关系的进一步拓展。现代产业学院非常注重拓展社会合作伙伴,它与政府、行业、企业、非营利组织、职业院校等建立多边合作关系,建立校企合作命运共同体,共同解决社会问题,推动社会进步;产业学院也为社会合作伙伴提供相关的服务和支持,共同促进产业发展和社会发展。

(五)人才培养

在人才培养方面,现代产业学院更加注重综合素质的培养、实践教学的强化、产学研结合机制的建立以及引进国际化教育资源,培养具有创新能力、实践能力和国际视野的高素质人才,以适应现代产业发展的需求。(1)强调综合素质的培养。现代产业学院注重培养学生的综合素质,不仅注重专业知识的学习,还注重培养学生的创新精神、实践能力、团队合作能力、跨文化交流能力等,通过开设多元化的课程、组织项目实践活动、开展社会实践等方式,全面提升学生的综合素质。(2)强化实践教学环节。现代产业学院注重将理论知识与实践应用相结合,通过实践教学环节提升学生的实践能力。产业学院开设实验课程、实训课程、实习实训等,让学生能够亲身参与实际工作与项目,提高解决实际问题的能力。(3)建立产学研相结合的机制。现代产业学院与企业、行业协会等建立紧密的合作关系,促进产学研结合,与企业联合开展教育培训、科研合作、人才培养等活动,不断提高学生的就业竞争力,并为企业输送具有实践经验的人才。(4)引进国际化教育资源。现代产业学院注重引进国际化教育资源,与国外高校、科研机构建立合作关系,开展学术交流、人才培养等活动,开设国际化课程、组织国际交流项目等活动,提升学生的国际视野和跨文化交流能力,为学生提供更广阔的发展机会。现代产业学院致力于培养德智体美劳全面发展的人才,注重学生综合素质的培养和社会责任意识的培养,开展各种社会实践活动、志愿者服务和公益项目,为社会提供各种专业服务和支持。

第三节 产业学院相关研究综述

一、产业学院研究探索

对产业学院的研究探索,我国经历了初步探索、多样化创新、不断深化等阶段。这不仅是产业学院自身发展的蜕变历程,更是我国教育界与产业界深度融合、积极探索适应时代需求的人才培养模式的生动写照。

(一)初步探索阶段:产业学院的萌芽与起步

在产业学院发展的初步探索阶段,我国教育领域开始意识到产教融合对于人才培养的重要性,积极借鉴国外先进经验,如德国的"双元制"、澳大利亚的"培训包"模式等。这一时期的研究主要聚焦于产业学院的基本概念、功能定位以及与国外模式的对比分析。学者们初步探讨了产业学院在促进教育链与产业链对接、培养适应产业需求的高素质人才方面的作用。由于实践经验有限,产业学院在这一阶段面临诸多挑战,产业学院相关理论研究非常薄弱,对产业学院的组织架构、运行机制等关键问题更是缺乏深入研究,在实践中出现了合作模式单一、企业参与积极性不高、人才培养质量难以保障等问题。

(二)多样化创新阶段:产业学院的拓展与突破

随着对产业学院认识的不断加深,我国产业学院研究进入多样化创新阶段。各地高职院校和本科院校纷纷结合自身特色和地方产业需求,积极探索不同类型的产业学院建设模式。这一过程中出现了校企合作、校政合作、校校合作等多种合作模式,以及实体化、混合所有制等不同的组织形式。这一阶段的研究呈现出多样化的特点。学者们主要研究如何通过产业学院实现人才培养模式的创新、学科建设的提升以及服务地方经济发展的功能等问题,通过产业学院的建设,促进学科交叉融合,提升学科的应用价值,为地方产业发展提供技术支持和智力保障。

(三)不断深化阶段:产业学院的完善与提升

当前,我国产业学院的发展进入不断深化阶段。在政策支持和实践经验积累的基础上,产业学院的建设更加注重内涵发展和质量提升。学者们围绕产业学院高质量发展的要素框架、路径选择以及面临的挑战与应对策略等方面展开深入研究。在这一阶段,产业学院实践与研究呈现井喷式增长状态。在实践中产业学院面临着政策落实不到位、利益平衡困难、人才培养质量与产业需求匹配度不高等挑战,针对这些问题,学者们纷纷提出解决的建议,例如建议政府加大对产业学院的政策支持力度,建立健全政策执行评估机制;校企双方明确权利义务,建立激励机制,实现利益共享;根据产业需求动态调整课程设置,加强实践教学,提高人才培养质量等,为产业学院实践提供有力支撑。

二、产业学院研究现状

近年来,国内职业教育产业学院的发展受到政策环境的深刻影响,国家层面的政策支持为产业学院的建设提供了重要的制度保障。2017年国务院办公厅颁布的《关于深化产教融合的若干意见》明确提出要推动职业教育与产业结合,鼓励各类院校设立产业学院,促进校企合作。2020年教育部办公厅、工业和信息化部办公厅联合印发《现代产业学院建设指南(试行)》,进一步明确了产业学院的建设内涵。2021年中共中央办公厅、国务院办公厅印发《关于推动现代职业教育高质量发展的意见》,提出丰富职业学校办学形态,推动校企共建共管产业学院、企业学院,延伸职业学校办学空间,拓展校企合作形式内容。2022年修订的《中华人民共和国职业教育法》为职业教育拓展产业学院办学形式提供法律保障。2022

年,中共中央办公厅、国务院办公厅印发的《关于深化现代职业教育体系建设改革的意见》为探索产业学院运行机制改革提供了可参考的路径指引。在政策环境的推动下,产业学院在校企合作治理、资源配置、课程建设、师资力量等方面得到了进一步优化,职业教育产业学院的数量显著增加,各省份也逐渐建立了以产业学院为核心的职业教育体系,形成了与地方经济相结合的良性互动,对产业学院的研究也如雨后春笋般呈快速增长趋势。

经相关文献检索,以"产业学院"为主题的文献共有1 343篇,其中2019年以来共有1 282篇,占产业学院研究的90%以上。从文献内容来看,我国对产业学院的研究,大部分侧重于产业学院办学定位、办学模式、办学机制等。在理论构建方面,对产业学院的内涵、特征、本质属性等有了较为清晰的认识,明确了产业学院是以服务区域产业发展为宗旨,整合学校、企业、政府等多元主体资源,融人才培养、科学研究、技术创新、社会服务等功能于一体的新型产教融合载体,丰富了对产业学院内涵的理解;在实践指导方面,研究为产业学院的建设和发展提供了具体的路径和方法;在人才培养方面,提出了创新人才培养模式,如现代学徒制、订单式培养等模式,加强了实践教学环节,提高了学生的实践能力、职业素养和就业竞争力;在课程体系建设上,主张根据产业需求和职业标准,开发了具有针对性和实用性的课程,将企业的实际项目和案例融入课程教学中,使课程内容更加贴近产业实际;在师资队伍建设方面,提出打造一支既有扎实理论知识又有丰富实践经验的"双师型"教师队伍;在产学研合作方面,研究强调产业学院要加强与企业、科研机构的合作,开展技术研发和成果转化。通过搭建产学研协同服务创新平台,实现市场与高校资源的实时对接,以产业需求目标,推动科研成果向现实生产力转化。

经检索,以"产业学院机制"为主题研究的文献122篇,以"高职产业学院机制"为主题研究的文献26篇,以"产业学院质量保证"为主题研究的文献8篇,涉及产业学院机制研究的主要集中在以下方面:

职业教育校企合作的法规研究。赵敏对美国职业教育立法进行描述分析,阐述了美国职业教育立法的特色和影响,总结经验和教训,为我国职业教育立法提供参考[1];王璐对德国"双元制"职业教育法律法规追根溯源,并结合我国具体国情,得出德国职业教育法律法规对我国的启示等[2]。

---

[1] 赵敏.我国职业教育立法的改革与完善:从美国职业教育立法的启示谈起[J].科技信息(学术研究),2008(25):147-148.

[2] 王璐.德国"双元制"职业教育法律法规研究[D].天津:天津大学,2009:38-41.

校、政、行、企各方主体合作创新研究。范立南、李佳洋在"新工科"视野下,探索多方协同育人的产业学院共建共管协同育人机制,认为高职院校、学生、企业、政府、社会团体都应共同参与到产业学院的建设中,相关主体都是促成产业学院运转和发展的关键因素[①];《中国教育报》在2018年报道了东莞理工学院立足自身工科优势学科专业,实施校企、校政企、校校所和校校企等四种共建模式创建9个特色产业学院,促进了办学主体多元化发展,为我们提供了校企合作产业学院人才培养的良好实践范本。

产业学院组织制度创新研究。李潭总结了校企合作背景下产业学院建设实践中存在行政化色彩浓厚、治理结构不健全等一系列问题,认为建立现代化治理结构,构建常态化统筹机制,确立多层次的能力提升机制,集产、学、研于一体的产业学院是校企合作模式在新时期改革的方向[②]。胡文龙从创新链、产业链和教育链三链融合的视角,阐述市场化机制在产业学院方向布局、资源配置、内部治理和质量评价中的调节作用及范围,提出产业学院组织制度创新的实质是教育资源配置向市场化深度发展[③]。

产业学院运行机制研究。刘丽娜探讨了产业学院的管理体制、利益分配机制等,提出建立理事会领导下的院长负责制,明确理事会、院长等各方的职责和权力,确保产业学院的高效运行[④];在利益分配机制上,强调要根据各方的投入和贡献,合理分配产业学院的收益,包括人才培养成果、科研成果转化收益等,充分调动各方参与产业学院建设的积极性;提出构建科学的产业学院监督评估体系,从建设情况、运营管理情况、人才培养、服务经济社会、可持续发展及满意度等多个维度对产业学院进行评估和反馈[⑤]。

从已有的产业学院机制文献看,研究内容相对局限,主要集中在学校微观层面,对事实的总结和浅层分析,典型经验总结不够,现实描述性的研究较多,缺乏理论性、系统性、归纳性的分析方法和手段。同时,有关发挥高职院校自我评价和社会专业组织的监督和评价作用、产业学院人才培养质量保证体系的研究较少,有待进一步深化和突破。

---

① 范立南,李佳洋.新工科视域下多方协同产业学院的共建共管机制研究[J].教育现代化,2018,5(1):129-131,143.
② 李潭.产业学院:校企合作新型路径[J].教育评论,2017(11):27-30.
③ 胡文龙.论产业学院组织制度创新的逻辑:三链融合的视角[J].高等工程教育研究,2018(3):13-17.
④ 刘丽娜.现代产业学院研究述评与建设内涵辨析[J].教育视界,2023(32):12-17.
⑤ 王华新,张志东.高职院校产业学院质量评价指标体系构建研究[J].中国高校科技,2024(2):47-52.

第二章　产业学院发展的历史与现状

第一节　我国产业学院发展概况

一、概况

产业学院是以产业为背景,培养应用型人才的高等职业教育机构,是一种致力于培养实用型、高素质的专业人才的创新教育模式。它主要由企业、政府和职业院校共同创办,面向企业和市场需求,依托职业院校或相关单位,开设与企业紧密相关的职业课程,以市场需求为导向,致力于培养实用型和高素质的专业人才。我国专业设置丰富多样,以适应当地产业发展为导向,涵盖了多个领域,如机械制造、电子信息、汽车工程、化工、建筑工程等;同时,还开设了一些与新兴产业相关的专业,如互联网、物联网、人工智能等专业。产业学院注重培养学生的实践能力和职业素养,开设了大量的实训课程并提供实习机会,使学生能够在实际工作中学到知识和技能。产业学院与企业紧密合作,共同开展教学实践活动,组织企业实习和就业洽谈会,为学生提供就业机会和职业发展指导。产业学院注重学生的职业素养和职业规划。学生在校学习期间,除了学习专业知识和技能外,还会接受职业素养教育和职业规划指导,以帮助他们更好地适应社会就业。总的来说,我国的产业学院是为了适应社会经济发展需求,培养适应产业发展需要的应用型人才而设立的学院,注重实践教学和职业导向,通过与企业合作,为学生提供优质的职业教育和就业服务。

20世纪50年代到80年代,我国受到苏联的影响,建立了一批以产业学院为代表的高等职业教育机构。苏联的产业学院模式强调将职业教育与产业发展相结合,培养适应国家经济发展需求的技术人才,这一模式对我国的职业教育产生了积极的影响。同时,苏联产业学院的教育理念和教学方法也对我国的产业学院产生了一定的影响。苏联的产业学院注重实践教学和技能培养,强调学生的实际操作能力和实践能力的培养,这种注重实践的教学模式在我国的产业学院中得到推广。此外,苏联的产业学院的科研和教学成果也对我国的产业学院发展起到了一定的示范作用,我国的产业学院在科研和教学方面积极借鉴苏联的产业学院的先进经验和成果,同时,也根据我国的实际情况进行了改革和创新,不断提升自身的科研和教学水平,推动我国产业学院的发展。

在我国职业教育的发展中,产业学院具有重要的意义和广阔的发展前景。近年来,随着我国职业教育的不断发展,产业学院也逐渐得到了广泛的关注和推广,尤其是在一些经济发达的地区,如广东、江浙等地。产业学院一般由政府、企业和职业院校共同创办,紧密结合教育和市场需求,以企业为导向设置课程,针对市场需求和职业发展,开设不同的专业课程,校企共建基地,为学生提供丰富的、基于真实工作场景的环境。产业学院积极开拓市场,与企业建立紧密的合作关系,提供人才培训服务,不断创新发展,为培养高素质专业人才作出了积极贡献。

国家在过去几年间陆续出台了多个文件,旨在推进高等教育的现代化发展和产业转型升级。《教育部关于加快高等职业教育现代化发展的意见》(教职〔2019〕6号)提出,要发展高水平的现代职业教育,建设一批"产业学院",加快推进高等职业教育现代化发展。《国务院办公厅关于加快推进产教融合深度发展的意见》(国办发〔2019〕47号)提出,要深化产教融合,探索建设"产业学院",加强产学研合作,促进产业转型升级。《教育部关于加强高等教育服务乡村振兴工作的实施意见》(教职〔2019〕11号)提出,要加强高等教育服务乡村振兴,建设一批"现代农业产业学院",培养适应农业现代化发展需要的人才。《中华人民共和国教育法》修订草案(2018年)指出,高等教育要服务国家经济社会发展需求,设置适应产业转型升级需要的专业和课程,建设产业学院等新型高职院校。《教育部办公厅、工业和信息化部办公厅关于印发〈现代产业学院建设指南(试行)〉的通知》(教高厅函〔2020〕16号)明确了现代产业学院的建设原则及任务要求。这些文件的出台,表明了国家对产业学院建设的重视和支持,为产业学院的发展提供了政策和制度保障。

二、发展历程

(一)初期阶段(20世纪80年代至90年代)

改革开放初期,我国高等教育开始进行体制改革,产业学院作为一种新的高等职业教育机构开始出现。这个阶段的产业学院主要以技工学校、职业中专为基础,逐步转型发展为以产业为背景的高等职业学院。在初期阶段,产业学院的发展主要集中于一以下几个方面:

1. 基础设施建设方面

一些技工学校、职业中专等基础教育机构开始转型为产业学院,这些学院开始通过校企合作进行实验室、实训设施等基础设施的建设,为后续的教育教学提供了条件。

2. 专业设置调整方面

为适应经济发展的需要,产业学院开始调整专业设置,增加与产业发展密切相关的专业。一些传统的工科专业,如机械制造、电子信息等,得到了进一步发展,同时也出现了一些与新兴产业相关的专业,如计算机应用、电子商务等。

3. 师资队伍建设方面

为了提高教学质量,产业学院大力加强师资队伍建设,引进了一大批在产业领域有丰富经验的专家教授,并且加强了教师培训和学术交流,提升教师的教学水平和实践能力。

4. 实践教学开展方面

产业学院强调实践教学与传统的理论教学不同,更注重开展实践教学,注重实际操作和实训,着力培养学生的实践能力和职业素养,为学生提供更多的实践机会和实习机会,使学生能够在实际工作中学习知识和技能。

产业学院通过基础设施建设、专业设置调整、师资队伍建设和实践教学开展等方面的发展,逐渐形成了以产业为背景培养应用型人才的高等职业教育机构的特色,为产业学院后续的快速发展打下了基础。

(二) 发展阶段(21世纪00年代至10年代)

在这个阶段,我国的经济发展迅猛,产业发展的需求日益增加,产业学院得到了快速发展,其发展主要体现在专业设置、师资队伍建设、实训设施完善、企业合作深化等方面。

1. 专业设置丰富化

随着经济的快速发展,产业发展的领域逐渐扩大,为了满足产业的需求,产业学院开始增加专业设置的丰富性,涵盖了更多的产业领域,如机械制造、电子信息、汽车工程、建筑工程、食品工程、环境工程等。

2. 师资队伍建设加强

为了提高教学质量和适应产业发展的需要,产业学院加大了师资队伍建设的力度,通过引进优秀的教师和行业专家,加强教师培训和学术交流,提升教师的教学水平和实践经验。

3. 实训设施完善

为了培养应用型人才,产业学院加大了实训设施的建设力度,投入了大量资源,建设了现代化的实验室、工艺车间、实训基地等,提供了更好的实践环境和设施,使学生能够进行更多的实际操作和实践训练。

4. 与企业合作深化

为了与产业发展更加贴合,产业学院加强了与企业的合作,建立了产学研合作机制,与企业共同开展科研项目、实践教学和人才培养等方面的合作,使学生能够更好地了解和适应产业发展的需求,不断提高教育质量和培养效果。

产业学院为满足经济发展和产业转型升级的需求作出了积极贡献,逐渐成为高等职业教育体系中重要的组成部分。

(三) 提升阶段(21 世纪 10 年代至今)

进入 21 世纪,我国高等教育面临着新的挑战和机遇。为了适应经济转型升级的需求,产业学院开始注重提升教育质量和培养效果。在这个阶段,产业学院进一步加强了与企业合作的力度,深化实践教学,加强学生职业素养和创新能力的培养,力求适应产业发展和社会需求的变化。随着国家经济发展进入新常态,产业学院的产业导向更加明确,产业结构调整和升级成为重要任务。产业学院通过与产业的深度对接加强产学研合作,将人才培养与产业需求更加紧密地结合在一起。为了培养更适应产业发展的应用型人才,产业学院进行了教育模式创新,采用问题导向、项目驱动等创新的教学方法,注重培养学生的实践能力和创新精神,使学生具备更强的适应能力和创新能力。为了师资队伍更为优化,产业学院加大了引进高层次人才的力度,提升了师资队伍的整体水平。通过引进海外留学人员、知名专家和行业领军人物,提高教师的学术水平,丰富其实践经验,促进了产业学院教学和科研的发展。为了加强产业学院与企业的合作,产业学院进一步深化了产学研结合,与企业建立了更多的合作项目,共同开展实训基地建设、科研合作和技术创新等,让产学研结合得更加密切,为学生提供了更多的实践机会和就业渠道。产业学院逐渐成为培养高素质应用型人才的重要基地,为满足产业发展和社会需求作出了积极贡献。

目前,我国的产业学院已经成为高等职业教育体系中的重要组成部分,其发展势头良好。政府对产业学院的支持力度逐渐增大,产业学院在促进经济发展、推动产业转型升级和提高劳动者素质等方面发挥着重要作用。

三、发展特点

（一）紧密结合产业需求

产业学院注重与产业需求的深度对接，通过与企业、行业的合作，了解并满足实际需求，在课程设置、实践教学等方面与产业密切结合。产业学院通过与企业建立紧密的合作关系，深入了解实际需求，调整课程设置和教学内容，将培养适应产业发展的高素质人才作为目标。产业学院与企业合作开展项目，为学生提供实践机会，让他们在实际操作中学习，培养实际操作能力和解决问题的能力。产业学院设立实训基地，模拟真实的工作环境，为学生提供更接近实际工作的培训。产业学院还与企业合作开展科研项目，通过研究解决实际问题，为产业发展提供技术支持和创新方案。通过产学研结合，产业学院的教学和科研更贴近实际需求，从而提高学生的就业竞争力。总的来看，我国产业学院注重与产业的紧密对接，通过与企业合作、实践教学和产学研结合等方式，为产业发展提供了有力的支持，并培养了适应产业发展需求的高素质人才。

（二）强调实践教学

实践教学是产业学院教育教学的重要组成部分，旨在培养学生的实际操作能力、问题解决能力和创新思维能力。产业学院通过多种方式进行实践教学，其中包括项目驱动和实训基地建设。项目驱动是指通过与企业合作开展项目，让学生参与实际的项目研究和解决实际问题，从而提高学生的实践能力和创新能力；实训基地是指产业学院建设模拟真实工作环境的实训场所，让学生在实际操作中学习和实践。此外，产业学院还注重将理论知识与实践相结合，通过实例分析和案例教学等方式，让学习内容更加贴近实际应用，从而培养学生解决实际问题的能力。实践教学在产业学院的教学过程中起到了重要作用。通过实践教学，学生能够更好地理解和应用所学知识，提高实际操作能力和解决问题的能力。实践教学也能够使学生更好地适应产业发展的需求，并提高其就业竞争力。我国产业学院非常重视实践教学，通过项目驱动、实训基地建设等方式，注重培养学生的实际操作能力和问题解决能力，以适应产业发展的需求。

（三）职业导向明确

产业学院以职业教育为主要目标，注重培养学生的职业素养和技能，以适应各行业的用人需求，通过与企业、行业的紧密合作，深入了解产业需求和就业市场,调整课程设置、教学内容和教学方法,针对不同专业领域,将学生的培养目标与职业发展紧密结合,制定了相应的人才培养方案和职业发展路径,培养适应产业发展需求的高素质、应用型人才。产业学院为学生提供职业生涯规划和就业指导服务,帮助学生了解行业动态、职业发展趋势,提供就业技能培训、职业素养培养,注重培养学生的职业道德和职业素养,强调学生的职业责任感、团队合作能力、沟通能力和创新精神等。同时,加强与企业的联系,提供丰富的就业信息和实习机会,开展创业支持和创业培训等,以确保学生能够顺利就业或创业。此外,产业学院还与企业合作开展项目和实践教学,为学生提供实际操作和实践机会,培养学生的实际工作能力和问题解决能力,增强其就业竞争力。我国产业学院有非常明确的职业导向,通过与企业合作、就业指导和实践教学等方式,培养学生使之具备适应产业发展需求的职业素质和能力,为学生的职业发展提供有力的支持。

(四)师资队伍高素质

产业学院重视师资队伍的建设,通过外引内培的方式,打造高水平的双师团队。一方面积极引入高层次的专业人才和实践经验丰富的行业专家,为学生提供专业的指导和实践经验,提高教学质量和教育效果。产业学院重视教师的学术背景和实践经验,聘请具有丰富实践经验和行业背景的专业人士担任教师,确保教学内容与产业需求紧密结合。另一方面,积极鼓励教师参与产学研合作项目,提升他们的实践能力和专业水平,鼓励教师参加师资培训和学术交流活动,提升教学方法和教育理论的应用水平,建立教师评估机制,对教师的教学效果进行评价,促使他们不断提高教学质量。此外,产业学院还重视培养教师的创新能力和团队合作精神,鼓励教师开展教育科研项目,提升他们的创新能力并推动教育教学的改革和发展;注重建立合理的团队管理机制,促进教师之间的相互合作,共同提高教学质量,确保教师能够为学生提供高质量的教育教学服务。

(五)产学研结合紧密

产业学院积极与企业、行业、科研机构进行紧密合作,建立产学研合作机制。产业学院与企业签订合作协议,共同开展课程设计、实践教学、科研项目等合作活动;共同建立产学研基地,提供学生实习、就业和创业的机会,为企业提供技术服务和人才培养支持;与科研机构建立合作关系,共同开展科研项目,将科研成果应用于实践教学,提升教学质量和学生的实际能力。此外,产业学院还注重将学生的学习与实践结合起来,组织学生参加企业实训、实习和实践活动,让学生亲身体验实际工作环境,提高解决实际问题的能力,将教育与产业需求紧密结合,为学生提供与产业发展紧密相关的教育和培养机会。

(六) 国际化合作与交流

我国的产业学院注重国际化合作与交流,通过与国际高等教育机构的合作、教师的国际学术交流和国际学者的邀请等方式,为学生提供更广阔的学习和发展机会,并提升教师的学术水平和教学质量。产业学院积极与国际高等教育机构建立合作关系,开展合作办学项目,与外国大学签署合作协议,开展双学位、联合培养等项目,为学生提供更广阔的学习和发展机会;鼓励教师参加国际学术交流活动,与国际同行进行学术合作和研究合作,组织教师参加国际学术会议、研讨会,提升教师的学术水平,拓展国际视野,积极邀请国际知名学者和专家来校讲学、做学术讲座,为师生提供国际化的学习资源和学术交流平台。

第二节 英德美日产业学院发展概况

我国的产业学院主要受到英、德、美、日等国家的影响。英国的产业学院是全球最早发展起来的之一,其在实践教育、产学研合作、职业发展支持等方面具有较为成熟的经验和模式。德国的产业学院以其高度的行业适配性和技能培训的特点而闻名,注重培养学生的实际技能和职业素质。美国的产业学院主要以职业教育为主,注重培养学生的职业技能和就业能力。日本的产业学院以强调工匠精神、注重实践教育和职业技能培养而著称。这些国家的产业学院模式和经验对我国的产业学院发展产生了积极的影响。

一、英国产业学院的发展

在英国,产业学院是为了培养和提高工作人员的技能而设立的机构,这些学院通常提供实用的课程,重点是为当地企业和行业培养有实际工作经验的人才。产业学院在英国的发展始于 20 世纪 50 年代,当时政府和工业界开始意识到需要更多受过良好职业教育的技术人才来推动经济发展。在接下来的几十年里,政府和工业界共同努力,发展出了产业学院的模式。这些学院通常与当地的制造业和工程业相关,包括机械制造、电气工程、建筑、汽车维修等。最初的产业学院设施不够完善,但在 20 世纪 70 年代和 80 年代,英国政府推行了职业教育政策,加大了对这些产业学院的投资和支持,使产业学院逐渐发展成为一个重要的教育机构,提供高质量的职业培训和技术教育。现在,产业学院在英国已经涵盖了广泛的行业和领域,包括机械制造、电子技术、IT 行业、建筑、汽车维修、美容美发等。

这些产业学院不仅培养了技能人才,还为学生提供了实践经验和职业指导,帮助他们在职业生涯中取得成功,并且为英国的经济增长作出了重要贡献。

(一)英国产业学院的发展历程

产业学院在英国的发展历程可以追溯到二战后的时期。英国经历了工业革命的高峰期,但在战后经济复苏时期,需要更多受过良好教育的技术人才来推动经济发展。因此,政府和工业界开始对职业教育的需求进行深入研究。1956年,英国政府成立了一个委员会,以评估职业教育系统的状况,并提出改进的建议,以便在英国建立产业学院,培养各种技能,为国家的经济发展作出贡献。在接下来的几十年里,英国政府和工业界共同努力,发展出了产业学院的模式,其发展历程如下:

1. 起步阶段

英国产业学院的发展历史可以追溯到19世纪初,当时英国正迎来工业革命的高峰期,工业和制造业迅速发展,为满足人才需求,产业学院开始兴起。最早的产业学院是由企业家、工程师和教育家创办的,旨在培养工业和制造业领域的技术人才。如伦敦工程学院(London Institution of Civil Engineers)成立于1825年,它的目标是提供工程师的教育和培训,以满足当时工业和交通基础设施建设的需求。1837年伦敦工程学院更名为伦敦大学学院(University College London),开始提供更广泛的学科教育,包括自然科学、文学和法律等。利物浦职业学院(Liverpool Polytechnic)成立于1823年,最初是一所技术学校,后来发展成为一所综合性的产业学院,提供工程、商业和艺术等多个领域的教育。伯明翰职业学院(Birmingham Polytechnic)成立于1843年,最初是一所为当地工业发展培养技术人才的学校,后来发展成为一所综合性的产业学院,涵盖了多个学科领域。英国伦敦南肯辛顿的皇家工程学院(Royal College of Engineering)成立于1851年,专注于工程学领域的教育和研究。利兹大学成立于1884年,旨在为工业和制造业提供高水平的教育和研究,吸引了大量的学生和研究人员。这些产业学院的兴起反映了当时英国工业革命的发展需求和对技术人才的需求,它们致力于培养工程师、技术人员和相关领域的专业人才,为英国的工业发展提供了重要支持。后来,随着时间的推移,这些产业学院逐渐发展成为综合性大学或学院,为更广泛的学科领域提供教育和研究。

2. 发展阶段

20世纪初,英国的产业学院继续发展壮大,其涵盖的学科领域逐渐扩展,包括工程学、商业管理、信息技术、艺术与设计等,同时,也面临了一些挑战。首先,产业学院的学科越来越多样化。其学科涵盖了更多的学科领域,除了工程学外,还提供商业管理、信息技术、艺术与设计等学科的教育和研究,这反映了当时社会对多样化技能和知识的需求。其次,产业学院的技术教育地位越来越重要。随着工业和制造业的不断发展,技术教育在英国产业学院中的地位变得越发重要,学院通过提供实践性的课程和培训,培养了大量技术人才,满足了当时工业发展的需求。再次,产业学院与工业界的合作越来越紧密。为了更好地满足实际需求,许多产业学院与当地工业界建立了紧密的合作关系,产业学院与企业合作进行项目研究、科技研发等,为学生提供实践、实习及就业机会,加强了产业学院与产业界之间的联系。最后,产业学院不断改革,持续改进和优化。20世纪初,英国政府和教育机构对高等教育进行了一系列改革,其中包括对产业学院体系的改革,这些改革不断推动产业学院与产业紧密合作,推动产业研究,提高教育质量,加强产业学院的地位。尽管英国的产业学院在20世纪初得到了广泛发展,但它们也面临着一些挑战。例如,经济衰退和两次世界大战的影响使得学院的发展受到限制,不断变化的社会需求和技术进步也要求产业学院不断更新教育内容和方法等。总体而言,20世纪初的英国产业学院在多学科发展、技术教育和与工业界合作方面取得了重要进展,这些进展为英国的产业发展和社会进步作出了积极贡献,并为英国高等教育体系的发展奠定了基础。

3. 深化阶段

21世纪的英国产业学院面临新的挑战和机遇,通过持续的改革和创新,它们在满足现代社会需求、培养高素质人才和推动产业发展方面发挥着重要作用。首先,体现在实践教育上。21世纪的产业学院更加注重实践教育,产业学院提供与实际工作相关的课程和实习机会,帮助学生获得实践经验和实际技能,使他们更好地适应职场需求。其次,体现在跨学科和跨领域合作中。为了应对现代社会的复杂挑战,产业学院积极推动学科间的合作和跨领域的研究。产业学院与不同领域的专家和企业合作,开展跨学科的项目和研究,以解决现实问题并推动技术创新。再次,体现在创新与创业教育中。产业学院鼓励学生在创新和创业方面发展自己的能力。学院提供创业教育课程和支持,帮助学生培养创业意识和创新思维,推动他们将知识和技能应用到实际创业项目中。然后,体现在数字化教育中。随着数字技术的快速发展,产业学院在教育过程中越来越多地应用技术工具和在线学习平台。学院提供在线课程和远程学习的机会,使学生能够随时随地获取教育资源,并利用技术进行实践和研究。最后,体现在社会责任和可持续发展中。21世纪的产业学院更加注重社会责任和可持续发展,产业学院鼓励学生关注环境、社会和经济的可持续性,培养他们成为负责任的公民和具有全球视野的专业人才。总的来说,21世纪的英国产业学院面临着不断变化的社会需求和全球竞争的挑战。产业学院通过持续改革和创新,不断适应新的教育模式和技术发展,培养适应现代产业发展需要的高素质人才,为社会和经济发展作出重要贡献。

(二)英国产业学院的特点

1. 混合资本投入

英国产业学院在资本构成上体现了公有资本的参与。英国政府致力于促进国民职业技能提升,构建终身学习型社会,产业学院的创办正是英国政府开发国民技能、发展终身教育的一个重要举措。因此,产业学院的启动资金主要由政府出资,政府每年还安排产业学院的专项发展资金。建成后的产业学院接受私营部门或组织的投资参与,与众多组织及部门结成了战略合作伙伴关系,其合作组织或机构包括国家培训机构、各行业的主要公司和专业机构、工会、行业组织机构、社区、志愿者团体等,甚至私营的金融机构也可以直接投资于诸如委托的新产品开发项目[①]。在创办产业学院之前英国政府出台了一系列与终身教育和终身学习相关的政策法规,如《学习时代》绿皮书、《学习成功》白皮书、《学习与技能法》等;实施了个人学习账户制,对学习者给予财政上的支持,建立了开放的国家职业资格证书体系。英国政府通过政策法规、财政支持、资格证书的设立为产业学院的创办营造了学习型社会的氛围。民间和政府的教育组织机构则通过资源的共享与整合为产业学院的发展提供了持久的智力支撑。因此,英国产业学院是在政府和各教育组织机构的共同努力下普及和发展起来的。

2. 良好的国际声誉

英国的产业学院凭借其严格的教学标准和优质的师资队伍、高质量的教育和培训,以及与业界的紧密合作关系,在国际上享有良好的声誉。产业学院提供职业导向的课程和培训,帮助学生获得实际操作技能和解决问题的能力。许多学生和专业人士梦想能够在英国的产业学院学习和深造。其国际声誉主要体现在以下几方面:

学术声誉。英国产业学院在产业研究和管理学领域享有良好的学术声誉,产业学院的教师团队一般拥有顶尖的学术背景和研究成果,在学术界具有较高的知名度,研究成果经常在国际一流学术期刊上发表,并获得广泛认可。

---

① 张艳芳,雷世平. 英国产业大学与我国产业学院的比较及启示[J]. 职业教育研究,2020(1):85-90.

国际合作。英国产业学院与世界各地的高等教育机构、企业和政府机构开展广泛的国际合作。通过国际交流与合作项目，产业学院与国际知名机构合作开展研究和教学活动，促进学术交流和合作，这些国际合作项目为产业学院树立了国际声誉，使其在国际教育领域得到广泛认可。

校友网络。英国产业学院拥有庞大的校友网络，其校友遍布世界各地，其中包括许多成功的企业家和管理者。校友们在各自领域取得了显著成就，在国际商业界享有良好声誉，这些校友的成功经历为产业学院的声誉提供了有力支持。

排名和认证。英国产业学院在国内外的排名中表现出色，并获得一些国际认证机构的认可。这些排名和认证结果反映了产业学院在教育质量、研究实力和学生就业等方面的卓越表现，进一步增强了产业学院的国际声誉，使得产业学院在全球范围内受到认可和尊重，吸引了来自世界各地的学生和教师。

3. 实践导向性强

英国产业学院的实践导向性非常强，教学中非常注重实践和应用，教授与实际工作相关的知识和技能，学生通过实际项目、实习和实验等实践活动，掌握应用技能，培养自身实际操作技能和问题解决能力，为未来的职业发展作好准备。其注重实践导向的教育理念深受学生和雇主的欢迎，主要体现在以下几个方面：

实习和实训。英国产业学院为学生提供广泛的实习实训机会，使他们能够将所学知识应用于实际工作中，通过在企业、组织或学院内部参与实习项目，与实际工作环境接触，获得实践经验并提升实际操作能力。

实践项目和案例研究。英国产业学院注重开展实践项目和案例研究，通过与企业合作或模拟真实场景，让学生解决实际问题和应对挑战，这种实践活动可以培养学生的解决问题和决策能力，提高他们在实际工作中的适应能力。

共享实验室和研究中心。英国产业学院与企业、组织和政府建立了紧密的合作关系，共享实验室和研究中心资源，为学生提供实践机会和研究项目，共同开展实践研究。通过与实际场景的接触，学生可以深入了解行业和市场需求，提高解决问题和创新的能力。

职业发展支持。学院与企业和行业组织保持紧密合作关系，密切联系，为学生提供职业发展支持和指导，帮助他们规划职业道路和做好就业准备，提供实用性技能培训和相关资讯，帮助他们顺利就业并有所发展。这样的实践教育使学生能够更好地应对实际工作中的挑战，提高就业竞争力。

4. 与产业紧密契合

英国的产业学院与各企业和行业组织保持紧密的合作关系，与业界专家和高层管理人员合作开设课程，与企业密切合作开发课程和项目，以满足市场需求，确保产业学院的课程与实际工作需求相匹配，帮助学生更好地适应职业生涯。其一，英国产业学院的课程设置与实际产业需求紧密相关。产业学院与企业和行业组织合作，了解行业动态和人才需求，根据市场需求调整课程内容和教学方法。这种实践导向课程可以帮助学生掌握与产业相关的知识和技能，提高他们在职场中的竞争力。其二，英国产业学院的教师团队中有许多来自实际产业的专业人士，他们具有丰富的行业经验和实践知识，可以将理论与实际应用相结合，为学生提供实用性的指导和教学，这样的产业导师和讲师可以帮助学生更好地理解产业现状和趋势，培养实际工作所需的专业能力。其三，英国产业学院与企业和行业组织开展密切的合作与项目，共同开展研究项目、实践项目和创新项目，为学生提供与实际产业紧密联系的学习机会。这些合作与项目可以帮助学生了解产业运作，与实际业务问题接触，并通过实践解决问题，提高解决实际问题的能力。其四，英国产业学院为有创业意愿的学生提供创业支持和资源。产业学院与创业生态系统合作，为学生提供创业培训、导师指导和资源支持，帮助他们将创意和创新转化为商业实践。这样的创业支持可以促进学生与产业的连接，激发创业精神，培养创业领导能力。

　　5. 国际化学习环境

英国产业学院有着良好的国际化学习环境，学院提供丰富的国际交流机会，包括与国际学生和教师的交流、国际合作项目和实习等。这些机会使学生能够接触不同文化和背景的人，并获得全球视野和跨文化交流的经验。国际化学习环境不仅有助于拓宽视野，更能培养跨文化交流和合作能力。其国际化元素体现在：其一，英国产业学院拥有来自世界各地的学生群体。这种多元化的学生群体提供了一个国际化的学习环境，学生可以与来自不同文化背景的同学交流学习，拓宽自己的视野。其二，英国产业学院的课程设置涵盖了国际范围内的产业和商业领域。学生可以学习国际化的商业理论和实践知识，了解全球产业趋势和市场需求。这样的课程设置可以帮助学生适应国际化的职场环境。其三，英国产业学院与世界各地的大学和研究机构开展合作与交流。学生可以通过交换项目、学术会议和研究合作等方式，与国际同行和专家进行学术交流和合作研究。这样的国际合作与交流机会可以帮助学生拓展国际视野，增加跨文化交流和合作的经验。其四，英国产业学院为国际学生提供多样化的支持和服务，如语言支持、文化适应培训、学术指导和生活帮助等，可以帮助学生顺利适应和融入英国的学习和生活环境，培养其全球视野、跨文化交流和合作的能力，为其未来的国际职业发展打下坚实的基础。

（三）英国产业学院对我国的启示

1. 营造大力发展职业技术教育与终身教育的社会环境

英国产业学院的发展是建立在英国政府及民众对终身学习，尤其是对终身提高职业技能型学习格外重视的基础之上的。这种理念大大刺激了民众本就旺盛的学习需求，也为产业学院提供了发展的沃土。我国目前明确了职业技术教育的类型定位，并逐渐完善现代职业教育体系，但由于"重学术、轻技能"的社会观念根深蒂固，职业教育发展仍有很长的路要走。政府在教育资金总体有限的情况下，对职业技术教育的投入仍相对较少；老百姓受传统观念影响，在教育选择上也较难倾向于职业教育，这严重制约了高等职业院校的发展。随着国家产业转型升级，社会对高技术技能型人才的需求增加，职业教育发展迎来新的春天，职普融通、产教融合、科教融汇的发展定位，使职业教育迎来了新的契机。只有全社会都转变观念，关注职业技术教育，重视职业技能的持续学习与提升，职业技术教育才有广阔的发展空间，作为职业技术教育创新形式的产业学院也才有持续发展的可能。因此，营造社会重视职业技术教育与终身教育的大环境，依托产业学院开展职业教育是发展趋势，也是社会发展所需。

2. 发挥校企合作、产教融合的优势

英国产业学院是实行公司化运作的教育机构，它将产业化运营的优势发挥到了极致。英国产业学院本身不提供教育内容，而是充当众多教育组织的代理机构。为此，产业学院与众多政府或民间教育组织机构结成了战略合作伙伴关系。产业学院将致力于终身教育的各不相同的利益集团聚集在一起，组成一个更加完整、连贯而有效的整体[1]。资源整合共享促成了产业学院的发展，也保证了各合作方的收益。我国高职院校在长期办学实践中逐渐认识到，校企合作、产教融合是现代职业教育的根本属性，职业院校迫切希望推进校企合作，但企业囿于教育的公益性，参与校企合作的动力不足。产业学院以资本的混合破解了校企合作的瓶颈问题，推进了深度产教融合的发展。但资本混合只是深度产教融合的基础，更重要的是通过资本混合促成校企双方形成"命运共同体"[2]。在产业学院办学过程中，校企双方有着不同的优势资源与治理特色。例如，学校可为产业学院的发展提供师资与智力支持；企业可为产业学院的发展提供设备、资本、企业师资及

---

[1] 黄丹青.英国产业大学的发展及其特色[J].中国电化教育,2001(8):55-57.
[2] 张艳芳,雷世平.英国产业大学与我国产业学院的比较及启示[J].职业教育研究,2020(1):85-90.

职业岗位等。产业学院只有做到"资本混合、资源整合",才能发挥校企合作的整体优势,实现可持续发展。

3. 积极开发市场导向、课岗融合的课程

英国产业学院的课程包罗万象,内容涉及各行各业,满足了不同行业领域劳动者继续学习知识、提升技能的需要。产业学院为保证课程的实用性,在课程开发时非常重视前期市场调研,还为此专设了市场调查组,负责市场分析及前景预测。产业学院根据市场调研、岗位需求及时调整课程设置,更新课程内容,实现课岗融合,满足学习者的需要。英国产业学院的课程设置给我国产业学院课程开发提供了范例。过去,我国高职院校课程开发较多沿袭了学术研究型本科院校的思路,即先考虑学校要求,再确立专业要求,最后分解课程要求。这类课程体系培养的学生不能很好地适应高技能岗位的需求。在我国产业升级进程加速、对技能人才要求不断升级的背景下,我国产业学院应效仿英国产业学院,努力开发以市场为导向、岗位结合的课程。其课程开发应遵循以下思路:先考虑市场(岗位)需要,再确立课程要求,最后聚合专业要求。唯有遵循市场导向开发课程,注重市场的需求情况和课程的技能性与实用性,才能保证课程具有强大的生命力,产业学院也才能在产业发展中奠定基础。

4. 向外拓展,吸引多方资本投入

充足的经费支持是英国产业学院迅速发展的前提,英国政府采用划拨启动资金、专项经费支持、个人学习账户补贴、企业税收减免等多种方式向产业学院注资。民间教育组织和机构纷纷加盟产业学院,甚至私营金融机构也向产业学院相关项目投资,而产业学院保证各合作者都能从产业学院获益,更激发了合作者的合作热情。英国产业学院多样的筹资途径和众多的合作伙伴促使其迅速发展为家喻户晓的具有混合所有制特征的教育品牌。我国产业学院虽然也有公有资本和社会资本的混合投入,但政府出资多为财政拨款或税收减免,投入方式单一,也缺少持续注资的可能;而社会资本的投入往往局限于行业协会和数量有限的合作企业,在现有法律层面,产业学院无法向投资者分配收益,这极大地限制了投资者的注资热情。所以,产业学院无论是注资者数量还是资本源泉,都必须从吸引多方资本投入入手,让政府意识到扶持产业学院是其职责,让企业认识到投资产业学院能从中获益,进而形成政府统筹管理、社会多元办学的产业学院全新办学格局。

5. 实行课程与职业技能证书的融通

英国产业学院众多课程都同英国国家职业资格证书(简称NVQ)的认证相联

系。英国的NVQ制度包含5个级别,涵盖了所有职业从新手到高级管理人员的全部知识和技能层次。英国国家职业资格证书是英国劳动者从事某一职业所具备的知识和技能的证明,也是其求职及升迁的资格证,更是企业招录员工的重要依据。产业学院的课程学习与国家职业资格证书认证相联系,保证了课程学习的"含金量",激发了民众课程学习的内生动力。我国产业学院的课程大多还未与国家职业资格认证挂钩,学员完成课程学习后只能获得大专学历证书,在劳动力就业市场上毫无优势可言,这也导致了社会对高职教育认可度不高。2019年,国务院印发的《国家职业教育改革实施方案》明确规定,在职业院校、应用型本科高校启动"学历证书＋若干职业技能等级证书"制度试点。如果产业学院的课程学习与国家职业资格认证相融通,那么学员通过课程学习不仅能取得学历证书,还能收获实用的资格证书。这将大大提高产业学院学员在劳动力市场的竞争力,也将大幅提升产业学院的社会认可度。因此,实现课(程)证(书)融通,是未来产业学院发展的大方向。

二、德国产业学院的发展

德国产业学院是指德国的工业学院,也被称为双元制学院(Dualen Hochschule)或应用科学大学(Fachhochschule)或应用技术大学(Hochschule für angewandte Wissenschaften)。这些学院的教育重点是将理论知识与实践技能相结合,培养学生具备创新能力和职业技能,以满足产业和市场的需求。德国的产业学院通常提供与工程、商业、信息技术、设计等相关的课程,培养学生成为技术专家、企业管理者、设计师等。这些产业学院注重实践教学,学生通常需要参与实习、项目和实际案例分析,以提高他们的实际工作能力。在德国,产业学院的地位与传统的大学相当,它们的毕业生在就业市场上享有很高的声誉。许多德国的产业学院与企业有着紧密的合作关系,学生有机会接触到实际工作环境,轮流在企业进行实习,并与企业合作完成项目,以获得实际工作经验。这种双元制的教育模式使学生能够直接将学到的理论知识应用于实际工作中,并与企业密切合作。这种紧密的联系使得学生能够更好地理解行业的需求,并为将来的职业发展作好准备。德国的产业学院是德国职业教育和工程教育体系中的重要组成部分,这种教育模式被认为是培养具有实践技能和市场适应能力的毕业生的有效方式,对德国的经济发展起到了积极的推动作用。

产业学院在德国是一种职业教育和培训机构,旨在为学生提供实用技能和培训,以适应当地产业的需求。产业学院是德国职业教育和培训体系的一部分,德国产业学院通过与企业、研究机构紧密合作,实现课程设置和教学内容紧密联系到企业需求和实际工作中的技能要求，根据不断变化的产业需求和技术发展，扩大和深化其课程设置和专业领域，确保学生毕业后能够顺利就业。此外，产业学院还重视国际化教育的发展，鼓励学生参与国际交流和合作项目，从而提高他们的国际视野和跨文化交流能力。

（一）德国产业学院的发展历程

1. 创立阶段（19世纪末至20世纪初）

19世纪初期，德国开始将职业技能教育和培训纳入国家教育体系中。德国产业学院于1899年由德国政府创立，旨在提供实践导向的职业教育和培训，以满足工业化进程中对熟练工人和技术人才的需求。产业学院最初设立了多个分校，培养了大量的技工和工程师。这个时期的职业技能培训主要以学徒工制为主，工匠们通过将自己的技艺传授给学徒，实现了技能培养和传承。这种基于实践的教育模式为后来的产业学院奠定了基础。

2. 扩展阶段（20世纪20年代至50年代）

20世纪初，德国开始引入产业学院的概念，旨在为工人提供职业技能的培训和教育。这些学院的课程设置和教学方法都是以实践和应用为导向，与当地的产业需求相结合，帮助学生获得就业技能和实用经验。在这一时期，德国产业学院开始扩大其课程和学科范围，增设了更多的专业领域，如机械工程、电气工程和化学工程等。产业学院还积极与企业合作，提供实习和培训机会，以提高学生的实践能力。

3. 发展阶段（20世纪60年代至90年代）

20世纪中叶，随着德国经济的快速发展和产业结构的变化，产业学院再次成为职业教育和培训的重要形式。在这一时期，德国产业学院进一步发展壮大，开始注重科研和技术创新，成立了多个研究所和实验室，致力于解决工业界面临的实际问题，还与国内外高校和研究机构建立了合作关系，加强了学术交流与合作。20世纪60年代，德国的产业学院正式得到法律的认可和支持，成为德国职业教育体系的一部分。从此以后，产业学院得到了更多政府和行业的支持和投资，发展迅速，德国政府和企业开始更加重视职业教育，出台了一系列政策和计划，支持产业学院的建设和发展，许多公司和组织也为产业学院提供了资金和资源支持，投入更多资源用于产业学院的建设和发展，改善它们的教学设施和优化课程设置，其教学质量也得到了进一步的提升。

4. 现代化阶段（21世纪以来）

21世纪初，德国的产业学院继续发展壮大，并成为德国职业教育的重要组成部分。政府加大了对职业教育的支持力度,推行了一系列政策和措施,促进产业学院的发展和创新。同时,产业学院也不断适应市场需求,引进先进的教学设备和技术,推行创新教育模式,加强与企业的合作,培养大量高素质的技术人才,更符合市场需求。同时,产业学院还积极参与国际合作与交流,推动学院在国际上的声誉和影响力的提升。

在德国产业学院的发展历程中,不断地倡导实践导向、产学研合作、贴近市场需求、注重就业和职业生涯发展等原则,目的是培养更多获得实用技能和实践经验的职业人才。产业学院逐渐成为德国乃至世界范围内享有盛誉的职业教育机构,为产业发展和人才培养作出了重要贡献,并在全球范围内产生了一定的影响,其成功的经验和模式对其他国家的职业教育改革和发展提供了借鉴和启示。

(二) 德国产业学院的特点

1. 产学研结合

德国产业学院与企业、研究机构紧密合作,将学术教育与实践经验相结合,把课程设置和教学内容紧密联系到企业需求和实际工作中的技能要求,学校与企业共同制定课程计划,提供实践工作机会,并由企业员工担任教师。这种产学结合的模式使学生能够更好地融入实际工作环境,提高职业素养和技能。在实践项目合作中,德国产业学院与企业合作开展实践项目,学生通过参与这些项目,直接接触真实的产业,锻炼解决问题的能力,并将理论知识应用到实际中去;在实习培训中,产业学院积极与企业合作,提供实习和培训机会,让学生能够在真实的工作环境中学习和实践,与行业专业人士进行交流,了解行业内的最新发展和需求;在技术转移中,产业学院与企业合作进行技术转移,将产业学院的科研成果应用到实际生产中,提高企业的技术水平和竞争力,同时,产业学院也从企业中获取实际问题的反馈,为科研提供指导方向;德国产业学院还建立了产学研合作中心,这是一个产业学院、企业和科研联合的机构,通过合作中心的平台,产学研三方可以共同开展项目、交流资源和经验,可以更好地满足产业界的需求,培养符合实际需要的人才,并推动科技创新和产业发展推动创新和科技进步。产学研的紧密结合,使得产业学院在德国产业教育中发挥了重要作用。

2. 校企联合培养

德国的产业学院实行校企联合培养,即学生在学校和企业之间轮流培训,学生通过在学校学习理论知识,然后在企业实习或工作,将所学知识应用于实践。这种联合培养的方式有助于学生更好地掌握实践技能,并为学生提供了更多的就业机会。如：在实习与实训方面，学院与企业合作，为学生提供实习和实训机会，学生在企业实际工作中学习和实践，了解行业内的工作流程和实践技能，并将所学的理论知识应用到实际中去；在企业导师制度方面，学院与企业合作，为学生指派企业导师，企业导师由企业中的专业骨干人员担任，他们会指导学生的学习和工作，并提供实际案例和经验分享，帮助学生更好地理解行业需求和提升实践技能；在产学研合作方面，学院与企业合作开展产学研合作项目，将学院的教师和学生与企业的专业人员共同参与到企业的真实项目研究和开发中，通过合作，学生能够接触到真实的产业问题，学习解决问题的方法，并与企业专业人士进行交流和合作；在校企合作课程设计方面，学院邀请企业的专业人士参与课程设计，确保所教授的课程内容与企业需求紧密结合，并根据行业发展的变化及时调整和更新课程，这样能使学生获得更实用的知识和技能，从而提高就业竞争力。通过校企联合培养，德国产业学院能够有效地提升学生的实践能力和职业素养，满足企业的人才需求，并促进产学研的深度合作和创新发展。校企合作模式在德国的产业教育中被广泛采用，并在培养高素质人才和推动产业发展方面取得了显著成效。

3. 实践导向

德国产业学院注重将理论与实践相结合，培养学生具有实际操作技能、实践经验和职业素养。学生通常在产业学院中可以获得实际操作和技能培训的机会，学习与特定职业相关的课程，如机械工程、电子技术、汽车工程等，使他们能够在毕业后迅速适应实际工作需求。例如：在实践教学方面，德国产业学院注重将理论知识与实践技能相结合，通过实际案例、项目和实验等方式进行教学，学生在实践中学习和应用理论知识，锻炼解决实际问题的能力；在实习和实训方面，产业学院与企业合作，为学生提供实习和实训机会，学生通过在产业学院真实的工作环境中学习和实践，与行业专业人士进行交流，了解行业内的最新发展和实践技能；在实践项目合作方面，德国产业学院长期与企业合作开展实践项目，学生通过参与这些项目，直接接触真实的产业企业问题，锻炼解决问题的能力，并将理论知识应用到实际中去；在实践研究方面，德国产业学院注重将科研与实践相结合，在解决实际问题和满足行业需求的同时，推动科技创新和产业发展，学院与企业经常合作开展实践研究项目，将学院的科研成果应用到实际生产中，通过实践导向的教学和研究，能培养出具有实践能力和创新思维的人才。产业学院培养的学生能够迅速适应工作环境，解决实际问题，为企业和社会作出贡献。

4. 职业导向

职业导向是指学院在教学和培养过程中，强调培养学生的职业能力和就业竞争力,使他们能够顺利地进入职场并胜任专业工作。德国产业学院的课程设置和教学内容聚焦于职业技能的培养,主要培养学生具备适应产业发展和职业需求的技能和素质。其课程设置非常丰富多样,包括技术类、管理类、文化类等多种类型的课程和专业,学生可以根据自己的兴趣和职业规划进行选择,能满足学生的不同职业需求。例如:在实践培养方面,德国产业学院注重实践教学和实践能力的培养,将学生的专业知识与实际工作相结合,通过实习、实训、项目合作等方式,使学生能够具备实际工作所需的技能和经验;在职业规划方面,德国产业学院经常为学生提供职业规划指导和支持,与企业合作,邀请企业专业人士来校进行职业讲座和招聘活动,使学生能够更好地了解行业需求、就业市场及自己的职业兴趣和优势,并为他们规划职业发展的路径和目标;在职业素养培养方面,德国产业学院注重培养学生的职业素养,通过课程设置和实践活动,培养学生的综合能力和职业素养,包括沟通能力、团队合作能力、创新思维、问题解决能力等,使他们能够在职场中成功应对各种挑战;在就业服务方面,德国产业学院为学生提供就业服务,包括就业指导、实习安排、求职技巧培训等,与企业建立紧密的合作关系,为学生提供就业机会,并帮助他们与企业进行对接,顺利就业。通过职业导向的教育和培养,德国产业学院使学生具备良好的职业素质和专业能力,提高就业竞争力,并满足企业对人才的需求。

5. 资质认可

德国的产业学院主要由德国的教育部门和相关机构进行审批和认证,通常由政府认可,并得到工会和行业协会的支持和参与,这种认可和支持保证了产业学院的教育质量和教学内容的实用性,也确保了经过此培训的学生就业机会。德国的教育部门负责对高等教育机构进行认证和监督,他们会对产业学院的教学质量、师资力量、课程设置、实践教学等方面进行评估,确保产业学院达到德国国家教育标准;德国的工会和行业组织也对产业学院进行认可,他们会根据行业的需求和标准,评估学院的教学内容和实践培训,确保学生能够具备行业所需的技能和能力。此外,一些德国产业学院也会通过欧洲的质量认证机构进行认证。例如,欧洲质量认证系统(EQAS)是一个独立的机构,负责评估和认证欧洲的职业教育机构;德国产业学院的毕业生可能还需要通过职业资格认证,获得具体职业的资格证书,这些资格证书由相关的行业组织或政府部门颁发,确认个人在特定职业领域的专业能力和资质。德国产业学院的资质认可是为了保证学院的教学质量和学生的就业竞争力,学生在选择德国产业学院时,可以参考产业学院的认可机构和认可标准,了解产业学院的办学水平和行业认可程度,从而做出更好的选择。

6. 资深双师

德国的产业学院通常具有资深的双师教师团队。除了学校的教师之外,还聘请具有丰富实践经验的企业教师担任教学工作,这些教师不仅具备学术知识,还对实际工作有深入了解,能够将理论与实践相结合,为学生提供具有实际应用价值的教育。德国产业学院双师教学模式意味着学生在学习过程中会接受来自产业学院的专业教师和来自行业企业的专业人士的指导。通过双师教学模式,德国产业学院能够将理论知识与实践经验相结合,使学生能够了解并适应实际工作中的需求和挑战。双师教师团队往往由具有丰富行业经验的专业人士和具备教育背景的教师组成,这些教师不仅能传授学生专业知识,还能够分享自己在行业中的实践经验和案例,为学生提供解决实际问题的指导和建议。双师教学模式一方面使学生更好地了解行业的最新动态和发展趋势,培养学生的实际操作能力和职业素养;另一方面也能够提供更广泛的行业联系和就业机会,使学生能够更好地融入职场并顺利就业。总之,德国产业学院的双师教学模式能够为学生提供更贴近实际的教育和培养,使他们具备与行业要求相符的专业能力和素养。这也是德国产业学院在培养职业能力和就业竞争力方面的一项重要特点。

7. 国际合作

德国产业学院非常重视国际化教育的发展,鼓励学生参与国际交流和合作项目,提高他们的国际视野和跨文化交流能力,提高竞争力。德国产业学院积极开展国际交流项目,与其他国家的教育机构和企业合作,促进学生和教师之间的跨文化交流和学术合作,包括学生交换、教师访问、合作研究项目等。德国产业学院与其他国家的教育机构积极合作开展双学位项目,使学生可以获得来自德国和其他国家的双重学位,这样的合作项目可以拓宽学生的国际视野,增强他们的全球竞争力。德国产业学院与国际企业和组织建立合作关系,为学生提供丰富的国际实习和就业机会,通过这些机会,学生可以在国际环境中积累实践经验,拓展自己的职业发展道路。德国产业学院与其他国家的教育机构、研究机构和企业积极开展研究项目,共同解决跨国企业和行业面临的挑战,这些合作可以促进知识和技术的交流,促进创新和发展。通过国际合作,德国产业学院能够融入全球教育和职业教育的最新发展,提供更广泛的学习和发展机会,使学生能够具备国际化的背景和竞争力,促进知识和文化的交流,培养学生的跨文化沟通和合作能力,使他们成为具有全球视野和责任感的专业人士。

8. 科研与创新

德国产业学院致力于培养具备创新精神和能力的人才,注重科研和技术创新,设有多个研究所和实验室,开展前沿科研项目,解决实际问题,并促进产学研合作,保持与行业最新技术和发展趋势的紧密联系。例如,德国产业学院积极开展各类科研项目,包括基础研究、应用研究和创新研究等,这些项目旨在探索新的知识领域,解决实际问题,推动相关产业的发展;设立创新中心,鼓励学生和教师积极参与创新活动,创新中心为学生和教师提供资源和支持,推动他们开展创新项目和创业行动;与企业建立紧密的产学研合作关系,共同开展创新项目和研究,通过与企业的合作,产业学院能够把握实际需求,提供更具实践价值的科研和创新成果;开设创新课程和培训项目,培养学生的创新思维和创业能力,这些课程和培训活动包括创业实践、创新管理、科技转化等内容,帮助学生掌握创新方法和工具;组织学术交流活动和国际会议,邀请国内外专家学者和业界领袖分享最新的科研成果和创新经验,促进学术界和产业界的互动,传播知识和经验。由于注重科研与创新,德国产业学院能够保持学术领先地位,为学生提供最新的知识和技能;同时,产业学院的科研与创新成果也能够为产业的发展提供支持和推动力。

(三) 德国产业学院对我国的启示

1. 注重实践教育

德国的职业教育强调实践性和职业性,注重培养学生的实践技能和职业素养,学生在学习期间就会有实习和实践的机会,帮助学生更好地适应职场的需求。我国职业教育也可以借鉴德国产业学院的实践教育模式,将理论知识与实际工作相结合,注重学生的实践能力培养,提升学生的职业技能水平和职业素养。

2. 注重产教融合

德国的职业教育与当地的企业紧密结合,将学术教育与实践经验相结合,这种产学结合的模式为学生提供了更多实践和就业机会,学生在学习期间就会有机会参与企业实践和实践项目,培养实际应用能力和职业素养。我国的职业教育也应该加强与企业的合作,在高校和企业之间建立更紧密的合作关系,增强产教融合程度,提供更多实践机会和产学结合的课程,以适应市场需求。

3. 注重高质量导向

德国产业学院受到政府和行业的认可和支持,这保证了其教育质量和实用性。我们可以借鉴德国产业学院的标准和质量保障机制,提高我国的职业教育质量,增强学生的就业竞争力。

4. 注重个性化培养及学分互认

德国的职业教育注重学生的个性化培养,根据学生的兴趣和特长,为学生提供个性化的课程和培养计划。同时,德国产业学院与大学和其他教育机构之间可实现学分互认,为学生提供更多选择和灵活性。我们也应该注重学生的个性化培养,帮助学生更好地发挥自己的优势和特长。我们可以借鉴这种模式,在高校和职业院校之间建立学分互认机制,使学生能够更灵活地进行学习和发展。

5. 注重双师团队建设

德国的职业教育注重师资队伍的建设和培养,提高教师的教学和实践能力,以保证教学质量和学生的学习效果。我国职业教育也应该注重师资队伍建设,加强教师培训和教学能力提高。

三、美国产业学院的发展

美国也有许多产业学院。美国的产业学院是一种相对新的教育模式,它们是为满足职业技能培训和就业市场需求而设立的教育机构。这些产业学院通常提供与特定行业或职业相关的课程和项目,旨在培养学生在特定领域中的实践技能和职业素养。美国的产业学院可以涵盖各个领域,如技术、商业、医疗保健、美容美发、酒店管理等,其教学重点通常是实践技能和职业准备,通过实际工作经验、实习和实践课程来培养学生的职业能力。与传统大学相比,美国的产业学院通常更加注重实用性和就业导向,它们的课程设计和教学方法更加贴近实际职场需求,使学生能够快速融入工作环境,确保培养出符合市场需求的毕业生。美国的产业学院在提供技术和职业教育方面具有一定的优势和声誉,许多学院与当地企业、行业协会和雇主保持紧密联系,与行业合作伙伴进行合作,提供实用课程、先进的设施和师资力量,确保学生获得与行业相关的知识和技能,能够在毕业后迅速进入职场,并具备满足行业要求的职业竞争力。

产业学院通常与当地的工业和商业组织合作,以确保培养出来的学生具有实际应用的技能和知识,符合当地产业的需求。这些学院提供的课程通常涵盖多个学科,包括技术、管理、人文社科等领域,学生通常会在实验室、工作场所等实际环境中学习和实践,以便更好地适应真实的工作环境。产业学院的学生通常是工作或有工作经验的成年人,他们希望通过职业教育提高技能和知识水平,以便进入或晋升到更高层次的职位。有些学院还提供灵活的学习计划,如夜校、网上课程、短期课程等,以方便学生在工作之余完成学业。总之,产业学院在美国的发展是为了适应时代的发展,满足制造业和服务行业对于高素质技能人才的需求,提供实际应用的技能和知识,培养学生的职业素质和实践能力。

（一）美国产业学院的发展历程

1. 初期发展阶段

美国产业学院的发展历程可以追溯到 19 世纪末和 20 世纪初的职业教育运动。19 世纪末，美国面临着快速工业化和城市化的挑战，需要大量熟练工人来满足工业和经济发展的需求。随着美国对职业教育的需求增加，最早的产业学院建立在学徒制度的基础上，通过合作学习模式和实践技能培训，为学生提供与行业相关的技术和职业培训。在这一时期，1890 年，美国通过了《莫里尔土地法案》，该法案授权各州将土地用于建设农学院和机械学院，以培养熟练劳动力，这些学院后来发展成为一些现代的产业学院。

2. 中期发展阶段

20 世纪初，由于技术进步、商业需求和社会变革，职业教育得到了进一步的重视和发展。美国各州陆续成立了职业学校和技术学院，提供各种职业培训和技术教育。1917 年通过了《史密斯-休斯法案》，美国国家职业教育联合会（National Association of Vocational Education）成立，并为产业学院提供了资金和资源，它是美国政府对职业教育投资的里程碑，为产业学院的发展提供了重要的支持。1944 年《吉奥尔德法案》是二战后美国职业教育的重大改革之一，重新定义了职业教育的目标和范围，提出了培养适应不同行业和职业需求的高素质工人的理念，推动了产业学院的发展和改革。20 世纪 50 年代至 70 年代，美国经历了大规模的职业教育改革，产业学院在美国也经历了快速发展和转型。联邦政府通过《职业教育法》和《技术教育法》等法律，提供联邦资金和支持，以促进职业教育的发展。大量的联邦和州级资金被投入职业教育和产业学院的建设中，以满足不断增长的劳动力需求和经济发展的需要。随着时间的推移，产业学院逐渐从单一的职业培训机构发展成为提供广泛的职业教育和技术教育的学院，它们在教授技术技能的同时，也注重培养学生的领导能力、沟通技巧和职业素养。

3. 21 世纪发展阶段

随着科技的进步和全球化的加速，美国的职业教育和产业学院不断适应变化，开始注重信息技术和高科技领域的教育和培训，同时加强与行业的合作，以确保培养出符合市场需求的毕业生。这一时期美国的产业学院与行业合作伙伴保持紧密联系，为学生提供适应现代职业需求的实践性教育以及实习、就业和职业发展的机会，为劳动力市场培养了大量的技术工人和熟练劳动者，为美国的经济繁荣作出了重要贡献，得到了各州的广泛认可。

今天,美国的产业学院在各个行业和领域中发挥着重要的作用,它们通过提供实践技能培训、职业准备和与行业合作,为学生提供了获得职业成功的途径。产业学院的发展与社会经济的变化密切相关,它不断适应和满足不断变化的职业需求和劳动力市场的要求。

(二)美国产业学院的特点

1. 实用性强

美国产业学院的一个优点是强调实用性。它致力于为学生提供实战经验和实际工作技能,以便他们能够在职场中立即应用所学知识。美国产业学院通常与行业合作伙伴建立紧密联系,以确保其课程内容与实际工作需求相匹配;在课程设置和教学方法上通常会采取参与到实践项目、实习、实训等活动中的方法,与企业和组织合作,解决真实的业务挑战,帮助学生开发实际技能和解决实际问题。同时,美国产业学院还注重学生的职业素养和实践能力培养,一方面会提供职业发展指导和资源,帮助学生了解职场文化、职业规划和求职技巧;另一方面学生也可通过与行业专业人士的互动,了解行业动态和最新趋势,从而增强自己的职业竞争力。美国产业学院强调实用性,使学生能够在学习期间就能获得所需的实际技能和职业素养,为他们顺利进入职场做好准备,使学生更容易适应职业环境,快速应对工作挑战,并取得成功。产业学院的课程设置与职业需求密切相关,学生在实践中学习,掌握实用的技能和知识,能够迅速适应并胜任工作中的挑战,解决实际问题。

2. 就业竞争力高

美国产业学院注重与行业合作伙伴建立紧密联系,确保课程内容与实际工作需求相匹配,学生在产业学院学习期间均会接触到真实的行业项目和实践经验,使他们提前具备了实际工作所需的技能和知识[①];同时,美国产业学院通常会提供实习、实训和实践项目等机会,让学生在真实的工作环境中获得实践经验,这对增强就业竞争力至关重要,因为雇主更倾向于招聘有实际工作经验的候选人。此外,美国产业学院通常会提供职业发展指导和资源,帮助学生进行职业规划和求职准备,他们会通过提供简历和求职信写作指导、模拟面试和职业咨询等服务,来帮助学生提升求职竞争力。美国产业学院还常常与行业专业人士和组织建立密切联系,为学生提供就业机会和职业网络,学生有机会与企业代表互动、参加行业

---

① 彭惠芳,戴远威.美国职业教育课程设置的特点与启示[J].淮南职业技术学院学报,2005,5(2):6-8.

活动,并了解行业动态和趋势,这为他们找到理想的工作提供了更多机会。这些因素共同提高了美国产业学院学生的就业竞争力,使他们更具吸引力和竞争力,能够在职场中脱颖而出,得到理想的就业机会。

3. 灵活的教学模式

产业学院的教学模式灵活多样,能根据学生的需求和行业的变化进行调整,学生可以选择感兴趣的专业领域,定制自己的学习计划。如:弹性学制,美国产业学院通常提供多种学制和学习方式,如全日制、兼职和在线学习等,让学生根据自己的时间和个人情况进行选择;美国产业学院重视实践经验和实际工作技能的培养,因此,他们通常会将理论知识与实际应用相结合,通过实践项目、实习和实训等活动,让学生能够在真实的工作环境中应用所学知识;美国产业学院注重个性化教学,通过小班教学或教师指导等方式,更好地满足学生的学习需求和兴趣,教师通常会与学生进行密切互动,提供个性化的学术支持和指导;美国产业学院还会提供职业发展支持和资源,如职业咨询、实习机会、就业指导等服务,帮助学生规划职业道路和实现职业目标,帮助学生在职业发展中做出最佳决策。教学模式的灵活性使得学生能够根据自己的需求和兴趣进行学习,实现自身的学业和职业目标。学生也能够在学习过程中获得实际经验,提高职业竞争力。

4. 职业发展支持

产业学院注重学生的职业发展,并提供相关的支持和资源。例如,美国产业学院通常会提供专业的职业咨询服务,帮助学生制定职业目标、规划职业道路,传授撰写简历和面试技巧等,并提供相关的职业建议和指导。学生可以通过个性化的指导,了解自己感兴趣的领域和职业机会,激发学习动力。同时,美国产业学院通常与企业和行业建立合作关系,与行业合作伙伴建立紧密联系,以提供实习机会给学生。通过实习,学生能够在真实的工作环境中获得实践经验,进一步了解自己所学领域的实际工作要求,并建立与行业专业人士的联系,进一步增加就业机会。美国产业学院还为学生提供职业规划指导,帮助他们制定实现职业目标的计划,学生可以得到关于就业市场趋势、行业需求和就业前景的信息,以更好地确定自己的职业发展方向。美国产业学院通常会为学生提供就业准备的支持,包括简历和求职信写作指导、面试技巧培训等,也可能组织职业展览会和招聘活动,为学生提供与雇主面对面交流的机会。通过这些职业发展支持,美国产业学院帮助学生在就业市场中更好地准备和竞争,提高他们的职业竞争力,开展个性化的指导,使他们能够做出明智的职业决策,并在职业发展中取得成功。

5. 教学团队专业素质高

美国产业学院的教师通常具有高学历和丰富的学术背景,拥有硕士或博士学位,并在自己的领域内有深入的研究和专业知识;同时,美国产业学院的教师通常具有丰富的实践经验,曾在相关行业中工作过,积累了实际操作和解决问题的经验,能够将理论知识与实践经验相结合,为学生提供实用的教学内容。美国产业学院的教师通常与行业保持密切联系,与行业内的专业人士合作,了解最新的行业动态和趋势,将这些信息融入教学中,使学生能够更好地适应职业要求;美国产业学院的教师通常会采用多样化的教学方法,以满足不同学生的学习需求,如案例分析、小组讨论、实践项目等,提高学生的学习兴趣和参与度。产业学院优秀的教学团队使得他们能够提供高质量的教学服务,传授最新的学科知识和实践技能,学生能够从他们的专业经验和指导中受益,获得与就业市场需求相匹配的教育。产业学院还经常邀请行业专家来学院举办讲座和培训,以加强学生的职业素养。

(三)美国产业学院对我国的启示

1. 深度融入国际分工体系

美国的产业学院通过与企业签订合作协议,共同开展教学、科研和实践活动,实现了学校与企业之间的有机连接。这种模式可以促进中国高职院校更深入地融入国际产业分工体系,提高其吸纳国际先进技术和资本的能力,并激励创新,打造具有全球竞争力的制造业。从全球生产网络和新国际分工模式来看,美国的产业活动已经超越了传统,演变为产品内分工,即在单一产品内部根据价值链的划分进行合作,这种分工模式的变化体现了美国在全球经济中的重要地位和其对国际分工体系的深刻影响。美国主导的国际分工体系通过构建投资规则、市场准则和法律规范,与区域企业组建"利益共同体""校企命运共同体",积极对接企业和产业链需要的人才专业、数量、规格、质量,实现人才供给与产业需求之间的平衡,达到学生充分就业、企业人才充足、产业发展充满活力的目标。这种产教融合的模式有助于美国产业学院更好地融入国际分工体系,促进教育链、人才链与产业链、创新链的融合。

2. 重视创新和实践能力培养

美国的产业学院非常重视学生的综合素养培育,特别是创新能力与实践能力的培养。产业学院由政府主导,企业和学校共同参与建设,依托强大的产业平台和研究院师资库,开发多个专业实践项目课程,并设有实训基地等产教融合基地,不仅促进了知识传播和应用,还推动了高校科研与企业创新的有机融合。例如,麻省理工学院(MIT)始终把技术教育作为自身发展的重点,坚守核心学科,使

MIT在工科领域处于世界领先水平。产业学院的教学模式包括"项目化平台、嵌入式课程和混合式教与学",其中"项目化平台"提供真实工程实践场域的教学情境;"嵌入式课程"将理论与实践相结合,让学生参与工程实践以提高动手能力和创新意识。美国麻省理工学院在学科教育方面进行了创新,为学生提供了丰富的跨学科实践机会和全方位的培养计划,强调应用性、实践教学和校内外实习实训,通过校企共建的三大实训平台开展创新研究,将团队阶段性研究成果与企业科研平台共享,促进校企协同育人。此外,产业学院还注重从人才培养、科学研究、社会服务等方面加强产、学、研深度合作。美国高校注重个性化教育,实施多元化的录取标准和灵活的教育方法,鼓励学生独立思考和解决问题的能力,从而培养创新型人才。这些做法对中国高等教育改革与发展具有重要启示作用,可以鼓励学生进行创造性学习和工作,提升其创新精神和实践能力。

3. 政府、企业和大学三螺旋模式

美国的产业学院成功运用了"三螺旋"理论,即产业、政府和大学三者有机结合的合作机制。三螺旋模式认为大学是知识和技术的源泉,产业是技术转化和应用的主要场所,而政府则提供必要的政策支持和环境条件。这种模式通过大学、产业和政府之间的互动,形成一个协同创新的生态系统,促进知识的创造、传播和应用。政府在三螺旋模式中扮演着重要角色,不仅通过制定政策和法规来引导和支持大学与企业的合作,还通过提供资金、场地等资源支持,促进产学研一体化。例如,《拜霍尔-多勒法案》就是鼓励小型企业参与联邦资助的研究与开发工作,并促进商业组织与大学建立协作伙伴关系的重要法律。总之,美国的三螺旋模式通过大学、产业和政府三方的紧密合作,形成了一个动态的创新生态系统,不仅促进了技术创新和知识转移,还推动了区域经济的发展和社会的整体进步。这种模式强调政府、企业和大学之间的协同合作,通过研究中心、孵化器和科技园等平台实现创新驱动。我国可以借鉴这一模式,加强政府对教育和产业的支持,推动产学研一体化发展。

4. 注重职业教育与市场需求的对接

美国产业学院注重职业教育与市场需求的对接。首先,美国职业教育的发展历程显示了其对产业需求的适应和响应。从学徒制、综合中学到社区学院,美国职业教育不断更新其形式、内容与手段,以满足产业升级和经济发展的需要。这种发展策略体现了美国职业教育对市场需求的敏感性和适应性。美国职业教育课程设置的特点也强调了职业性与普通教育课程的交叉渗透,以及与人才市场需求的紧密联系。课程结构中职业性课程的比重较大,并且随社会、经济的发展而不断调整，这表明美国职业教育在课程设计上非常注重与市场需求的对接。此外，美国职业教育的成功经验还包括校企合作模式的广泛应用。通过校企之间的成功对接，美国的职业学校为企业培养了大量既有理论知识又了解企业用人要求、具有实际操作能力的实用型人才。这种"订单式"培养模式促进了高职教育与产业的融合，实现了供求关系的平衡和人力资源的整合。美国职业教育还强调以市场需求为导向的人才培养观念，适应行业和地方经济的发展需要进行专业建设和课程改革，并加强校企合作，突出校外实习在人才培养中的重要地位。这种以市场需求为导向的教育模式有助于提高人才培养的质量和效率。我国可以借鉴这一经验，加强与企业的合作，提供与市场需求更加契合的职业教育课程和培训。

5. 创新人才引进与培养

美国产业学院在鼓励创新人才引进与培养方面采取了多种策略和措施，这些措施涵盖了教育模式的创新、产学研协同培养以及与企业合作等多个方面。美国联邦政府将加强先进制造业人才培养列入优先事项，采取增强制造业职业社会认同感、加强以制造业为重点的 STEM 教育、大力推广学徒制与行业证书制度等策略，表明美国政府对于创新人才的培养给予了高度重视，并通过具体的政策支持来推动这一进程。美国产业学院注重通识教育与跨学科课程，采用研讨式和研究型教学方法，强调个别指导和协同培养的人才培养机制，这些做法不仅提升了学生的创新能力，也为他们未来的职业生涯奠定了坚实的基础。此外，美国高校与企业的紧密合作也是培养创新人才的重要途径，如辛辛那提大学的"产学结合"模式等，都是校企合作紧密的典型例子，这种模式不仅为学生提供了实际操作的机会，也为企业的发展注入了新的活力。美国还通过优化科研体系、提升研究型大学的科研水平等措施，为科技创新人才的培养提供坚实的物质基础和良好的制度环境。这些措施有助于提高国家的科技创新能力，加快赶超世界科技发展先进水平的步伐。

四、日本产业学院的发展

日本产业学院是为了培养实际应用技能和产业人才而设立的教育机构，是一种以培养实用型专业人才为目标的职业教育体系，是日本高等教育中的一种重要教育模式，以其实用性、就业率高等特点在日本具有广泛的影响力。日本产业学院注重实践教育和与行业的合作，为学生提供与实际工作相关的知识和技能，以满足日本产业和经济的需求，通常提供与工程、制造、电子、自动化、信息技术等相关的课程和专业，为学生提供丰富的实习和实践机会。学生通常会在产业学院内的实验室和工作室中进行实际操作，以提高他们的实际技能和解决问题的能力。

同时,产业学院与行业和企业之间建立紧密的合作关系,与企业合作开展实践项目和职业培训,确保教学内容与实际职业需求相匹配,使学生能够更好地了解和适应实际工作环境。

日本产业学院的学制通常为2年或3年,学生在毕业后可以直接进入工作岗位或者继续深造。许多学生选择毕业后就业,他们的实际技能和行业相关经验使他们成为受雇主追捧的对象。日本有些著名的产业学院,各自专注于培养特定领域的专业人才,如东京电子技术产业学院(Tokyo Electronics Technology College)提供与电子工程、电子设备制造和维修相关的课程和实践训练,以培养电子技术领域的专业人才而闻名;日本汽车技术学院(Japan Automotive College)专注于汽车技术的培训与研究,学生可以学习与汽车制造、维修和设计相关的知识和技能;东京制药产业学院(Tokyo College of Pharmacy)提供与制药科学、药学和药剂师相关的课程和实践训练,培养制药行业的专业人才;电气通信产业学院(Institute of Electrical and Communication Engineers)专注于电气工程和通信技术的培训,学生可以学习与电气工程、通信网络和无线通信相关的知识和技能;日本动画电影学院(Japan Animation and Film College)专注于培养动画和电影行业的专业人才,学生可以学习与动画制作、影视剧本创作和角色设计相关的知识和技能等。这些产业学院在日本各自领域内具有很高的声誉,为学生提供了实践导向的教育和与行业紧密合作的机会,注重实际技能和职业竞争力的培养,为学生进入相关行业就业打下了良好的基础。

(一)日本产业学院的发展历程

产业学院(センター試験)是日本高等教育中的一种重要教育模式,以其实用性强、就业率高等特点在日本具有广泛的影响力。产业学院在日本的发展历史可以追溯到20世纪60年代,当时日本经济蓬勃发展,需要大量的技术和职业人才,但传统的高等教育体系无法满足市场需求。因此,日本政府推出了产业学院的教育模式,以培养实用型专业人才为目标。产业学院的课程设置和教学方式与传统的大学教育不同,它注重将学生所学知识与实际工作相结合,强调学生的实践能力和职业素养的培养。同时,产业学院的课程设置较为灵活,学生可以根据自己的兴趣和职业需求选择适合自己的课程。日本的产业学院已经成为日本高等教育体系的重要组成部分,培养了大量的实用型专业人才,为日本经济的发展和社会的进步作出了重要贡献。日本产业学院的发展可以分为以下几个阶段:

1. 初始阶段(1960年至1970年)

在这个阶段,日本经济蓬勃发展,需要大量的技术和职业人才。1961年,日本国会通过了《现代产业学校法》，确立了现代产业学校的地位与设立条件，日本政府开始设立技术学校。1962年，建造了第一所现代产业学校，即产业学院东京本部，此后，陆续在全国各地设立了多所现代产业学校，为日本产业发展培养人才。这些产业学校主要关注技术工人的培养，以满足当时日本工业的需求。

2. 发展阶段(1970年至1990年)

在这个阶段，随着经济的高速增长和产业结构的变革，产业学院逐渐扩大了专业领域，涵盖了电子、机械、汽车、化学、信息技术等多个行业。产业学院开始与企业建立紧密的合作关系，开展实习、实训和项目合作，以提高学生的实践能力和就业竞争力。同时，产业学院也开始注重培养创新能力和国际竞争力，积极引进国际先进的教育理念和经验。1971年，产业学院升格为高等教育机构，改名为产业学院。1981年，产业学院新设了研究生院。

3. 现代化阶段(1990年至今)

2000年，产业学院开设了四年制本科课程，已经成为日本高等教育体系的重要组成部分，它培养了大量的实用型专业人才，为日本经济的发展和社会的进步作出了重要贡献。随着科技进步和产业结构的变革，产业学院持续调整和更新课程，注重培养具有创新意识和实践能力的人才。学院与海外大学和研究机构的合作进一步加强，为学生提供更广阔的国际交流和学习机会。产业学院的教育目标之一是为学生提供就业机会。许多学生在毕业后能够直接进入相关行业就业，他们所具备的实际技能和行业相关经验使他们成为受雇主追捧的对象。产业学院的毕业生就业率通常较高，产业学院在培养产业技术人才和满足产业发展需求方面发挥了重要作用，为日本的产业和经济发展作出了贡献。

（二）日本产业学院的特点

1. 紧密结合产业需求

日本产业学院与各行业的企业建立了紧密的合作关系，参与产业学院合作的企业通常在区域产业链条中占据重要地位或关键地位，具备丰富的产教融合经验。产业学院的专业设置紧密联系当地主导产业，确保人才培养方向与市场需求高度契合；产业学院与企业共同制定课程设置和教学内容，确保教育内容与实际产业需求相契合。产业学院注重培养学生的实践能力，通过与企业合作的实习、实训和项目合作等方式，学生能够在实际工作中学习和应用所学知识和技能。产业学院的教师多数具有丰富的产业经验和专业背景，他们了解产业的需求和动态，能够将这些实际经验带入课堂，将理论知识与实际应用相结合。产业学院积极进行产业研究,了解产业的发展趋势和技术创新方向,这些研究成果指导学院的课程设置和教学内容,使其与产业需求保持一致。产业学院与企业紧密合作,及时了解企业的需求,并为学生提供就业指导和职业规划,也为学生提供了更多的就业机会和就业支持,从而提高了学生的就业竞争力。通过与产业紧密结合,日本产业学院能够培养出与市场需求相符合的优秀人才,为产业的发展和创新提供有力支持,更好地满足社会的人才需求,为社会经济的发展作出贡献。

2. 系统的政策支持保障

日本政府对职业教育非常重视,在产教融合上提供了系统的法律法规保障,形成了较为成熟完善的现代职业技术教育体系。如颁布了《研究交流促进法》《大学技术转移促进法》《产业技术力强化法》《职业段位制度》等法律和政策。日本《研究交流促进法》规定,企业在国立大学及国立试验研究机构等所在土地(均为国有土地)上建设共同研究设施,将对其土地使用费给予优惠;《产业技术力强化法》规定,在一定的条件下,大学教员可以接受顾问费,在将自己的技术发明商品化的过程中,还可以在企业兼职,获得认可的技术转移机构可以免费使用国立大学的科研设施设备;根据《大学技术转移促进法》建立并获得认可的技术转移机构达到41家,这些机构为促进大学科研成果和技术的转移转化起到了很大作用[①];《职业段位制度》建立一个涵盖初级到专业水平的7级职业资格体系,并根据行业特点制定相应的能力指标,强调与行业协会企业培训机构等共同合作培养技能型人才。此外,日本还制定了补助金激励政策,利用补助金鼓励私营企业和其他来源的教育和培训、工人自发地进行技能发展,设立职业发展推广补助金,帮助雇主、雇主组织等根据内部职业能力发展计划承担部分工资和培训成本等,大大推动了日本产教融合、科教融汇的进程。

3. 功能综合性

相比传统大学,产业学院具有更强的独立性和灵活性,能够根据实际情况快速调整教学内容和培养方案,不仅承担职业教育任务,还集成了技术研发、社会服务、创新创业等多种功能。产业学院与各行业的企业建立紧密的联系,依托专业群和技术人才,积极向上级政府部门和社会争取项目支持和资金技术合作,多方共建研发实验室,在重大课题申报、产品试制、技术研发、成果转化等方面开展合作,重点突破关键核心技术。同时,建立知识产权的共有机制,根据投资比例、人才归属和贡献大小形成利益共享机制,实行契约管理,健全新技术、新设备知识产

---

① 黄楠.促进科技成果转化的机制研究:产学研合作的模式与问题分析[D].上海:复旦大学,2009:56—60.

权归属及收益分配机制,有效服务产业经济发展①。产业学院校企合作共建高水平产教融合实习实训基地,打造产学研用一体化的校外实习实训基地,承接合作企业的真实项目、产品订单,不仅提升了学生的实际操作能力,还使职业院校从单纯的消耗型教学转变为能够产生产品及利润的生产性教学。产业学院不仅关注当前的人才培养需求,还致力于技术创新和未来科技的发展,为学生创新创业教育提供政策指导、技术支持、真实项目演练等,通过校企合作开发课程和技术项目,提升学生的创新能力。

4. 注重实践教学和技能培养

日本产业学院一直秉承实用主义原则,以培养实用型专业人才为目标,注重培养学生的实际操作能力和职业技能。学生学习的课程主要围绕企业需求展开,除了基础学科外,还包括很多实践性课程,如工程实习、实验室实训、企业实践等。实习、实训、项目合作等实践教学方式,使学生能够将所学知识和技能应用于实际工作中。产业学院与企业合作关系紧密,为学生提供机会参与实际工作项目,接触真实的工作环境和流程,培养学生的职业素养和工作能力。产业学院与企业有紧密的联系,课程设置和教学内容紧密贴合实际职业需求,培养学生具有市场竞争力的就业技能,助力学生顺利就业。产业学院与各行业的企业合作,了解并反映产业需求,根据市场需求调整和更新课程,确保教育内容与就业市场的变化保持一致。产业学院的教师多数具有丰富的工作经验和实践背景,能够将自身经验与理论知识有机结合,给学生提供实用的教育指导。正因为日本产业学院注重实践教学与技能培养,学生实践能力、适应市场需求能力强,技术技能水平高,就业率高,受用人单位欢迎,为产业发展和社会经济进步作出了积极的贡献。

5. 就业导向

日本产业学院与各行业的企业有紧密的合作关系,了解并反映市场需求,与企业合作共同制定课程和培养方案,确保培养出与市场需求相匹配的人才;注重培养学生的实践能力和职业素养,使学生能够在实际工作中锻炼并应用所学知识和技能,提高就业竞争力;给学生提供就业指导和职业规划服务,产业学院与企业的人力资源部门保持密切联系,及时了解就业动态和需求,为学生提供更多的就业机会和资源;产业学院的课程设置和教学内容以培养学生的职业能力和就业竞争力为目标,课程紧密结合实际职业需求,培养学生具备市场竞争力的技能和专业知识;由于与各行业的企业有紧密的合作关系,学院能为学生提供丰富的就业

---

① 漆家庆.职业院校主导型产业学院建设的价值取向与实践路径[J].教育科学论坛,2023(12):24—29.

机会,学生可以选择在与学院合作的企业中就业,也能够通过学院的资源和网络获得更多的就业机会。总之,日本产业学院能够培养学生就业所需的实践能力、职业素养和市场竞争力,学生在校期间已经接触到了企业环境,并掌握了实际操作技能,能够很快适应工作岗位,学生就业率长期保持较高水平。

6. 办学灵活

日本产业学院通常提供短期培训课程,以满足学生快速获取特定技能和知识的需求。这些课程通常持续数周或数月,使学生能够尽快进入就业市场或提升职业能力。短期课程注重培养学生的实际应用能力。课程设置紧密结合实际工作需求,教授实用的技能和工作方法,使学生能够迅速适应工作环境。这种短期培训课程与长期的大学课程相比,通常收费较低,能让更多的学生有机会接受专业培训,提升自身能力;有些产业学院的短期课程提供相关的职业认证,这些认证能够提高学生的职业竞争力,获得更多就业机会;有些产业学院的短期课程通常都具有灵活的学制,学生可以根据自己的时间和需求选择不同的课程,灵活安排学习时间。通过提供短期课程,日本产业学院能够为学生提供灵活的职业培训机会,帮助他们获得所需的技能和知识,提升就业竞争力,这使得产业学院成为许多学生迅速提升职业能力的选择。相较于传统高等教育机构,产业学院的课程时间短,学费相对较低,适合那些想要快速进入职场的学生。

7. 分类明晰

日本产业学院通常按照不同的行业或领域进行专业分类,各专业设置比较齐全,包括机电、电气、电子信息、化学、建筑、IT、汽车制造、电子工程、酒店管理等,这样的分类使得产业学院能够更加专注地培养学生在特定领域的专业知识和技能,让学生可以根据自己的兴趣和职业规划来选择相应的专业。产业学院的课程设置通常也非常明晰,课程按照各个专业领域划分,并且在每个专业领域中提供不同的课程,以便学生能够有针对性地学习所需的知识和技能。除了课程分类,产业学院还会根据学生的需求进行培训分类。比如,有针对初学者的入门级培训课程,也有针对有一定经验者的进阶培训课程,这样的分类能够满足不同层次学生的培训需求;产业学院通常与各行业的企业有合作关系,并将就业与各专业领域进行分类,根据学生的专业背景和职业需求,提供不同的就业机会和资源。通过分类明晰,日本产业学院能够更好地满足学生的需求,提供有针对性的教育和培训,有助于学生更好地选择和发展自己的职业道路。

（三）日本产业学院对我国的启示

1. 职业导向教育

日本产业学院注重培养学生实际应用的能力和技能，使他们能更好地适应职场需求。这种职业导向教育可以为我国的职业教育提供借鉴。在我国，传统的教育体系往往注重理论知识的传授，而忽视实际应用技能的培养。职业导向教育强调将学生的学习与现实职业需求紧密结合起来，通过与行业企业合作，更好地了解职业市场的需求，将实际职业技能融入课程中。职业导向教育可以通过校企合作提供实践机会和实训课程来培养学生的实际应用能力，学生可以在真实的工作环境中进行实习或实训，提前接触职业领域的实际情况，提高解决实际问题的能力。这样的教育模式可以提高学生在职场中的竞争力，更好地满足社会对于具备实际职业技能的人才的需求。此外，职业导向教育需要注重培养学生的职业素养和就业能力，包括沟通能力、团队合作能力、问题解决能力等。除了专业知识和技能的培养，学生还需要具备全面的素养和能力，才能更好地适应职场环境和满足职业发展的需求。因此，职业导向教育可以为我国的职业教育提供启示，鼓励学校与行业企业合作，将实际职业技能融入课程中，培养学生实际应用能力和职业素养，使他们更好地适应职场需求。这样的教育模式将有助于提高我国的职业教育质量，培养更多具备实际职业技能和就业竞争力的人才。

2. 与行业紧密合作

日本产业学院通常与相关产业和企业紧密合作，将实际需求融入课程设计和实训中。这种行业合作可以为我国的职业教育提供启示，加强职业教育与实际工作的对接，提高学生的实践能力，增加就业机会。在我国，职业教育与企业的合作相对较少，传统的职业教育更倾向于将学生培养为理论知识的掌握者，而不是实际工作能力的提升者。与此相反，日本产业学院通过与行业企业的合作，将职业技能和实际工作需求融入教学中。行业企业可以向学院提供实际的职业需求和技能要求，使学院的课程设计更贴近实际职场需求，提高学生的就业竞争力，使他们更容易找到适合的工作；行业企业的合作可以为学生提供实践机会和实训环境，学生可以在企业内部进行实习或实训，接触真实的工作环境和工作流程，提前适应职场的要求，这样的实践经验可以帮助学生更好地了解自己的职业兴趣和能力，并为将来的就业作好准备。此外，行业企业的合作还可以促进教学和研究的创新。产业学院可以通过与企业的合作，了解最新的技术和行业趋势，更新课程内容和教学方法，更好地培养适应未来职业发展需要的人才。因此，学校和企业要加强合作,建立稳定的合作关系。通过与行业企业的合作,将实际工作需求融入教学中,提高学生的实践能力,增加其就业机会,促进教学和研究的创新。

3. 灵活的课程设置

日本产业学院通常根据实际需求和行业变化,灵活调整课程设置,以培养具备最新技能和知识的人才,这种灵活的课程设置可以为我国的职业教育提供启示,使课程内容更贴近实际需求,从而提高毕业生的就业竞争力。在我国,传统的职业教育课程设置相对固定,主要以基础理论知识为主,缺乏对实际需求的及时调整。与此相反,日本产业学院根据行业和企业的需求,调整课程内容和课程设置,使其更具实践性和针对性。灵活的课程设置可以使课程内容更贴近实际工作需求,通过与行业企业的合作,产业学院可以了解最新的技术和行业趋势,及时调整课程内容,培养具备最新技能和知识的人才,提高学生的就业竞争力,令其更好地适应职场的要求。此外,灵活的课程设置还可以促进教学和研究的创新。产业学院可以通过调整课程内容和教学方法,适应不断变化的行业需求,推动教学和研究的创新,培养具备创新能力的人才。因此,日本产业学院的灵活课程设置可以为我国的职业教育提供启示。高职院校可以与行业企业建立紧密的合作关系,了解实际需求和行业变化,灵活调整课程设置,使其更贴近实际需求,提高学生的实践能力和就业竞争力,促进教学和研究的创新。这样的课程设置有助于提高我国的职业教育质量,培养更多适应未来职业发展的人才。

4. 终身学习和持续教育

日本产业学院鼓励学生在毕业后继续学习和提升自己的技能和知识,为职场人士提供继续学习和培训的机会,以满足不断变化的职业需求。这种注重终身学习和持续教育的理念可为我国的职业教育提供启示,使教育体系更加贴合职场需求,培养具备持续学习能力的人才。在我国传统的教育观念中,教育主要集中在学生的学历教育阶段,常常忽视毕业后的继续学习和职业发展。随着社会的发展和技术的进步,职业需求不断变化,人们需要不断学习和提升自己的技能和知识。日本产业学院通过注重终身学习和持续教育,为学生提供了更多学习机会和资源,使他们能够不断学习和适应职场的要求。注重终身学习和持续教育可以提高人才的专业能力和竞争力,通过持续学习和提升自己的技能和知识,人们可以更好地适应职场需求,提高自己的专业能力和竞争力,获得更好的职业发展机会;注重终身学习和持续教育可以推动社会的发展和创新,持续学习和不断更新知识可以帮助人们紧跟时代的步伐,适应社会的变化和发展。这种持续学习的态度有助于培养创新能力和开拓精神,推动社会的创新和进步。此外,注重终身学习和持续教育还可以提高就业率和就业质量。通过持续学习和提升自己的技能和知识，人们可以提高自己的就业竞争力，获得更好的工作机会和薪资待遇。因此，日本产业学院对我国的启示之一是注重终身学习和持续教育。我国可以借鉴日本产业学院的经验，建立起完善的终身学习和持续教育体系，提供更多学习机会和资源，使人能够不断学习和提升自己的技能和知识，适应职场的需求，推动社会的发展和创新。这样的教育理念有助于培养更具竞争力和适应性的人才，提高我国职业教育的质量。

第三章 产业学院的建设

第一节 产业学院建设概述

一、产业学院的建设背景

产业学院是以产业为背景,培养应用型人才的高等职业教育机构,是一种致力于培养实用型、高素质的专业人才的创新教育模式。它主要由企业、政府和职业院校共同创办,面向企业和市场需求,依托职业院校或相关单位,开设与企业紧密相关的职业课程,以市场需求为导向,致力于培养实用型和高素质的专业人才。我国专业设置丰富多样,以适应当地产业发展为导向,涵盖了多个领域,如机械制造、电子信息、汽车工程、化工、建筑工程等;同时,还开设了一些与新兴产业相关的专业,如互联网、物联网、人工智能等专业。产业学院注重培养学生的实践能力和职业素养,开设了大量的实训课程并提供实习机会,使学生能够在实际工作中学到知识和技能。产业学院与企业紧密合作,共同开展教学实践活动,组织企业实习和就业洽谈会,为学生提供就业机会和职业发展指导。产业学院注重学生的职业素养和职业规划。学生在校学习期间,除了学习专业知识和技能外,还会接受职业素养教育和职业规划指导,以帮助他们更好地适应社会就业。总的来说,我国的产业学院是为了适应社会经济发展需求,培养适应产业发展需要的应用型人才而设立的学院,注重实践教学和职业导向,通过与企业合作,为学生提供优质的职业教育和就业服务。

20世纪50年代到80年代,我国受到苏联的影响,建立了一批以产业学院为代表的高等职业教育机构。苏联的产业学院模式强调将职业教育与产业发展相结合,培养适应国家经济发展需求的技术人才,这一模式对我国的职业教育产生了积极的影响。同时,苏联产业学院的教育理念和教学方法也对我国的产业学院产生了一定的影响。苏联的产业学院注重实践教学和技能培养,强调学生的实际操作能力和实践能力的培养,这种注重实践的教学模式在我国的产业学院中得到推广。此外,苏联的产业学院的科研和教学成果也对我国的产业学院发展起到了一定的示范作用,我国的产业学院在科研和教学方面积极借鉴苏联的产业学院的先进经验和成果,同时,也根据我国的实际情况进行了改革和创新,不断提升自身的科研和教学水平,推动我国产业学院的发展。

在我国职业教育的发展中,产业学院具有重要的意义和广阔的发展前景。近年来,随着我国职业教育的不断发展,产业学院也逐渐得到了广泛的关注和推广,尤其是在一些经济发达的地区,如广东、江浙等地。产业学院一般由政府、企业和职业院校共同创办,紧密结合教育和市场需求,以企业为导向设置课程,针对市场需求和职业发展,开设不同的专业课程,校企共建基地,为学生提供丰富的、基于真实工作场景的环境。产业学院积极开拓市场,与企业建立紧密的合作关系,提供人才培训服务,不断创新发展,为培养高素质专业人才作出了积极贡献。

国家在过去几年间陆续出台了多个文件,旨在推进高等教育的现代化发展和产业转型升级。《教育部关于加快高等职业教育现代化发展的意见》(教职〔2019〕6号)提出,要发展高水平的现代职业教育,建设一批"产业学院",加快推进高等职业教育现代化发展。《国务院办公厅关于加快推进产教融合深度发展的意见》(国办发〔2019〕47号)提出,要深化产教融合,探索建设"产业学院",加强产学研合作,促进产业转型升级。《教育部关于加强高等教育服务乡村振兴工作的实施意见》(教职〔2019〕11号)提出,要加强高等教育服务乡村振兴,建设一批"现代农业产业学院",培养适应农业现代化发展需要的人才。《中华人民共和国教育法》修订草案(2018年)指出,高等教育要服务国家经济社会发展需求,设置适应产业转型升级需要的专业和课程,建设产业学院等新型高职院校。《教育部办公厅、工业和信息化部办公厅关于印发〈现代产业学院建设指南(试行)〉的通知》(教高厅函〔2020〕16号)明确了现代产业学院的建设原则及任务要求。这些文件的出台,表明了国家对产业学院建设的重视和支持,为产业学院的发展提供了政策和制度保障。

二、产业学院的建设目标

产业学院的建设目标是培养适应产业发展需求的高素质人才,推动产业创新和升级,促进产学研结合,提高就业竞争力,加强产业培训,旨在促进产业发展和推动经济社会进步,主要包括:

(一)培养适应产业发展需求的高素质人才

产业学院的首要目标是培养具备产业所需的专业知识和实践能力的学生。学校需要提供与产业发展相匹配的专业课程和实践机会,使学生具备适应产业需求的综合素质、专业知识和实践能力,成为满足产业发展需求的人才。

（二）推动产业创新和升级

产业学院是推动产业创新和升级的重要力量，产业学院与产业发展密切相关，通过与企业合作、开展科研和技术创新等方式，推动产业发展，学院需要与企业、科研机构等合作，提供专业的咨询服务、技术支持和人才供应，开展科研和技术创新，为产业提供技术支持和解决方案，促进产业的技术进步和竞争力提升，推动企业促进产业的创新和升级。

（三）促进产学研结合

产业学院是产学研结合的重要平台，通过与企业、科研机构等合作，将学术研究成果转化为实际应用。加强与企业、科研机构等的合作，推动科技成果的产业化，促进产业与学术界的互动和交流，为学生提供实践机会，使他们能够将所学知识应用到实际工作中。

（四）提高就业竞争力

产业学院可为学生提供更多的就业机会和发展路径。通过产业学院，学校与企业建立紧密的合作关系，为学生提供实习和就业机会，帮助他们更好地适应就业市场的需求，提高就业竞争力。

（五）加强产业培训

产业学院可以为企业提供专业的培训服务，帮助企业提升员工的技能和素质。通过产业学院，学校设计出定制化的培训课程，可以满足企业的特定需求，提高企业的竞争力和创新能力。

三、产业学院的建设特点

（一）紧密结合产业需求

产业学院注重与产业需求的深度对接，通过与企业、行业的合作，了解并满足实际需求，在课程设置、实践教学等方面与产业密切结合。产业学院通过与企业建立紧密的合作关系，深入了解实际需求，调整课程设置和教学内容，将培养适应产业发展的高素质人才作为目标。产业学院与企业合作开展项目，为学生提供实践机会，让他们在实际操作中学习，培养实际操作能力和解决问题的能力。产业学院设立实训基地，模拟真实的工作环境，为学生提供更接近实际工作的培训。

产业学院还与企业合作开展科研项目,通过研究解决实际问题,为产业发展提供技术支持和创新方案。通过产学研结合,产业学院的教学和科研更贴近实际需求,从而提高学生的就业竞争力。总的来看,我国产业学院注重与产业的紧密对接,通过与企业合作、实践教学和产学研结合等方式,为产业发展提供了有力的支持,并培养了适应产业发展需求的高素质人才。

(二)强调实践教学

实践教学是产业学院教育教学的重要组成部分,旨在培养学生的实际操作能力、问题解决能力和创新思维能力。产业学院通过多种方式进行实践教学,其中包括项目驱动和实训基地建设。项目驱动是指通过与企业合作开展项目,让学生参与实际的项目研究和解决实际问题,从而提高学生的实践能力和创新能力;实训基地是指产业学院建设模拟真实工作环境的实训场所,让学生在实际操作中学习和实践。此外,产业学院还注重将理论知识与实践相结合,通过实例分析和案例教学等方式,让学习内容更加贴近实际应用,从而培养学生解决实际问题的能力。实践教学在产业学院的教学过程中起到了重要作用。通过实践教学,学生能够更好地理解和应用所学知识,提高实际操作能力和解决问题的能力。实践教学也能够使学生更好地适应产业发展的需求,并提高其就业竞争力。我国产业学院非常重视实践教学,通过项目驱动、实训基地建设等方式,注重培养学生的实际操作能力和问题解决能力,以适应产业发展的需求。

(三)职业导向明确

产业学院以职业教育为主要目标,注重培养学生的职业素养和技能,以适应各行业的用人需求,通过与企业、行业的紧密合作,深入了解产业需求和就业市场,调整课程设置、教学内容和教学方法,针对不同专业领域,将学生的培养目标与职业发展紧密结合,制定了相应的人才培养方案和职业发展路径,培养适应产业发展需求的高素质、应用型人才。产业学院为学生提供职业生涯规划和就业指导服务,帮助学生了解行业动态、职业发展趋势,提供就业技能培训、职业素养培养,注重培养学生的职业道德和职业素养,强调学生的职业责任感、团队合作能力、沟通能力和创新精神。同时,加强与企业的联系,提供丰富的就业信息和实习机会,开展创业支持和创业培训等,以确保学生能够顺利就业或创业。此外,产业学院还与企业合作开展项目和实践教学,为学生提供实际操作和实践机会,培养学生的实际工作能力和问题解决能力,增强其就业竞争力。我国产业学院有非常明确的职业导向,通过与企业合作、就业指导和实践教学等方式,培养学生使之具备适应产业发展需求的职业素质和能力,为学生的职业发展提供有力的支持。

(四) 师资队伍高素质

产业学院重视师资队伍的建设,通过外引内培的方式,打造高水平的双师团队。一方面积极引入高层次的专业人才和实践经验丰富的行业专家,为学生提供专业的指导和实践经验,提高教学质量和教育效果。产业学院重视教师的学术背景和实践经验,聘请具有丰富实践经验和行业背景的专业人士担任教师,确保教学内容与产业需求紧密结合。另一方面,积极鼓励教师参与产学研合作项目,提升他们的实践能力和专业水平,鼓励教师参加师资培训和学术交流活动,提升教学方法和教育理论的应用水平,建立教师评估机制,对教师的教学效果进行评价,促使他们不断提高教学质量。此外,产业学院还重视培养教师的创新能力和团队合作精神,鼓励教师开展教育科研项目,提升他们的创新能力并推动教育教学的改革和发展;注重建立合理的团队管理机制,促进教师之间的相互合作,共同提高教学质量,确保教师能够为学生提供高质量的教育教学服务。

(五) 产学研结合紧密

产业学院积极与企业、行业、科研机构进行紧密合作,建立产学研合作机制。产业学院与企业签订合作协议,共同开展课程设计、实践教学、科研项目等合作活动;共同建立产学研基地,提供学生实习、就业和创业的机会,为企业提供技术服务和人才培养支持;与科研机构建立合作关系,共同开展科研项目,将科研成果应用于实践教学,提升教学质量和学生的实际能力。此外,产业学院还注重将学生的学习与实践结合起来,组织学生参加企业实训、实习和实践活动,让学生亲身体验实际工作环境,提高解决实际问题的能力,将教育与产业需求紧密结合,为学生提供与产业发展紧密相关的教育和培养机会。

(六) 国际化合作与交流

我国的产业学院注重国际化合作与交流,通过与国际高等教育机构的合作、教师的国际学术交流和国际学者的邀请等方式,为学生提供更广阔的学习和发展机会,并提升教师的学术水平和教学质量。产业学院积极与国际高等教育机构建立合作关系,开展合作办学项目,与外国大学签署合作协议,开展双学位、联合培养等项目,为学生提供更广阔的学习和发展机会;鼓励教师参加国际学术交流活动,与国际同行进行学术合作和研究合作,组织教师参加国际学术会议、研讨会,提升教师的学术水平,拓展国际视野,积极邀请国际知名学者和专家来校讲学、做学术讲座，为师生提供国际化的学习资源和学术交流平台。

第二节　产业学院的建设策略

一、产业学院发展中的常见问题

高职产业学院作为高等职业教育的重要组成部分，在发展过程中可能会遭遇挑战，遇到一些问题。解决这些问题需要政府、学校、企业和社会其他各界的共同努力，可以通过改革创新、加大投入、优化合作机制等措施，推动高职产业学院的健康发展。

（一）与企业合作不深入

产业学院建设的目的是培养符合市场需求的高素质人才，但教育和产业统筹融合、良性互动格局尚未根本确立，校企协同、实践育人的人才培养模式尚未真正形成和落实，浅层次、自发式、松散型、低水平的合作状态仍然存在，有些学院与企业合作不够深入，无法真正了解企业的需求，导致教学内容脱离实际。

（二）教学质量难保证

产业学院的教学质量需要保证，但企业参与学校人才培养的积极性不高，课程内容与职业标准、教学过程与生产过程仍存在脱节，"重理论、轻实践"等问题依然未得到解决。有些学院缺乏专业师资和实践教学资源，导致教学质量不够高，学生的实际操作能力和管理能力无法得到充分提升。

（三）缺乏适合的考核方式

产业学院的特点是以企业为导向，但是目前还缺乏适合的考核方式，无法真正反映学生的综合素质和实际能力，导致毕业生的就业竞争力不够强。

（四）专业设置不够完善

产业学院需要根据市场需求和企业需求来设置专业，但是目前有些学院的专业设置不够完善，无法满足市场需求，导致毕业生的就业前景不够明朗。

（五）缺乏有效的培训机制

产业学院需要建立有效的培训机制，让学生在校期间能够得到更多的实践机会和培训机会,但是目前有些学院缺乏有效的培训机制,无法真正提高学生的实际操作能力和管理能力。

(六) 缺乏完善的质量保证机制

人才培养监控体系与科学评价作为一种对人才培养活动现实或潜在价值做出评价判断和质量保证的手段,在教学活动中发挥导向引导、鉴定预测、激励反馈和协同育人、质量保障的作用,是决定教学质量的重要因素。目前,产业学院人才培养质量保证体系尚不健全,政企校行协同共进、协同育人的发展格局尚未形成,影响人才培养质量。

二、产业学院建设策略

产业学院建设中存在的问题需要重视,需要加强与企业的合作,提高教学质量,建立适合的考核方式,完善学科设置,建立有效的培训机制,为培养符合市场需求的高素质人才提供更好的保障。我国正处于产业结构转型升级时期,大力开展产业学院建设,培养产业急需的人才,是当前高职院校的主要任务。产业学院建设的具有重要意义:有利于促进校企合作、协同育人共同发展,培养服务于区域经济结构调整、产业优化、产品更新换代所需要的高素质技术技能型人才和创新人才,培养大国工匠和能工巧匠;有利于进一步增强职业教育的吸引力,深化人才培养模式改革和创新,构建完善的现代职业教育体系;有利于加快建设实体经济、科技创新、人力资源协同发展的产业体系,提升产业核心竞争力,汇聚发展新动能,对新时代高职院校完善质量保证体系建设具有重要作用。

(一) 确立质量保证目标

产业学院需要明确教学目标和培养目标,确定质量保证的目标和标准,让学生得到符合市场需求的高素质教育。确立产业学院质量目标需要考虑:第一,制定质量方针。制定产业学院的质量方针,明确学院的质量要求和目标以及质量管理的基本原则和方法。第二,确定质量目标。根据产业学院的发展战略和质量方针,制定符合实际的质量目标和指标,包括教学质量、科研成果、师资队伍、学生毕业质量等。第三,制订行动计划。根据质量目标和指标,制订详细的行动计划,明确具体的实施措施、责任人和时间表,以确保质量目标的实现。第四,建立质量管理体系。建立符合产业学院特点和实际情况的质量管理体系,包括组织结构、职责分工、流程规范、信息管理等方面,以保证质量管理的科学化和规范化。第五,定期评估和改进。定期对产业学院的质量目标和指标进行评估和改进,及时发现和解决问题,促进质量不断提升。总之,确立产业学院质量目标需要综合考虑学院的实际情况和发展战略,同时注重质量管理的规范化和科学化,以不断提升学院的教育教学质量和科研水平。

(二)建立专业建设评价机制

产业学院需要建立专业建设机制,根据市场需求和企业需求来设置专业,完善学科建设,提升毕业生的就业前景。产业学院的专业建设评价机制可以从以下几个方面进行评价:第一,课程体系。评估专业课程体系是否符合产业的发展趋势和需求,是否涵盖了必要的理论和实践知识,是否有利于培养学生的技术技能水平,是否具有综合性和创新性。第二,师资队伍。评估教师的学术背景、教学经验和工作实践经验,以及是否具备授课能力和教育教学水平。第三,实习教学。评估学生在实践教学环节中的学习效果和实际能力提升情况,包括实习机会的提供、师资指导、实践内容等方面。第四,学生评价。评估学生对专业建设的满意度和评价意见,包括学生的学习体验、教学质量、就业前景等方面。第五,就业情况。评估学生毕业后的就业情况和就业竞争力,包括就业率、薪资水平和就业行业等方面。通过以上方面的综合评价,可以更好地了解产业学院的专业建设情况,为提高教学质量和培养高素质人才提供参考依据。

(三)建立课程评价机制

产业学院需要建立课程评估机制,对每门课程进行评估和改进,同时监督和评估教师的教学质量,保证教学质量达到标准。产业学院的课程评估是通过一系列的评价和分析方法,对学院的教学质量进行评估和改进,以进一步提高学院的教育教学水平和服务质量。产业学院课程评估的主要内容和方法:其一,教学内容评估。对课程内容进行评估包括内容的完整性、实用性、适应性、创新性等方面,以确保教学内容与学生的实际需求相符合。其二,教学方法评估。对教学方法进行评估包括教学方式、教学手段、教学资源等方面,以提高教学效果和学生学习兴趣。其三,教学质量评估。对教学质量进行评估包括教学水平、教学能力、教学态度等方面,以发现教学中存在的问题和不足,以改进教学质量。第四,学生满意度评估。对学生的满意度进行评估包括学生对课程内容、教学方法、教学质量、教学资源等方面的满意程度,以发现学生的需求和意见,以改进教学服务质量。其五,教学效果评估。对教学效果进行评估包括学生的学习成果、学业成绩、学术成就等方面,以了解教学效果和学生学习情况,以改进教学质量和服务质量。课程评估目的是提高产业学院的教育教学水平和服务质量,以更好地服务学生和社会。

(四) 确定教师评价机制

产业学院需要提高教师的教学水平和专业素质,为学生提供更好的教学服务和指导。教师评价机制应该包括以下几个方面:其一,师德评估。产业学院应该评估教师的师德表现,包括教学态度、教学质量、学生评价、校园文化建设等方面,以评估教师的师德水平。其二,教学质量评估。产业学院应该建立完善的教学质量评估体系,包括课程评估、学生评价、教学反馈等方式,评估教师的教学质量和效果。其三,科研及社会服务评估。产业学院应该评估教师的学术研究成果,包括发表的论文、获得的科研经费、参加的学术会议等方面,以评估教师的学术水平、科研能力及社会服务能力。其四,教学管理评估。产业学院应该评估教师的教学管理能力,包括教学计划制定、教学资料编写、教学管理和组织等方面。其五,激励机制。产业学院应该建立激励机制,对表现优秀、成果突出的教师进行表彰和奖励,激发教师的工作积极性和创新能力。以上的教师评价机制可以全面评估教师的师德表现、教学能力、学术水平,为教师的职业发展提供科学的依据和指导,同时也能够激发教师的工作积极性和创新能力,促进产业学院教学质量的提高和发展。

(五) 确定实践教学评价机制

产业学院需要加强实践教学,为学生提供更多的实践机会,培养学生的实际操作能力和管理能力,提高学生的就业竞争力。产业学院的实践教学评价应该包括以下几个方面:其一,学生的参与度。产业学院实践教学需要学生实地参与,对学生的主动性、创造力和合作能力提出要求。评价时需要考查学生的参与度,是否积极主动参与,是否能够与团队成员协作完成任务。其二,教师的指导能力。产业学院实践教学需要教师在现场指导学生,对学生的实践能力进行培养和提升。评价时需要考察教师的指导能力,是否能够引导学生思考、解决问题,并给出有针对性的指导和建议。其三,教学内容的实用性。产业学院实践教学的内容应该与实际工作相结合,具有实用性和可操作性。评价时需要考察教学内容的实用性,是否能够帮助学生提升实际工作能力。其四,教学效果。产业学院实践教学的教学效果需要进行定期评估,以检验教学目标的达成情况。评价时需要考查教学效果的评估方法和结果,是否能够客观反映学生的实践能力和应用水平的提升。其五,学生的反馈。产业学院实践教学需要关注学生的反馈意见,从学生的角度出发,掌握教学效果和教学改进的方向。评价时需要考查学生的反馈意见是否能够反映教学的优点和不足,是否能够提供有价值的改进建议。

(六)确定考核评价机制

产业学院需要建立适合的考核机制,让学生的实际能力和综合素质得到充分考核和评估,同时建立毕业生就业调查和跟踪机制,了解毕业生就业情况,及时调整教学内容和培养目标。具体来说,考核评价机制应该包括以下几个方面:第一,绩效考核。产业学院应该制定明确的绩效考核指标,对教师、行政管理人员和其他工作人员进行考核评估,以评估他们的工作表现和贡献。第二,教学质量评估。产业学院应该建立完善的教学质量评估体系,通过课程评估、学生评价、毕业生追踪调查等方式,评估教学质量和效果。第三,学生评价。产业学院应该定期进行学生评价,了解学生对教学质量、师资力量、课程设置、实习教学等方面的评价和反馈,以便进行改进和优化。第四,质量管理评估。产业学院应该建立完善的质量管理评估体系,对产业学院的各项管理工作进行评估,包括招生、教学管理、科研管理、师资队伍建设、实践教学、校企合作等方面。第五,经济效益评价。产业学院应该对自身的经济效益进行评估,包括财务收支情况、资产管理、资源利用效率等方面,以了解产业学院的经济状况和发展情况。通过以上的考核评价机制,可以全面了解产业学院的综合情况和发展状况,为产业学院的管理和发展提供科学的依据和指导。

第三节　产业学院建设评价

产业学院是校企合作、产教融合的抓手,为了进一步推进产业学院建设工作,就需要深化产教融合、校企合作,努力形成校企合作、协同育人、互利互助、服务产业、共同发展的长效机制和创新机制,从而建设管理制度和人才培养模式都具有鲜明特色的产业学院,不断提升人才培养质量。譬如,广州科技贸易职业学院依托开发区科学城产业学院建设,构建了多元主体参与、重"过程"和"发展"的产业学院人才培养质量监控评价机制,按照"需求导向、自我保证、多元诊断、重在改进"的工作方针,建立产业学院教学评价工作机制,以目标、成果、问题为导向,构建具有较强预警功能和激励作用的内部质量保证体系,实现产业学院教学管理水平和人才培养质量的持续提升。这一良性示范引导、激励高职院校在产业学院建设中积极改进质量管理,促进内涵建设,提升教学质量,为培育经济社会发展和产业结构调整需要的高素质技术技能人才贡献力量。

一、产业学院评价概况

以产业学院评价为抓手,促进校企合作机制创新,在产教融合、人才培养、专业建设、课程建设、实践教学基地、师资队伍、产学研服务平台等方面,构建完整且相对独立的自我诊改机制和内部质量保证体系。在自我评价的基础上,形成产业学院年度建设情况、工作成效及创新点、存在问题及改进措施建议、下一阶段工作计划等的总结报告,并从产教融合、人才培养、师资队伍、产学研服务、创新创业、管理创新等方面形成典型案例,提升产业学院教育教学管理水平。强化产业学院人才培养工作状态数据及相关信息在产业学院建设诊改工作中的基础作用,进一步加强人才培养工作状态数据及相关信息管理系统的建设,完善预警功能,提升教学运行管理信息化水平,为开展人才培养模式改革和领导决策提供参考意见。产业学院评价坚持数据分析与实际调研相结合的原则、标准与注重特色建设相结合的原则,自主诊改与检查复核相结合的原则,根据产业学院建设标准要求,依据学院人才培养工作状态数据采集与管理平台的数据及相关信息,对产业学院人才培养运行情况及效果定期组织自主诊改,并将结果写入年度报告。

二、产业学院评价内涵

产业学院与产业紧密联系,与地方政府、行业企业等多主体共建共管共享,扎实推进新工科建设,再深化、再拓展、再突破、再出发,协调推进新工科与新农科、新医科、新文科融合发展,全面提高人才培养能力,培养适应和引领现代产业发展的高素质应用型、复合型、创新型人才。人才培养主要专业与区域产业发展具有高度契合性,相关专业已经列入"国家级一流专业"建设范围,具有相对优势;相关产业列入区域发展整体规划,参与的企业主体参考产教融合型企业相关要求,在区域产业链条中居主要地位,或在区域产业集群中居关键地位;具有相对稳定的高水平教学团队,相关企业主体参与的兼职教师人员数量不低于高职院校专职教师的数量;加强产教融合,实践教学学时不低于专业人才培养方案总学时的30%;具有相对丰富的教学资源;初步形成理念先进、运行顺畅的管理体系;学校能够提供相对集中、面积充足的物理空间,每年提供稳定的经费支持,用于人员聘任、日常运行等;政校行企给予发展所需政策扶持。具体评价内涵包括以下几方面。

(一)人才培养

面向产业转型发展和区域经济社会需求,以强化学生职业胜任力和持续发展能力为目标,以提高学生实践和创新能力为重点,强化产教深度融合、校企合作,创新人才培养方案、课程体系、管理方式、保障机制等。鼓励打破常规对课程体系进行大胆革新,探索构建符合人才培养定位的课程新体系和专业建设的新标准。推进"引企人教",推进启发式、探究式等教学方法改革和合作式、任务式、项目式、企业实操教学等培养模式综合改革,促进课程内容与技术发展衔接、教学过程与生产过程对接、人才培养与产业需求融合。协调推进多主体之间的开放合作,整合多主体创新要素和资源,凝练产教深度融合、多方协同育人的应用型人才培养模式。

(二)专业建设

围绕国家和地方确定的重点发展领域,着力推进新工科与新农科、新医科、新文科融合发展,深化专业内涵建设,主动调整专业结构,着力打造特色优势专业,推动专业集群式发展。紧密对接产业链,实现多专业交叉复合,支撑同一产业链的若干关联专业快速发展;依据行业和产业发展的前沿趋势,推动建设一批应用型本科新专业,探索本科专业创新发展的建设路径;推进与企业合作成立专业建设指导委员会,引入行业标准和企业资源,积极开展国际实质等效的专业认证,促进专业认证与创业就业资格协调联动,提高专业建设标准化、国际化水平。

(三)课程教材建设

引导行业企业深度参与教材撰写和课程建设,设计课程体系,优化课程结构。加快课程教学内容迭代,关注行业创新链条的动态发展,推动课程内容与行业标准、生产流程、项目开发等产业需求科学对接,建设一批高质量的校企合作课程、教材和工程案例集。以行业企业技术革新项目为依托,紧密结合产业实际创新教学内容、方法、手段,增加综合型、设计性实践教学比重,把行业企业的真实项目、产品设计等作为毕业设计和课程设计等实践环节的选题来源。依据专业特点,使用真实生产线等环境开展浸润式实景、实操、实地教学,着力提升学生的动手实践能力,有效提高学生对产业的认知程度和解决复杂问题的能力。

(四)实习实训基地建设

基于行业企业的产品、技术和生产流程,创新多主体间的合作模式,构建基于产业发展和创新需求的实践教学和实训实习环境。统筹各类实践教学资源,充分利用科技产业园、行业龙头企业等优质资源,构建功能集约、开放共享、高效运行的专业类或跨专业类实践教学平台。通过引进企业研发平台、生产基地,建设一批兼具生产、教学、研发、创新创业功能的校企一体、产学研用协同的大型实验、实习实训基地。

(五) 教师队伍建设

依托产业学院,探索校企人才双向流动机制,设置灵活的人事制度,建立选聘行业协会、企业业务骨干、优秀技术和管理人才到高职院校任教的有效路径。探索实施产业教师(导师)特设岗位计划,完善产业兼职教师引进、认证与任用机制。加强教师培训,共建一批教师企业实践岗位,开展师资交流、研讨、培训等业务,将产业学院建设成"双师双能型"教师培养培训基地。开展校企导师联合授课、联合指导,推进教师激励制度,打造高水平教学团队。

(六) 产学研服务平台

鼓励高职院校和企业整合双方资源,建设联合实验室(研发中心),发挥学校人才与专业综合性优势,围绕产业技术创新等关键问题开展协同创新,实现高职院校知识溢出直接服务区域经济社会发展,推动应用科学研究成果的转化和应用,促进产业转型升级。强化校企联合开展技术攻关、产品研发、成果转化、项目孵化等工作,共同完成教学科研任务,共享研究成果,产出一批科技创新成果,提升产业创新发展的竞争力。大力推动科教融合,将研究成果及时引入教学过程,促进科研与人才培养积极互动,发挥产学研合作示范作用,提升服务产业的能力。

(七) 管理体制机制

强化高职院校、地方政府、行业协会、企业机构等多元主体协同,形成共建共管的组织架构,探索理事会、管委会等治理模式,赋予产业学院改革所需的人事权、事权、财权,建设科学高效、保障有力的制度体系。充分考虑区域、行业、产业特点,结合高职院校自身的禀赋特征,优化创新资源配置模式,增强"自我造血"能力,打造高职院校产教融合的示范区,实现教育链、创新链、产业链的深度融合。

三、产业学院评价标准

产业学院的评价体系包括发展定位、建设目标与思路、产教融合、建设情况、保障措施、建设成果六个一级指标。

发展定位的评价观测点主要围绕区域产业对接及平台建设开展。

建设目标与思路的观测点主要围绕是否符合国家战略、重点产业领域及产业学院下一阶段的规划等。

产教融合的评价观测点为合作企业、运行条件、合作项目三个二级指标，主要围绕合作企业的准入门槛与要求、年接收学生情况、投入及设备等，产业学院运行机制、开展订单班、现代学徒制、学历提升、"1+X"证书、课岗融合等。

建设情况的评价观测点包括人才培养、专业建设、课程建设、基地建设、教师队伍、社会服务、体制机制改革七个二级指标。人才培养的评价观测点包括：人才培养专业与区域产业发展具有高度契合性；成立专业（群）指导委员会，开展专业调研、人才培养方案论证会；"1+X"证书制度试点，专业实践教学情况；专业教育与创新创业教育融合的成效；总结提炼出产教融合的人才培养模式；现代学徒制、订单培养的规模情况。专业建设的观测点主要包括：服务区域产业及产业学院规划情况；对接国家标准，打造特色优势专业等。课程建设的评价观测点主要包括校企共建课程标准、教材、教学资源库，体现课岗融合、课程思政、信息化教学等情况。基地建设的评价观测点主要包括校企共建实习实训基地、中心、大师工作室等。教师队伍的评价观测点主要包括从结构、教师素质、企业兼职教师、专业领军人才等方面，促进教师队伍建设。社会服务的评价观测点主要包括产学研合作平台、社会培训、到款额、技术研发等情况。体制机制改革的评价观测点主要包括混合所有制、董事会制、理事会制、管委会制等政校行企共建共管的管理模式。

保障措施的评价观测点包括组织保障、经费保障、激励监督保障等方面。

建设成果的评价观测点包括双证培养水平、学生技能竞赛、就业率与就业质量、双创能力培养水平、学生表彰、专业成效、影响力等情况，特别是就业质量强调"四高"——就业率高、对口率高、起薪高、满意度高。

产业学院质量评价标准具体见表3-1。

表3-1 产业学院质量评价标准

评价项目	评价要素	评价观测点
1. 发展定位（3分）	1.1 发展定位	1. 围绕国家战略性"双十"产业集群、乡村振兴等重点领域，与地方政府、园区、行业、企业等多元主体协同挂牌正式成立，正式运营半年以上；2. 打造集产、学、研、转、创、用于一体，互补、互利、互动、多赢的实体性校企协同育人平台
2. 建设目标与思路（3分）	2.1 建设目标与思路	1. 建设方案翔实，建设思路清晰，符合国家战略、重点产业领域及产业学院建设规划，体现产业学院特点和优势；2. 建设目标具体明确可行，思路清晰，可操作性强

续表 3-1

评价项目	评价要素	评价观测点
3. 产教融合（18分）	3.1 合作企业	1. 合作企业在区域产业集群中影响较高，年接收实习学生 10 人及以上；2. 合作企业支持专业建设有力度：近三年投入建设资金或捐赠设备软件等价值累计文科达到 50 万元，理工科达到 100 万元；3. 校企合作开展项目产值年均达到 10 万元/年以上；4. 专业校企合作基础好，每专业具有固定合作企业 5 家及以上，每家企业年接收实习学生 5 人及以上
	3.2 运行条件	1. 面向区域或行业组建产教联盟或委员会，初步形成顺畅的运行管理机制；2. 提供面积充足的物理空间，每年提供稳定的经费支持，用于日常运行
	3.3 合作项目	合作企业为学生设置学习奖励金，或开展现代学徒制、订单式培养，或开展学历提升培养，或开展课岗融合培养改革，或开展工匠之师培养、继续教育培训、"1+X"证书培训等
4. 建设情况（50分）	4.1 人才培养	1. 人才培养专业与区域产业发展具有高度契合性，相关专业列入校级重点发展专业；2. 校企合作成立专业（群）指导委员会，每年定期召开企业行业专家参与的人才培养方案论证会，定期开展专业调研，撰写专业调研报告；3. 参与实施"1+X"证书制度试点，将职业技能等级证书有关内容及要求有机融入课程教学，专业实践教学不低于总学时的 50%；4. 促进专业教育与创新创业教育有机融合，增强学生的创新精神、创业意识和创新创业能力，双创教育成效明显，应届毕业生当年创业率达到 5% 以上；5. 贯彻"入园建院，课岗融合"人培模式基础上，总结提炼出体现产教融合职教基本理念，并充分反映本专业（群）办学特色的人才培养模式；6. 现代学徒制、订单培养在校生规模占比 30% 以上。
	4.2 专业建设	1. 专业（群）建设符合国家战略、产业发展需求，符合产业学院建设规划发展重点要求，相关产业列入区域发展规划，合作企业在区域产业集群中占较好的地位；2. 专业对接国家标准，主动调整专业结构，着力打造特色优势专业，推动专业集群式发展；3. 专业（群）紧密对接产业链，实现多专业交叉复合，促进专业合作与共享；4. 专业建设水平高，专业（群）获得市级及以上重点、品牌、骨干专业，或高水平专业群

续表 3-1

评价项目	评价要素	评价观测点
4. 建设情况(50分)	4.3 课程建设	1. 每年校企合作开发基于工作过程和职业岗位能力对接的课程标准 5 个以上;2. 每年共建校企合作教材教材 5 部及以上,经学校立项以学校为第一主编单位正式出版教材 2 部及以上;3. 课程建设符合国家职业(技能)标准、职业岗位任务需求和人才培养目标要求,体现"课岗融合",及时反映产业升级新技术、新工艺、新规范,深入挖掘课程思政元素,有机融入劳动精神、劳模精神、工匠精神培养,建设校级以上课岗融合精品课程 1 门以上;4. 推进启发式、探究式等教学方法改革和合作式、任务式、项目式、企业实操教学等培养模式综合改革,提高教学效果,每年获市级以上教学比赛奖项或教学改革、课堂革命案例等成果 2 项及以上;5. 建立较高水平的网络化教学环境,建设 3 门校级及以上精品课程、教学资源库,访问量超 10 000 人次;6. 教学模式与方法改革显著,课堂教学形态明显改善,信息技术手段广泛应用,专业核心课程教学学生满意度效果评价平均达到 90 分及以上
	4.4 基地建设	1. 校企共建并已投入教学使用的产教融合实训基地、培训中心、技能大师工作室、虚拟仿真实训中心、创新创业实训基地等项目 3 个及以上;2. 实训场地布局和文化建设规范,充分展示专业特色、职业特点和专业建设成就,实训基地(中心)设备使用率达到 70%以上;3. 校内外实训基地在同类院校中影响较大,有市级以上实训基地 1 项及以上,并有较强的社会服务能力;4. 校企协同建设产教融合型企业,并取得实质性成效,获得省级产教融合型企业立项
	4.5 教师队伍	1. 教师队伍结构合理,素质优良。高级职称比例≥30%,硕士比例≥60%,专业课中双师素质教师比例≥80%;2. 有数量充足的兼职教师队伍,兼职教师来自对接产业中优势企业,承担教学任务占专业课时的比例≥20%,建立产业学院教师工作坊,每年 20%专职教师进入行业企业实践锻炼、培训;3. 具有市级以上领军人才(或技能大师、教学团队、教学名师、优秀教师、骨干教师、科研能手)等;4. 近三年教师团队参加教学能力等比赛获市级以上奖项,或有省级创新创业教育类项目,或结题省级以上科研项目、教改项目等累计达到 5 项及以上

续表 3-1

评价项目	评价要素	评价观测点
4. 建设情况(50分)	4.6 社会服务	1. 获得省市级以上产学研合作服务平台1项及以上;2. 每年承担社会培训不少于2 000人次,非学历培训到款额文科10万元以上、理工科20万元以上;3. 横向应用技术研发服务到款额文科20万元以上、理工科40万元以上;4. 开展应用技术研发、成果转让、职业培训、技术服务,服务精准扶贫、乡村振兴战略等获市级以上项目2项及以上;5. 获专利授权项目10项及以上
	4.7 体制机制改革	1. 创新产业学院协同创新的管理体制,积极探索混合所有制、董事会制、理事会制、管委会制等政校行企共建共管管理模式;2. 面向产业积极组建职教集团、职教联盟等校企命运共同体,形成人才共育、过程共管、成果共享、责任共担的紧密型合作办学体制机制;3. 建立有利于调动政校行企各方参与产业学院建设积极性的长效机制,形成校企双方专业人员互兼互派、双向挂职机制;4. 积极引入国际化办学理念,建立与国(境)外合作办学,探索中、高、本贯通培养长效机制的建设;5. 建立政校行企多方参与的产业学院质量保障机制,开展诊改与改进工作,推动产业学院高质量发展
5. 保障措施(6分)	5.1 组织保障	组建科学合理的建设及管理团队,责任明确,落实到人;形成校企共建共享平台,校企双方人员共同参与、分工合理
	5.2 经费保障	建设经费充足,合作企业支持建设力度大,建设资金使用科学合理规范
	5.3 激励监督保障	制订激励措施,有效调动教师积极投身于产业学院建设;监督、检查、考核机制健全,执行有力,奖惩措施落实到位
6. 建设成果(20分)	6.1 双证培养水平	毕业生取得基本符合专业面向的职业资格(技能等级)证书比例平均达到90%
	6.2 学生技能竞赛	1. 承办市级以上职业技能大赛1项及以上;2. 学生获职业技能大赛国家级1项及以上,或省级5项及以上(不包括组织奖);3. 学生获创新创业大赛省级奖项2项及以上(不包括组织奖)

续表 3-1

评价项目	评价要素	评价观测点
6. 建设成果(20分)	6.3 就业率与就业质量	1. 学生就业率高,近3年初次就业率平均达到90%以上;2. 毕业生就业对口率达到65%以上;3. 学生就业平均起薪较高,超过学院平均水平;4. 用人单位对该专业毕业生满意度评价达到80%以上
	6.4 双创能力培养水平	1. 学生主持完成与该专业培养方向相关的创新创业类项目2项及以上;2. 学生申请获得发明、实用新型、外观专利等国家知识产权1项及以上;3. 学生以学校为署名单位公开发表论文或文艺作品1篇
	6.5 学生表彰	学生(团队)获省级部门表彰,或学生团队获典型案例累计3项及以上
	6.6 专业成效	专业获省级以上专业类、基地(平台)类、教师类、教育教学改革类、创新创业类、社会服务类、科技类等标志性成果5项以上
	6.7 影响力	1. 在全国性报刊、媒体、教育部官方网络(如高职高专网等)等对人才培养模式改革、特色、成效等内涵建设宣传报道1次及以上;2. 在省市报刊和官方网络媒体等省级媒体对产业学院建设特色、成效等专业内涵建设宣传报道累计达到2篇次以上;3. 全国性产教融合学术会议上进行产业学院人才培养经验分享1次以上

四、产业学院诊改实施

(一)成立产业学院评价工作领导小组

以广州科技贸易职业学院为例,学校成立产业学院评价工作领导小组,负责产业学院建设评价的统筹工作。教务处负责产业学院教学管理工作,校企合作办公室负责产业学院校企合作管理工作,各二级学院负责产业学院的具体组织实施工作,产业学院负责组织带领相关专业积极开展产业学院建设及自主诊改等工作,质量监控办公室负责产业学院的诊改复核工作。各产业学院会同合作企业、试点专业及相关部门共同组织开展产业学院建设工作,从产业学院定位、产教融合、人才培养模式改革、专业建设、课程建设、实训基地建设、师资队伍、产学研服务平台、体制机制创新、保障措施等方面进行,并做好产业学院建设方案、诊改工作报告等，支持配合学校做好产业学院的诊断与改进，力争取得实效，全面提升产业学院建设质量。

（二）组建校内外评价队伍，创新评价方法

以广州科技贸易职业学院为例，学校依托建设的广州市科学城产业学院、动漫游戏产业学院、智能制造产业学院等11个产业学院，从产业学院合作行业企业中聘请20余名专家进入学校督导队伍，构建校行企组成的三级督导队伍。通过"校企督导共评、共诊、共导每个专业、每门课程"，有效推动专业建设和"三教"改革，促进教育教学质量的提升，同时引入麦可思等第三方评价，通过评价反馈，促进诊改，评价体现出较好的育人性、整体性、过程性、发展性。

（三）强化教学督导职能，建立激励问责机制

以广州科技贸易职业学院为例，学校建立由校级督导（学校督导、行业企业督导）、二级督导和学生助理督导组成的三级督导队伍近300人，开展卓有成效的课程"督教、督学、督管、督导"活动，保证良好的教学秩序。通过"教师职教能力测评""教学质量奖"和"我最满意教师"评选、教学满意度问卷调查、教学质量月、教学督导沙龙等活动，强化督导职能，树立榜样，激励师生，并将评价结果通过教学质量测评管理系统、教学督导周报等进行反馈，为二级学院整改提供参考，实现"教师成长、学生受益"的目标。

（四）形成多元主体参与"六位一体"的质量评价架构

以广州科技贸易职业学院为例，学校实施"PDCA"循环诊改，加强质量评价体系建设，形成了产业学院教学质量螺旋式提升、持续改进和预警机制。在产业学院质量评价体系的内容上，既包含政府政策指导、学院自主保证、行业（企业）参与，也包括教师评价、学生评价、社会第三方等参与的多元化、多层次的评价。

（五）校行企共制标准共同评价，提升培养质量

以广州科技贸易职业学院为例，学校依托学院产业学院建设，校企共同制定了产业学院质量评价标准，建立持续改进机制，建立了由校级、二级督导和学生"助理督导"组成的近300人的三级督导队伍，全面推进学院内涵式建设发展。完善质量管理制度，引导学院内涵建设与发展，使全院近万名师生受益。

（六）建立质量评价系统，推进评价工作信息化

以广州科技贸易职业学院为例，学校建立质量评价系统，依据指标分解设定控制点，使产业学院诊断有翔实有效的数据支撑。通过大数据测评分析与数据挖掘进行质量测评，将结果实时反馈给二级学院，促进整改，提高教学质量。

（七）更新职教理念，提升职教能力

以广州科技贸易职业学院为例，学校通过评价标准引领，完善评价制度，组织开展教师职教能力测评、教师教学能力提升工程、学生技能竞赛指导等，提升教师的教学素养与职教能力以及学生的专业能力、职业素养、创新创业意识、就业竞争力。譬如，广州科技贸易职业学院在近年来，学校师生参加技能竞赛获奖项400余项，近三年毕业生就业率98%以上，对口率85%以上，居全省高职院校前列，受到省市高度认可。

第四章 产业学院产教融合的理论基础

第一节 利益相关者理论

利益相关者理论是一种管理理论,强调企业不仅要考虑股东利益,还要考虑和平衡其他利益相关者的利益,例如员工、客户、供应商、社会和环境等。该理论认为企业的成功不仅取决于股东的利益,还取决于企业与其各种利益相关者之间的关系。企业应该在经营中考虑到各种利益相关者的需求和利益,努力实现共赢的局面。通过平衡各方利益,企业可以建立更加稳固和可持续的发展基础,提高企业的声誉,增强企业的社会责任感。

一、什么是利益相关者理论

利益相关者理论最早由管理学者爱德华·弗里德曼(R. Edward Freeman)在1984年提出,并在他的著作《战略管理:利益相关者理论》(*Strategic Management: A Stakeholder Approach*)中详细阐述。Freeman 提出了利益相关者理论,阐述了利益相关者的概念、种类、重要性,以及如何通过有效的利益相关者管理来实现企业的长期成功和可持续发展。他强调企业在经营管理中应该考虑和平衡各种利益相关者的利益,而不仅仅是股东利益,强调企业应该考虑和平衡各种利益相关者的利益以实现长期成功的重要性。该理论在管理学领域得到广泛应用,成为企业管理和商业伦理领域中重要的理论之一。

二、利益相关者理论的发展

利益相关者理论的发展可以追溯到 20 世纪初,但直到 20 世纪 80 年代,利益相关者理论才逐渐引起管理学界的关注并得到广泛应用。爱德华·弗里德曼在1984 年的著作《战略管理:利益相关者理论》中详细阐述了利益相关者理论,自此之后,利益相关者理论逐渐流行开来,成为企业管理和商业伦理领域的重要理论之一。管理学家们开始意识到企业不仅要考虑股东的利益,还要平衡其他利益相关者的利益,包括员工、客户、供应商、社会和环境等。利益相关者理论强调企业在经营管理中应该综合考虑各种利益相关者的需求和利益,以实现长期可持续的成功。随着社会对企业社会责任和可持续发展的要求不断增加,越来越多的企业开始将利益相关者理论融入其管理实践中,通过积极的利益相关者管理来提升企业的声誉、社会价值和可持续性发展,促进了企业管理模式的转变,使企业更加关注全方位的利益,以实现共赢局面。

(一)起步阶段

利益相关者理论的起步阶段可以追溯到 20 世纪初,早期的利益相关者理论主要集中在商业伦理学领域,提出了企业除了要追求股东利益之外,还应该考虑其他利益相关者的利益。例如:Alfred Marshall,一位古典经济学家,他提出了企业的社会责任理论,强调企业应该不仅追求股东利益,还要考虑社会的整体利益;Chester Barnard 在 20 世纪 30 年代提出"组织是社会系统"的理论,强调了企业与外部利益相关者的关系;Theodore Kreps 在 20 世纪 50 年代提出了利益相关者理论的雏形,认为企业应该平衡各种利益相关者的利益;R. Edward Freeman 在 20 世纪 80 年代正式提出了利益相关者理论的概念和框架,强调企业应该将利益相关者纳入管理决策的考量中,以实现共赢。这些先驱者和贡献者为利益相关者理论的起步阶段奠定了基础,通过他们的贡献,利益相关者理论逐渐得到认可和接受,成为企业管理领域的重要理论之一。

(二)理论框架阶段

20 世纪 80 年代,R. Edward Freeman 在其著作《Strategic Management: A Stakeholder Approach》中详细阐述了利益相关者理论的概念和框架,正式将其引入管理学领域。他强调企业应该在经营管理中平衡各种利益相关者的利益,以实现共赢。[①] 这个阶段建立了利益相关者理论的核心框架,主要包括:(1) 利益相关者的界定。利益相关者不仅包括股东,还包括员工、客户、供应商、政府、社会大众等与企业有利益关系的群体。企业应该将这些群体纳入管理决策的考量范围。(2) 利益相关者的利益。不同利益相关者有不同的利益诉求,企业应该平衡各方的利益,以实现共赢。企业的成功不仅应该以股东利益为唯一标准,还应该考虑其他利益相关者的利益。(3) 利益相关者管理。企业应该建立有效的利益相关者管理机制,包括识别利益相关者、沟通和协调利益相关者之间的利益冲突、制定相关政策和实践等。这个阶段的理论框架为利益相关者理论的进一步发展奠定

---

① 爱德华·弗里德曼.战略管理:利益相关者方法[M].王彦华,梁豪,译.上海:上海译文出版社,2006.

了基础,引领企业在管理实践中更加全面地关注和平衡各种利益相关者的利益,这也是利益相关者理论成为管理学领域重要理论的转折点和关键阶段。

(三) 应用阶段

20世纪90年代后期至21世纪初,随着时代的变迁和社会要求的提高,利益相关者理论在商业界和学术界得到了更加广泛的认可和应用。越来越多的企业开始采用利益相关者理论来指导管理实践,重视各种利益相关者的需求和利益,以实现企业的长期可持续发展。其关键因素主要包括:(1)企业的战略和决策。企业在制定战略和做出决策时,越来越多地考虑到各种利益相关者的利益和需求,以实现可持续的利益共享和共赢。(2)企业的社会责任。企业越来越关注社会责任和可持续发展,通过关注利益相关者的利益,积极履行社会责任,推动社会进步。(3)利益相关者参与。企业逐渐意识到利益相关者参与和沟通的重要性,积极与各利益相关者建立合作关系,共同解决问题,提升企业的声誉和竞争力。(4)利益相关者管理实践。企业开始建立专门的利益相关者管理机制,包括利益相关者沟通渠道、利益相关者委员会、利益相关者报告等,以提高管理效果和企业治理水平。在这个阶段,利益相关者理论得到了广泛的认可和应用,成为企业管理和商业实践中的重要理论基础之一。这也标志着利益相关者理论从最初的理论探讨逐渐走向实践应用,并在企业管理中发挥了重要作用。

(四) 深化和拓展阶段

21世纪初至今,随着企业社会责任和可持续发展的要求不断提高,学术界和商业界对利益相关者理论进行了更深入的研究和扩展,以适应不断变化的商业环境和社会需求。企业开始关注更广泛的利益相关者群体,包括员工、客户、供应商、社会大众和环境等,努力实现利益相关者的共赢。学者和企业界也在不断探讨如何更好地落实利益相关者理论,推动企业重视社会责任和可持续发展。在这一阶段利益相关者群体得到了进一步扩展:除了传统的内部利益相关者和外部利益相关者(如股东、员工、客户、供应商等),还涉及更广泛的社会利益相关者,如环境保护组织、非政府组织等,拓展了利益相关者理论的范围和深度。人们更关注利益相关者的权利和责任问题,强调企业在与利益相关者互动中应该尊重和保护他们的权利,同时也要承担相应的责任。企业开始主动与各种利益相关者建立联盟和合作关系,共同解决社会问题、推动可持续发展,实现多方共赢;强调利益相关者在企业决策和治理中的参与和共同决策权,促进企业决策的民主化和透明化,为企业在不断变化的商业环境中实现可持续发展提供了理论支持和指导。这也体现了利益相关者理论在理论和实践中的不断创新和发展。

三、利益相关者理论的影响

(一)广泛应用于企业管理实践

利益相关者理论被广泛应用于企业管理实践,企业越来越重视与各种利益相关者的关系,通过关注利益相关者的需求和期望,提升企业的声誉、品牌价值和竞争力,实现共赢共享,提高企业的绩效和可持续发展能力。在企业管理实践方面,利益相关者理论强调企业不仅要考虑股东利益,还要平衡其他利益相关者的权益,如员工、客户、供应商、社会和环境等。企业在管理实践中需要识别并理解各种利益相关者的需求和期望,制定合适的管理策略和决策,鼓励企业与各方利益相关者进行有效沟通和互动,设立利益相关者沟通渠道,听取他们的声音和反馈,让他们参与决策过程,提高企业的透明度和信誉,建立信任关系,共同合作解决问题;在企业责任和可持续发展方面,利益相关者理论要求企业承担社会责任,关注社会和环境影响,推动可持续发展。企业在管理实践中需要积极履行社会责任,采取可持续经营的方式,实现经济、环境和社会的协调发展。同时,企业也需要识别并管理各种利益相关者可能带来的风险和挑战,采取有效措施预防和应对风险,提高企业的稳定性和抗风险能力。利益相关者理论对企业管理实践产生了深远影响,引导企业转变管理理念,实现利益相关者共赢,推动企业走向更加可持续和负责任的发展道路。企业在管理实践中融入利益相关者理论,可以提升企业的竞争力和社会声誉,实现长期可持续发展。

(二)社会责任和可持续发展影响深远

利益相关者理论对企业社会责任和可持续发展产生了积极的影响。利益相关者理论强调企业应该承担社会责任,关注社会和环境,促进可持续发展。(1)强调社会责任。利益相关者理论要求企业不仅要追求经济利益,还要承担社会责任,关注社会和环境的影响。企业需要平衡各方利益相关者的权益,包括员工、客户、供应商、社会和环境等,积极履行社会责任,促进社会发展,增进人民福祉。(2)改善企业治理结构。利益相关者理论促使企业改善治理结构和决策机制,提高透明度和问责制度,保护各方利益相关者的权益,避免利益冲突和不当行为,提高企业的负责任的经营水平。(3)促进可持续发展。利益相关者理论要求企业考虑长期发展和可持续性,不只是追求短期经济利益,还要平衡经济、环境和社会三大领域的利益,追求经济效益的同时也需考虑环境保护和社会效益,以促进可持续发展。（4）塑造企业形象。遵循利益相关者理论能够提升企业的社会声誉和形象，增强利益相关者对企业的信任度和认可度。企业在管理实践中积极履行社会责任，参与社会公益活动，关注环境保护，可以树立良好的企业形象，获得社会的认可和支持。总的来说，利益相关者理论对企业社会责任和可持续发展的影响深远，引导企业更加注重社会责任的履行和可持续经营，推动企业朝着更加负责任和可持续的方向发展，实现经济、环境和社会的协调发展。

（三）促进利益相关者参与和治理

利益相关者理论强调利益相关者的参与和共同决策权，促进企业治理的民主化和透明化。利益相关者理论重视企业建立利益相关者沟通机制，积极与利益相关者合作，共同解决问题，建立信任关系，强调企业应该重视各方利益相关者的权益和意见，积极与利益相关者进行沟通和互动，增强他们参与决策和管理的意识，尊重和倾听利益相关者的声音，考虑他们的利益和需求，促进合作和共赢。利益相关者理论要求企业建立有效的治理机制，包括董事会、监事会、管理层等，确保各方利益相关者的权益得到保护和尊重，建立透明、公正和负责任的决策机制，避免利益冲突和不当行为，提升治理效能和企业价值。利益相关者理论强调企业与利益相关者之间的合作和共同发展，通过建立互信、互利的关系，实现多方共赢；企业与利益相关者共同制定发展策略和目标，分享资源和信息，推动合作伙伴关系的深化，促进企业和社会的共同发展。遵循利益相关者理论能够提升企业的社会声誉和形象，增强利益相关者对企业的信任度和认可度；企业积极与利益相关者进行沟通和互动，尊重他们的权益和意见，可以树立良好的企业形象，获得社会的认可和支持。利益相关者理论对利益相关者参与和治理产生了积极影响，引导企业重视利益相关者的权益和意见，建立合作伙伴关系，促进共同发展。企业在管理实践中融入利益相关者理论，能够提升企业的治理水平，增强与利益相关者的互动和合作，实现企业和利益相关者的共赢发展。

（四）促进利益相关者联盟和合作

企业越来越重视与各种利益相关者建立联盟和合作关系，共同实现商业和社会价值。企业与非政府组织、环保组织等形成合作伙伴关系，共同推动可持续发展和社会进步。利益相关者理论要求企业在决策和管理中考虑各方利益相关者的权益和利益，通过沟通和合作找到各方的共同利益点，建立利益相关者联盟，促进各方利益相关者之间的互动和协作，共同制定发展战略和目标，实现多方共赢。利益相关者理论鼓励企业与利益相关者建立合作伙伴关系，通过分享资源、信息和经验,共同推动企业和社会的可持续发展,促进合作伙伴关系的深化,实现资源互补、优势互补,提升协作效率和绩效。利益相关者联盟和合作可以帮助企业树立良好的企业形象和声誉,赢得利益相关者和社会的认可和支持,共同合作解决社会问题、推动可持续发展,提升企业的社会责任形象,增强企业的品牌价值和竞争力。利益相关者联盟的合作有助于促进整个行业的发展和进步。企业之间、企业与政府、企业与非营利组织等利益相关者之间的合作可以促进行业标准的制定和实施,推动技术创新和产业升级,共同实现行业的可持续发展。利益相关者理论推动了利益相关者联盟和合作的发展,促进了各方利益相关者之间的互动、合作和共赢,推动了企业和社会的可持续发展。

(五)增进利益相关者的风险管理

利益相关者理论也被应用于企业风险管理领域,企业通过识别和管理各种利益相关者的利益和需求,有效预防和应对各种风险,提高企业的稳定性和抗风险能力。利益相关者理论要求企业要全面考虑各方利益相关者的权益和需求,因此在风险管理过程中,企业应该充分考虑各方利益相关者可能面临的风险和影响,通过与利益相关者的沟通和互动,更准确地识别和评估潜在的风险,为风险管理提供更全面、客观的信息基础。利益相关者理论强调企业应该与各方利益相关者进行沟通和互动,及时分享信息和决策,增强透明度和信任,在风险管理中,企业应该积极与利益相关者沟通风险信息、应对措施和决策结果,促进各方共同理解和参与,减少信息不对称和风险误解。利益相关者联盟和合作可以帮助企业在风险管理中共同承担风险、共同解决问题,通过与利益相关者建立合作关系,企业可以共同制定风险管理策略和应对措施,共同承担风险责任,提升风险管理的效果和可持续性。利益相关者理论鼓励企业积极回应利益相关者的需求和反馈,不断改进风险管理和企业治理机制,及时调整风险管理策略,改进风险管理体系,提升利益相关者对企业风险管理的信任度和认可度。利益相关者理论有助于提高企业的利益相关者风险管理水平,通过全面考虑各方利益相关者的权益和需求,加强与利益相关者的沟通和合作,共同应对风险挑战,实现风险管理的有效性和可持续性。

总的来说,利益相关者理论在当代对企业管理和社会责任产生着深远的影响,已经成为企业实践和发展的重要指导原则,引领着企业走向更加可持续和负责任的发展道路。

第二节 契约理论

契约理论是研究在特定交易环境下，分析不同合同人之间的经济行为与结果的理论。契约是经济活动的基本单位，通过契约可以规定各方的权利和义务，促进资源的有效配置和交换。

一、什么是契约理论

契约理论中的"契约"是指双方或多方之间达成的书面或口头协议，它规定了各方在特定条件下的权利和义务。契约可以是正式的合同，也可以是口头协议或默契。根据契约的性质和目的，可以将契约分为完整契约和不完整契约。完整契约是指将所有可能发生的情况和结果都考虑在内的契约；不完整契约是指在签订时无法考虑到所有可能发生的情况的契约。对契约的内容可以分为契约执行和契约违约。契约执行是指各方按照契约规定的条款和条件履行自己的权利和义务，其有效性取决于契约的明确性、约束力和执行力；契约违约是指一方或多方未能履行契约规定的义务，导致契约无法有效执行，契约违约可能产生经济损失和法律纠纷。契约理论强调了契约在经济活动中的重要性，契约可以提高市场交易和资源配置的效率，保护各方的权利和利益。在契约理论的框架下，经济学家和法律专家可以研究契约的形成、执行和解决纠纷的机制，提高契约的有效性和可靠性。

契约的概念最早出现在古罗马的法律体系中。罗马法是古罗马帝国时期制定的法律体系，对后世法律体系产生了深远的影响。在罗马法中，契约被视为一种具有法律约束力的协议，用于规定各方的权利和义务。根据罗马法，契约是指双方或多方当事人之间基于自愿达成的协议，当事人对其在契约中规定的事项必须遵守并履行。契约可以包括各种形式，如贸易合同、借贷合同、租约、婚姻协议等。罗马法详细规定了契约的要素和条件，规定了契约的订立、履行和违约等情形的处理方式。古罗马的契约制度在当时被广泛应用于各种社会关系和经济活动中，为社会秩序的稳定和法律的实施提供了重要的保障。罗马法的契约理论对后世法律体系的发展产生了深远的影响，成为现代法律体系中契约法的重要基础之一。

二、契约理论的发展

（一）萌芽阶段

在古代文明社会中，契约的概念主要是通过口头协议或书面文件来约定各种交易、交换和合作关系。古代社会契约的概念在埃及、巴比伦、希腊和罗马等文明中得到广泛应用。古埃及是世界上最早建立法律体系的文明之一。在古埃及，合同和契约被广泛用于贸易、工程建设、土地租赁等方面。古埃及人在泥版和纸莎草上记录各种契约和合同，如劳动合同、借贷合同等；古罗马的法律体系对契约的概念和规定进行了系统的总结和规范，在古罗马，契约被视为一种具有法律约束力的协议，各种契约形式被法律规定和保护，为古罗马社会的经济和社会活动提供了法律基础。萌芽阶段的契约理论思想逐渐发展和完善，契约成为古代文明社会中重要的法律和社会制度之一，为后世契约理论的发展奠定了重要基础。

（二）古代阶段

在中世纪欧洲的封建社会和商业活动中，不同社会阶层之间的契约关系变得更加复杂，契约理论思想得到了进一步的发展和应用，主要体现在封建社会活动和商业活动中。在这一阶段，契约的主要包括：(1) 封建契约。在中世纪欧洲的封建社会中，地主与农民之间的封建契约是一种关键性的契约形式。封建契约规定了农民对地主的服役和纳税义务，农民以此换取土地使用权和保护。这种契约关系在封建社会中起到了维系社会秩序和生产关系的重要作用。(2) 贸易契约。随着中世纪欧洲商业的发展，商人之间的贸易契约也得到了重视。贸易契约规定了买卖双方的权利和义务，如商品的品质、价格、交付方式等。商人们在贸易契约中约定了各种条款，以保障彼此的利益和交易顺利进行。(3) 教会契约。在中世纪的欧洲，教会在社会生活中扮演着重要角色，教会契约是教会与信徒之间的约定。教会契约规定了信徒对教会的效忠和信仰义务，以换取灵性上的庇护和救赎。在中世纪的欧洲，契约理论思想得到了进一步的发展和应用，成为封建社会和商业活动中重要的法律和社会制度之一，在社会秩序的维护和经济活动的发展方面发挥了重要作用。

（三）近代法律体系建立阶段

在17世纪至18世纪的欧洲启蒙时代，契约理论被视为法治和自由主义的基础之一。随着法律体系的建立和法治理念的深入发展，契约理论思想也得到了进一步的完善和规范。(1)法律体系的建立。近代法律体系的建立为契约理论的发展提供了重要的基础。各国开始建立起相对完善的法律体系,明确规定了契约的概念、要素、成立、解释、履行和违约等事项,为契约关系的规范化奠定了基础。(2)自由意志原则。近代契约理论强调契约是基于自由意志达成的协议,双方在完全自愿的情况下订立合同,享有契约自由,这一原则在法律体系中得到了广泛应用,契约关系的形成和解除都要基于双方的真实意愿。(3)契约权利保护。近代法律体系重视保护契约当事人的权利和利益,规定了契约双方的权利和义务,确保契约的有效履行,法律对契约的履行与违约进行了明确规定,对违约方进行相应的责任追究。(4)契约解释和合同标准化。近代法律体系为契约的解释和执行提供了明确的规则,规定了契约解释的原则和方法,确保契约的合法性和公平性。同时,为了简化和规范契约的订立过程,出现了各种标准化合同,使得契约关系更加透明和稳定。在近代法律体系建立阶段,契约理论得到了进一步的完善和规范,成为法律体系中重要的法律原则之一,为契约关系的稳定和发展提供了法律保障和指导。

(四)中世纪繁荣阶段

在18世纪至20世纪,许多法学思想家对契约理论进行了深入研究和探讨,包括约翰·洛克(John Locke)、让-雅克·卢梭(Jean-Jacques Rousseau)、伊曼纽尔·康德(Immanuel Kant)等。18世纪启蒙思想家洛克、卢梭等提出了自由契约的理论,认为契约是基于自由意志的自愿协议,强调个体自由和平等在契约关系中的重要性。19世纪的法学思想家洛伦兹·冯·斯坦因等提出了法理契约的理论,强调契约是法律上的承诺,具有法律效力,需要遵守法律规定的约束。19世纪末至20世纪初,社会学家如恩斯特·特克尔、弗朗茨·冯·巴登等提出了社会契约的理论,认为契约是社会秩序和公共利益的基础,需考虑社会整体利益和平衡。20世纪以来,法学思想家如奥利佛·韦特格尔等提出了现代契约理论,强调契约的社会功能和公平原则,探讨契约与社会、经济、政治等方面的关系。在这一阶段,法学思想家们对契约理论进行了深入的探讨和研究,为契约法的发展和完善提供了重要的理论支持和启示,为契约关系的规范和保护提供了重要的理论基础。

1. 自由契约理论

自由契约理论是指契约是基于自由意志达成的自愿协议,双方在完全自愿的情况下订立合同,享有契约自由的理论。这一理论强调契约关系的形成应当建立在个体自由和平等的基础上,双方在缔约的过程中享有充分的自主权,并且契约的履行也应当基于真实的意愿。自由契约理论的要素包括:(1)自愿和自主。契约的订立应当基于双方完全自愿的意愿,没有任何强制或欺诈的因素影响,缔约双方在契约过程中享有自主权,有权选择是否缔结契约。(2)平等和公平。契约双方在缔约过程中应当处于平等的地位,不存在信息不对称或权利不对等的情况,双方应当在公平的条件下达成协议,确保契约的公正性。(3)自由契约权利。契约一旦成立,契约双方便享有相应的契约权利和义务,双方应当遵守契约约定,履行自己的义务,并享有相应的权利,同时也要承担违约带来的责任。自由契约理论旨在促进个体之间的自由交易和自愿合作,为合同法和市场经济的发展提供了重要的理论基础。

2. 法理契约理论

法理契约理论是指契约是法律上的承诺,具有法律效力,需要遵守法律规定的约束的理论。根据法理契约理论,契约不仅仅是双方之间的自愿协议,更是一种法律关系,是受法律规范和约束的约定。这一理论强调契约是法律行为,缔约双方应当依法履行契约义务,违约方应当承担法律责任。法理契约理论的主要内容包括:(1)法律效力。根据法理契约理论,契约是具有法律效力的协议,一旦契约成立,双方应当依法履行契约义务。法律规定了契约的成立条件、内容、履行方式等具体内容。(2)法律约束。契约双方在订立契约时必须遵守法律规定的条件和要求,契约必须符合法律规定的合法性和公共秩序的要求,如果契约违反法律规定,将受到法律的制裁。(3)法律保护。法理契约理论认为法律应当保护契约的合法权益,确保契约的履行和执行,法律对于契约的成立、解释、履行和违约等方面都有相应的规定和制度。法理契约理论强调了契约在法律体系中的重要性,认为契约是法律关系和法律行为,受法律保护和约束,为契约关系的稳定和有序发展提供了法律保障。

3. 社会契约理论

社会契约理论认为人们在原始状态下自由而平等,通过自愿达成契约,建立了社会和政府,人们对政府的合法性和权威性的认可是基于这种社会契约。社会契约理论的主要观点包括:(1)自然权利。根据社会契约理论,原始状态下的人们享有自然权利,包括生存权、自由权和财产权等。这些权利是不可剥夺的,政府的合法性和权威性应当建立在尊重和保护这些自然权利的基础上。(2)社会契约。为了维护自身的自然权利和利益,个体在原始状态下通过自愿达成社会契约,建立了社会和政府。社会契约是一种合法的约定,规定了政府的权力来源和限度,同时也规定了公民对政府的义务和责任。(3)政府合法性。根据社会契约理论,政府的合法性和权威性来源于社会契约的共识和承认,政府的权力应当是受限的、合法的,并且应当保障公民的自然权利和利益。社会契约理论强调了政府权力的合法性和公民权利的保障,提出了政府与公民之间的契约关系,这一理论对后来的政治哲学和政治制度产生了深远的影响,为现代民主制度的建立和发展提供了重要的理论基础。

4. 现代契约理论

现代契约理论是对传统契约理论的延伸和发展,结合了法律、经济学、社会学等多方面的观点和理论,并根据当代社会的需求和实际情况进行了进一步的研究和探讨。现代契约理论主要包括:(1)效率理论。现代契约理论借鉴了经济学中的效率理论,强调契约应当能够促进社会资源的有效配置和交易的顺利进行,契约的设计和履行应当考虑到效率和效益的最大化,以实现合作共赢的目标。(2)公平正义。现代契约理论关注契约中的公平和正义问题,强调契约双方应当在平等的基础上达成协议,避免信息不对称和权力不平衡等情况,确保契约的公平性和公正性。(3)多元化解释。现代契约理论认为契约的解释和适用应当考虑到不同的社会、文化和历史背景,充分考虑当事人的意愿和利益,以及契约的实际情况和背景,避免采用机械化和僵化的解释方法。(4)合同法制度。现代契约理论关注合同法制度的完善和发展,提倡建立灵活、公平、可预测的合同法规则,促进契约的公平和合法性,同时保护当事人的权益和利益。现代契约理论综合了不同学科的观点和理论,对契约法律制度的完善和发展具有重要的启示意义。

(五)现代发展阶段

当代契约法作为法学的重要分支之一,得到了更为广泛的关注和研究。现代契约法不仅包括传统的民事契约法,还包括涉及公司、金融、劳动等领域的各种契约类型,对契约理论进行了更为深入和全面的研究和规范。20世纪70年代至80年代,由经济学家和法学家共同推动了对契约理论的经济学化研究,探讨契约与激励、风险分担、信息不对称等经济因素的关系,形成了契约理论的经济学化范式。20世纪80年代后期至90年代,法学界开始关注契约理论的法律本质和实践应用,强调契约的公平、公正和合法性,契约理论逐渐从经济学视角转向法律视角,探讨契约的解释、适用和效力等法律问题。21世纪初至今,契约理论开始引入社会学、人类学等学科的研究成果,关注契约在社会实践中的实证分析和应用。这一阶段的契约理论强调契约的文化、历史和社会背景,注重契约的实际执行和社会影响。目前,现代契约理论呈现出多元化和综合化的发展趋势,各种学科和理论观点相互交融,对契约的研究和实践形成了多元化的视角和方法。现代契理论不再局限于某一学科领域,而是在跨学科交叉研究中不断发展和完善,为契约关系的理解和实践提供了丰富的理论支持。

三、契约理论的影响

(一)促进合作方的权益最大化

契约作为一种法律文书,可以明确约定各方的权利和义务,规范双方的行为,防止一方在合作过程中占据不公平的优势,从而保障合作方的权益;可以明确约定合作双方在合作过程中可能面临的风险,并规定应对风险的措施和责任分担情况,有助于减少合作方的不确定性和风险,保障双方的合法权益;可以设计相应的激励机制,鼓励合作方在合作过程中积极履行合同义务,提高合作效率和质量。通过契约约定的奖惩机制,可以增强合作方的合作动力,实现双方的利益最大化;契约约定了双方的权利和义务,有助于降低合作中可能发生的纠纷和冲突,如果发生纠纷,双方可以依据契约规定进行协商和解决,避免矛盾扩大和损害合作方的利益;通过契约的签订和执行,双方建立了合作关系,并约定了相互间的权利和义务,有助于建立信任和稳定的合作关系,促进合作方之间的互信和合作,实现长期合作关系的持续发展。

(二)促进了民本思想的发扬

契约理论强调契约双方的自愿和平等,尊重个体的权利和自主意识。在契约关系中,双方可以根据自己的意愿和需求进行自由协商,最大限度地保障个体的权利和利益。契约理论中的互惠原则要求合同双方在契约关系中相互尊重、相互支持,并根据契约的约定相互履行义务,这种互惠原则体现了平等互利的合作理念,有利于促进双方之间的合作与共赢。契约作为一种法律文件,规定了合作双方的权利和义务,明确了双方的责任和义务,契约的签订和履行有利于规范双方的行为,避免不公平、不道德的行为,有助于维护社会的公平和正义。契约理论通过契约的签订和执行,保障了个体的合法权益和利益,当合同受到侵犯或违约时,个体可以依据契约的规定寻求法律保护,维护自己的权益和利益。通过契约关系,个体之间建立了合作关系和信任基础,有利于促进社会成员之间的互助与合作,推动社会的共同发展。契约理论在尊重个体权利、强调互惠原则、规范行为准则、保障个体利益和促进社会和谐等方面,有助于发扬民本思想,促进社会的公平、正义与和谐发展。通过契约关系的建立和执行,个体的权益得到保障,社会秩序得到维护,促进了社会的良好运转和发展。

(三)促使法律制度的健全

契约理论为法律制度提供了重要的理论基础和指导原则。基于契约理论,立法者可以更好地设计和完善相关法律规定,确保法律体系与契约理论相互契合,保障各方的利益。契约理论强调契约双方的自愿和平等,规定了双方的权利和义务,法律制度在契约理论的指导下制定相关法规,加强对契约的保护和约束,促进契约关系的稳定和有序发展。契约理论强调契约的履行和保护。法律对契约的签订、履行和解决争议等方面制定了详细规定,以保障各方的合法权益,维护契约关系的稳定和合法性。契约理论强调契约双方的权利和义务,有助于明确双方的责任和义务,减少合作中可能发生的纠纷和冲突。法律制度在契约理论的指导下建立有效的纠纷解决机制,帮助各方依法解决合同纠纷,保障合作方的合法权益。契约理论注重合同自由和契约精神,法律制度在契约理论的指导下,加强对契约权利的保护,促进社会的法治建设和经济秩序的完善。契约理论促使法律制度的健全,通过契约理论的指导,法律规范得以完善,法律保护得以加强,纠纷得以有效解决,促进了法治建设和社会秩序的稳定。契约理论与法律制度的结合有助于维护各方的合法权益,保障契约关系的稳定和有序进行,相应的契约形式主要包括:(1)商业合同。契约理论为商业合同的签订、履行和解决纠纷提供了理论基础和指导,当事人在商业交易中可以根据契约理论的原则设计合同条款,明确各自的权利和义务,避免信息不对称和合同风险。(2)劳动合同。在劳动关系中,契约理论对雇主和雇员之间的权利和义务进行了界定和规范,帮助双方建立合理的劳动合同,保障劳动者的权利和利益。(3)公共服务合同。契约理论也在公共服务领域发挥着重要作用,引导政府和公共服务提供商与公民之间建立合理、公平的服务合同,保障公民的权益和服务质量。(4)法律实践。契约理论为司法实践提供了重要的参考依据,法官和律师在处理合同纠纷时可以依据契约理论的原则和规则进行解释和裁决,保障当事人的合法权益。

第五章　产业学院产教融合机制建设

第一节　产业学院产教融合共同体建设

一、职教集团

职教集团是指由多所职业教育学校、机构、行业企业等组成的教育集团。这些学校或机构共同组成一个集团,进行联合办学、教学资源共享、教学质量提升、师资培训和管理等方面的合作,旨在整合各方的资源,提高教学质量和办学水平,推动职业教育的发展。职教集团可以整合学校、机构、行业企业等各方面的教学资源,包括教师、教材、实训设备等,在资源共享的基础上提高教学效率和质量;可以通过组织师资培训、教学研讨等活动,提升教师的专业能力和教学水平,从而提高教学质量;可以通过开展职业指导、实习就业等活动,帮助学生更好地了解职业发展方向,提升就业竞争力;可以加强与行业企业合作,开展校企合作项目、实习实训基地建设等活动,提升学生的实践能力和增加就业机会。职教集团的建立可以不断促进教学质量的提升,提高学校的声誉和社会认可度,吸引更多学生选择职业教育。总的来说,职教集团是一种促进职业教育发展的重要机制,通过集团化管理和合作,可以提高职业教育的教学质量、学生就业率和社会影响力,推动职业教育的可持续发展。

职教集团的起源可以追溯到中国教育改革开放时期。随着社会经济的快速发展和产业结构的调整,行业对高素质技能型人才的需求日益增长,由于职业教育学校和机构之间存在着资源分散、教学质量参差不齐的情况,为了更好地整合教育资源、满足行业需求,提高教学水平和资源利用效率,学校开始探索整合资源、共享优势、行业对接的方式。随着教育体制改革的不断深化,为了推动职业教育的创新和发展,提高职业教育的教学质量和竞争力,实现资源优化配置,提升教学水平,加强师资培训,推动教学改革,提高学生的就业竞争力,职教集团应运而生。

(一) 职教集团的发展历程

1. 起步阶段

职教集团的概念最初起源于中国的职业教育领域。在这一阶段,一些地方和学校开始探索组建职教集团的做法,以整合资源、优势互补、提高教学质量。在起步阶段,职教集团的建设通常是在具有一定实力和条件的职业教育学校或机构中进行试点和探索。这些学校可能在专业设置、师资队伍、教学质量等方面具有一定优势,通过组建职教集团,它们可以进一步整合资源,提高教学水平。职教集团成立的主要目的是整合各个成员单位的资源,包括人才、设施、教学资源等,并通过资源共享、协作合作等方式实现优势互补,提高综合实力和竞争力。职教集团在起步阶段常常伴随着教育改革的探索和尝试,通常是在志同道合、具有合作意愿和实力的学校或机构之间展开,通过集团化管理和运作,促进教学模式、课程设置、评估机制等方面的创新和改革,提高教育质量和教学效果。职教集团通过合作共赢的理念,各成员单位可以在资源共享、互利合作、共同发展的基础上实现优势互补,推动整个集团的发展,促进教育质量的提升和教学效果的改善。这一阶段为职教集团的发展奠定了基础,也积累了宝贵的经验。

2. 推广阶段

随着职业教育的重要性逐渐被认识和重视,职教集团的发展逐渐得到推广和普及。一些地方政府和教育部门开始提出支持和鼓励职教集团建设的政策措施,推动职教集团在更广泛的范围内发展。推广阶段是在起步阶段的基础上,逐步扩大规模、提高影响力,推动更多地区和学校参与到职教集团的建设和发展中。在推广阶段,职教集团往往会通过吸纳更多的成员单位,扩大集团规模,增加集团的实力和资源,在组织架构、管理机制、运作模式等方面进行调整和完善,确保集团内部协调运作和合作共赢。随着职教集团规模的扩大,如何保持和强化职教集团的特色和竞争优势也成为推广阶段的重要任务。职教集团通过设置特色专业、提供优质教学资源、采用特色教学模式等方式,提升集团的品牌影响力和竞争力。在推广阶段,职教集团需要积极促进内部成员单位之间的合作,完善资源共享、师资交流、教学合作等方面的合作机制,实现优势互补、互利共赢,推动整个职教集团的发展和壮大。推广阶段的职教集团还可以通过开展国际交流、合作项目、举办专业展会、举办研讨会等活动,提升职教集团的国际影响力和知名度,吸引更多国内外合作伙伴和学生加入职教集团。通过推广阶段的努力,职教集团在行业内树立了良好的品牌形象,为职业教育的发展作出了很大的贡献。

3. 规范化阶段

随着职教集团的发展逐渐成熟和经验积累,一些地方开始建立相应的规范和标准,加强对职教集团的管理和监督,职教集团的组织结构和运行模式也逐渐规范化和标准化。在职教集团的规范化阶段,需要建立完善的管理体系和规范化的运作机制,包括明确的组织架构、职责分工、决策程序等,确保集团内部管理的高效运作和规范化管理;不断优化教学质量,加强师资队伍建设,注重教学资源整合和优化,推动教学内容和教学方法的不断创新,提高教学质量和教学效果;提升服务水平,关注学生需求,提供个性化的服务和支持,包括就业指导、实习安排、技能培训等方面的服务,全面提升学生的综合素质和就业竞争力;注重长期发展,通过建立稳定可持续的合作关系、拓展校企合作、加强与行业企业的合作等方式,实现集团的可持续发展和长期发展目标。通过规范化的努力,职教集团可以提高自身的竞争力和影响力,为培养更多优秀技术人才、推动产业发展作出更大的贡献。同时,规范化阶段也是职教集团持续发展的基础,为集团未来的发展奠定了坚实的基础。

4. 深化阶段

随着职业教育改革和发展的深化,职教集团的作用和意义逐渐被认识和深化。一些职教集团开始探索更加有效的合作模式,加强与企业和行业的对接,推动教学改革和创新,提高学生就业竞争力。在深化阶段,职教集团不断探索教育教学改革的新路径和新模式,推动了教学方法和教学内容的创新,促进了实践教学和理论教学的有机结合,提高了教学质量和教学效果;实现了管理的专业化和精细化,建立了专业化的管理团队和专业化的管理机制,提高了内部管理的专业化水平,确保了集团的高效运作和良好发展;注重人才培养模式的创新,通过开展产教融合、校企合作、实习实训、双师型教师等措施,培养了适应市场需求的高素质技术人才;积极拓展国际合作,开展国际交流与合作项目,引进国外优质教育资源和先进教育理念,提升了教育教学水平和国际竞争力。这一阶段的职教集团深化教育教学改革,推动管理专业化,创新人才培养模式,拓展国际合作,实现了集团的高水平发展,提高了教育质量和影响力,培养了更多高素质技术人才,为推动产业发展和社会进步作出了更大贡献。这为集团未来的可持续发展打下了坚实基础。

5. 国际化阶段

随着全球化的发展,职教集团也逐渐走向国际化。一些职教集团开始与国际机构和学校合作,开展国际交流与合作,共同推动职业教育的发展。在国际化阶段,职教集团加强与国外教育机构和企业的合作交流,开展跨国合作项目,共同开发课程、实施交流计划、联合研究项目等,促进国际化教育资源的共享和交流;引进国外优质教育资源和先进教育理念,提升教育教学水平,拓展学生的国际视野和竞争力,培养适应全球化需求的高素质技术人才;不断提升国际竞争力,加强对国际市场的了解,推动教育资源的国际化配置,积极参与国际评估和认证,提高全球排名和声誉;注重树立自身的国际品牌形象,提升在国际教育领域的知名度和影响力,吸引更多国际学生和合作伙伴,实现全球化发展目标。这一阶段的职教集团加强国际合作与交流,引进国外优质教育资源,提升了国际竞争力,树立了国际品牌形象,实现了教育教学的国际化发展,拓展了国际视野,提升了国际竞争力,培养了适应全球化需求的高素质技术人才,为推动产业发展和社会进步作出了更大贡献,为集团未来的可持续发展奠定了坚实基础。

(二)职教集团的特点

职教集团在现代社会中具有重要的意义,不仅可以培养高素质技术人才、推动产业发展、提升国家竞争力,还可以促进教育公平和社会稳定,推动教育创新和改革。通过不断努力和发展,职教集团可以为社会发展和进步发挥越来越重要的作用。职教集团的特点主要有:

1. 聚焦职业教育

职教集团的主要任务是开展职业教育和技术培训,为学生提供专业化、实用性强的职业技能和知识培训。与传统的综合性大学相比,职教集团更注重培养学生的职业能力和就业技能,帮助他们更好地适应社会和市场需求。职教集团通过与企业、行业协会等合作,紧密结合市场需求,设计相应的专业课程和培训方案,帮助学生更好地适应就业市场;职教集团的教学内容更加贴近实际工作需求,注重培养学生的实际操作能力和解决问题的能力,使其能够快速上岗并胜任工作;由于职教集团注重培养学生的职业技能和就业能力,其毕业生通常具有较高的就业率和较好的职业发展前景。职教集团聚焦职业教育有利于培养更具实用价值的专业人才,为学生提供更为系统和专业的职业培训,促进了人才与市场需求的有效对接。

2. 产学合作紧密

产学合作是指教育机构与产业界组织(如企业、行业协会等)之间建立的合作关系,通过共同合作开展教学实践、人才培养、科研项目等活动,促进学校教育与产业需求的有效对接。职教集团与企业、行业协会等产业界组织的合作关系非常紧密,通过与企业合作开展实践教学、双师型教师队伍建设等方式,职教集团可以更好地了解市场需求,调整教育教学内容和方式,培养更符合市场需求的人才。在职教集团中,经常与企业合作开展实践教学活动,让学生在真实的工作场景中进行实习和实训,提高他们的实际操作能力和解决问题的能力;积极邀请企业专业人士或行业资深人士担任兼职教师,为学生传授最新的行业知识和技能,确保教学内容与市场需求保持同步;根据产业需求调整课程设置和内容,确保教学内容贴合市场需求,培养出更加符合行业要求的人才;与企业建立就业合作关系,为毕业生提供就业推荐、实习机会等支持,帮助他们顺利就业。通过与企业的紧密合作,职教集团可以更好地了解市场需求,调整教育教学内容和方式,提高教学质量和教学效果,培养更符合市场需求的人才,有助于促进产业发展和人才培养的良性互动,实现教育与产业的双赢。

3. 专业化程度高

职教集团通常会根据市场需求和学生兴趣特点设立多个专业方向,如机械制造、信息技术、医疗护理等。每个专业方向都有专门的教师团队和教学设施,专业化程度高。职教集团的专业设置通常比较专业化和细分化,涵盖了各行各业的特定职业领域,通过专业设置的精细化,职教集团可以更好地满足不同学生的职业需求,提供更为专业化的教育培训服务;职教集团通常拥有一支由行业专家、资深教师和实践型教师组成的专业化教学团队,这些教师具有丰富的行业经验和专业知识,能够为学生提供更为专业化、实用性强的教学内容和指导;职教集团注重实践教学,为学生提供丰富的实习和实训机会。通过实践教学,学生可以深入了解和熟悉自己所学专业领域的操作技能和工作流程,提高专业素养和实践能力。职教集团通常与行业企业建立紧密的合作关系,了解市场需求和行业发展趋势,确保教育培训内容与行业实际需求保持一致。这种与行业的紧密合作有助于提高学生的就业竞争力和职业发展前景。总之,职教集团的专业化程度较高,通过优质的专业教育培训,为学生提供更为专业化、实用性强的教育服务,帮助他们更好地适应职业发展需求,并为其未来的职业发展奠定坚实基础。

4. 灵活多样的培养模式

职教集团灵活运用各种培养模式,如学历教育、技能培训、职业技术教育等,满足不同层次、不同需求的学生。同时,职教集团也积极推行校企合作、项目合作等多种形式的教育合作,为学生提供更丰富的学习和实践机会。例如:职教集团通常拥有丰富的专业选择,涵盖了各行业的不同领域,学生可以根据自己的兴趣和职业规划选择适合自己的专业方向;职教集团通常提供多样化的学习方式,包括全日制、非全日制、远程教育等形式,以适应学生的学习时间和工作需求,让学生可以更加灵活地安排学习时间;职教集团通常注重实践教学,为学生提供丰富的实习和实训机会,让学生在实际工作中锻炼自己的专业技能和实践能力;职教集团在注重学生专业技能培养的同时,也注重学生综合素质的培养,包括创新能力、团队合作能力、沟通能力等方面的培养,以提高学生的综合竞争力;职教集团还提供个性化的指导和辅导服务,帮助学生解决学习和生活中的问题,指导他们规划职业发展方向,促进其个人成长和发展。通过灵活的培养模式,职教集团能够促进学生的全面发展,提高其就业竞争力,拓展其职业发展前景。

5. 教学质量与效果突出

职教集团注重实践教学和职业技能培养,教学内容贴近市场需求,重视对学生的实际操作能力和解决问题能力的培养。职教集团注重教学质量与效果,通过专业化的教学团队、实践教学和个性化指导等方式,为学生提供高质量的教育培训服务,促进学生的职业发展。因此,职教集团的毕业生一般具有较高的就业率和较好的职业发展前景。职教集团通常拥有经验丰富、教学水平较高的教师团队,结合行业实践经验和专业知识,为学生提供专业化、系统化的教育培训服务。教学内容紧密结合行业需求,教学方法多样化,能够激发学生学习兴趣,提高学习效果。职教集团注重实践教学,为学生提供丰富的实习和实训机会,让学生在实际工作中学习和实践,提高专业技能和实践能力。通过实践教学,学生能够更好地适应职业发展需求,提高就业竞争力。职教集团通常与行业企业建立紧密合作关系,为学生提供就业指导、招聘信息和职业规划等服务。通过专业的就业指导和实习机会,帮助学生顺利就业,实现职业发展目标。职教集团为学生提供个性化的指导和辅导服务,帮助他们解决学习和生活中的问题,指导他们规划职业发展方向,提高其综合素质和职业竞争力。良好的教学质量与服务效果不仅能够帮助学生更好地适应职业发展需求,也能够提升整个职业教育领域的声誉和影响力。

二、产教融合共同体

产教融合共同体是指产业界(企业、行业组织等)、教育界(学校、教师等)和政府部门之间建立起的一种密切合作关系的整体体系。通过这种合作关系,产业界和教育界之间实现深度融合,促进双方资源共享、优势互补,推动人才培养与产业发展的协同发展。产教融合共同体旨在通过合作共赢的方式,实现产业需求和教育培养的有机结合,为培养适应市场需求的高素质人才提供支持,推动产业转型升级,促进经济发展和社会进步。

"产教融合共同体"这个词源自中国教育部提出的"产教融合"政策倡导。教育部在2014年的《关于深化产教融合促进人才培养的指导意见》中首次提出了"产教融合共同体"的概念。这份文件从政策层面提出了加强产教融合的重要性,鼓励企业和高校积极合作,共同推动人才培养和产业发展。该政策旨在促进产业界和教育界的深度合作,推动人才培养体系与产业需求的有机结合,以满足市场对高素质人才的需求,促进产业转型升级和经济发展。随着政府对于产教融合的倡导和支持,这一概念逐渐在教育界和产业界中引起了广泛关注。"产教融合共同体"这个词是对产教融合理念的一种延伸和深化,强调了产业界、教育界和政府部门之间共同合作、共同发展的整体体系。产教融合共同体的提出,标志着中国教育体系转型的重要一步,也为产业界和教育界的合作关系建立奠定了基础。

（一）产教融合共同体的发展历程

1. 初期阶段（2014年以前）

产教融合共同体的概念最早在2014年的《关于深化产教融合促进人才培养的指导意见》中被提出,标志着中国教育部门开始重视产教融合的发展。在这个阶段,政府开始重视产教融合,认识到产业界和教育界之间的合作对于人才培养和产业发展的重要性,提出了一系列政策措施,鼓励企业和高校进行合作,推动人才培养和产业发展的深度融合。在初期阶段,各地区开始探索产教融合的具体实践,建立了一些产教融合共同体样板项目。政府部门通过出台政策文件,鼓励企业和高校开展合作,共同推动人才培养和产业发展。一些企业和高校也开始尝试合作项目,促进产业需求与人才培养的对接。这一阶段的主要特点是概念的提出和初步实践的探索,产教融合共同体的建设还处于起步阶段。政府在政策上开始支持和引导产教融合发展,企业和高校也开始尝试合作,为后续阶段的深化发展奠定了基础。

2. 推动阶段（2014年至2018年）

在政府政策的引导下,越来越多的企业和高校开始积极参与产教融合共同体的建设。各地区开展了一系列的产教融合项目和合作,探索创新的合作模式,促进人才培养和产业发展的协同发展。（1）政策层面。各级政府在这一阶段加大了对产教融合的支持力度,出台了更多的相关政策文件和措施,为企业和高校开展合作提供了更好的政策环境。政府鼓励各地区加强产教融合共同体建设,推动人才培养和产业发展的深度融合。（2）项目层面。在这一阶段,越来越多的企业和高校积极参与产教融合共同体建设,开展了一系列合作项目,企业与高校开展实践教学、双师型人才培养、实习实训基地建设等合作,促进了产业界和教育界的融合发展。(3)实践探索层面。各地区在这一阶段积极探索产教融合共同体建设的实践经验,推动产教融合共同体在具体项目中取得实质性进展,一些地方建立了一批具有示范性和影响力的产教融合共同体,为全国产教融合共同体建设提供了借鉴和参考。总的来说,产教融合共同体在推动阶段取得了一定的进展,政府政策的支持和企业、高校的积极参与有效促进了产教融合共同体建设的深入发展,产教融合共同体逐渐成为教育改革和产业升级的重要抓手,为人才培养和产业发展提供了新的合作模式和路径。

3. 深化阶段(2018年以后至今)

产教融合共同体在各地区逐渐深化发展,形成了一批具有影响力和示范性的产教融合共同体。政府进一步加大对产教融合的支持力度,推动企业和高校深度合作,促进人才培养和产业发展的良性循环。(1)体制机制改革层面。政府、企业和高校开始进行更深层次的体制机制改革,建立更加完善的产教融合共同体管理机制。各地区逐步建立起完整的产教融合共同体建设工作体系,实现政府部门、企业和高校在人才培养和产业发展中的紧密协作。(2)项目合作层面。企业和高校的合作项目更加多样化和深入化,双方在人才培养、科研合作、技术转移等方面展开更广泛的合作,共同推动产业升级和人才培养质量提升;一些地区逐步建立起了产教融合共同体示范区,通过在示范区内开展一系列创新实践和合作项目,推动产教融合共同体建设模式的创新和复制推广;积极开展国际化合作,通过与国外企业和高校的合作交流,引入国际先进经验和技术,促进中国产教融合共同体的发展。这一阶段通过政府、企业和高校共同努力,推动产教融合共同体向着更加成熟和完善的方向发展,为人才培养和产业发展提供更加有力的支撑。

产教融合共同体经历了从概念提出到政策引导再到实际推动的发展历程,目前已经成为中国教育改革和产业升级中不可或缺的重要组成部分。未来,产教融合共同体将继续发展壮大,为中国高等教育和产业发展注入新的活力和动力。

(二)产教融合共同体的特点

产教融合共同体是指产业界、教育界和政府共同参与的一种人才培养和产业发展模式,其目的是促进产业界和教育界之间的深度融合,实现优势互补,推动人才培养与产业发展协同发展。其特点主要包括以下几个方面:

1. 合作共赢

产教融合共同体强调产业界、教育界和政府之间的密切合作与协作,实现合作共赢。企业提供实践平台和技术支持,高校提供专业知识和人才培养,政府提供政策支持和资源整合,三方共同推动人才培养和产业发展。产教融合共同体注重合作共赢是其重要特点之一。在产教融合共同体中,各方参与者包括政府、企业和高校,彼此之间通过合作实现共同目标,实现合作共赢、资源共享、产教融合的局面。具体体现在:企业在参与产教融合共同体时,可以获得高校提供的人才支持;高校培养出的学生具备专业知识和实践能力,能够为企业的发展提供有力支持;高校通过参与产教融合共同体,可以为学生提供更多的实践机会。学生可以在企业实习、参与项目合作等活动中,提升实践能力,增强就业竞争力;政府作为产教融合共同体的重要参与者,通过政策支持和资源整合,促进产业发展,通过支持产学研合作、推动技术创新等方式,推动产业升级和经济发展;在产教融合共同体中,政府、企业和高校共同协作,共同实现人才培养和产业发展的目标,通过密切合作与协同努力,各方可以实现互利共赢,共同推动区域经济发展。总之,产教融合共同体注重合作共赢,通过政府、企业和高校之间的合作与协作,实现各方的利益最大化,共同推动人才培养和产业发展。合作共赢不仅有助于提升各方的竞争力和实力,而且促进了整个社会的可持续发展。

2. 实践导向

产教融合共同体注重将教学与实践相结合,强调培养学生的实际操作能力和解决问题的能力。通过实践教学、实习实训等活动,使学生在真实的工作环境中学习和实践,从而提高他们的就业竞争力。在产教融合共同体中,教育教学与实际产业需求相结合,强调学生实践能力的培养,以满足市场对人才的需求。具体体现在以下几个方面:(1)实践教学方面。产教融合共同体重视实践教学,将理论知识与实际操作相结合。学生通过参与实践项目、实习实训等活动,能够在实际工作中学习专业知识和技能,提升解决问题的能力。(2)实习实训方面。产教融合共同体鼓励学生积极参与实习实训活动。学生在企业实习期间,可以亲身体验企业运作和实际工作环境,了解行业需求,提升实践能力,增强就业竞争力。(3)项目合作方面。产教融合共同体促进企业与高校之间的项目合作,通过合作开展项目,学生可以在实际项目中应用所学知识,锻炼解决问题的能力,培养创新思维和团队合作能力。(4)实训室建设方面。产教融合共同体重视实训室建设,提供实训设备和平台支持,为学生提供实践学习的场所。学生可以在实训室中进行实验操作,加深对理论知识的理解,提升实践能力。通过实践教学、实习实训、项目合作和实训室建设等方式,促进学生的实践能力提升,使其更好地适应现实产业发展的需求,为其未来的职业发展奠定坚实基础。

3. 专业化与产业化

产教融合共同体致力于培养符合产业需求的专业人才,强调产业界和教育界的深度融合,通过校企合作开展项目,使教育内容更贴近产业需求,为企业提供符合市场需求的人才。在这种模式下,高校、企业和政府等各方共同参与,通过合作与交流促进产业和教育资源的共享和融合,以培养符合产业需求的高素质人才为目标。具体体现在:(1)产业界和教育界的合作。产教融合共同体通过建立产业界与教育界的合作机制,实现产业和教育资源的共享。产业界提供实践场景、技术支持和行业需求,教育界提供专业知识、教学资源和人才培养模式,双方合作,共同促进人才培养和产业发展。(2)产业需求导向。产教融合共同体根据产业需求设置课程、制订教学计划,培养符合市场需求的专业人才,通过与企业深度合作,了解行业需求和趋势,调整教学内容和方法,使学生具备适应产业发展的能力和素质。(3)实践教学和实习实训。产教融合共同体注重实践教学和实习实训环节,让学生在真实的工作场景中学习并应用知识和技能,通过参与实践项目、实习实训等活动,学生能够更好地适应产业需求,提升就业竞争力。(4)产学研合作。产教融合共同体促进产学研合作,将科研成果应用到实际产业中,推动产业技术创新和发展。高校与企业共同开展科研项目,解决实际问题,促进产业的升级和转型。通过产教融合共同体的深度融合,产业界和教育界能够实现资源共享、优势互补,为培养符合产业需求的专业人才提供更加有力的支持和保障。这种模式不仅有利于学生的职业发展,而且促进了产业发展和社会经济的进步。

4. 创新驱动

产教融合共同体鼓励创新思维和实践,促进科技成果转化和产业升级。通过产学研合作、科技创新项目等活动,推动企业技术创新,培养创新型人才,促进产业发展。通过产业界和教育界的深度融合,促进了知识、技术、人才和资金等资源的跨界整合和共享,为创新提供了更广阔的发展空间和更有力的支持。具体来说,主要途径包括:(1)产学研合作。产教融合共同体推动产业界、教育界和科研机构之间的合作,促进产学研合作,通过共同开展科研项目、技术转移和成果转化,将科研成果应用到实际产业中,推动产业技术创新和发展。(2)实践教学和实习实训。产教融合共同体注重实践教学和实习实训环节,让学生在真实的工作场景中学习并应用知识和技能,通过参与实践项目、实习实训等活动,学生能够接触到最前沿的技术和行业动态,培养创新思维和实践能力。(3)产业需求导向。产教融合共同体根据产业需求设置课程、制订教学计划,培养符合市场需求的专业人才,通过与企业深度合作,了解行业需求和趋势,调整教学内容和方法,培养具有创新意识和能力的人才。(4)创新创业教育。注重创新创业教育,培养学生创新创业的意识和能力,通过开设创新创业课程、组织创业实践活动等方式,激发学生的创新潜力,培养未来的创新型人才。产教融合共同体通过促进产学研合作、实践教学和实习实训、产业需求导向以及创新创业教育等方式,为培养创新人才和推动创新发展提供了有力支持和保障。这种深度融合的模式有助于将高校的教学科研成果与产业需求相结合,推动科技创新和产业升级,助力经济社会的可持续发展。

5. 社会责任

产教融合共同体强调企业、高校和政府的社会责任,注重培养具有社会责任感和创新精神的人才。通过开展社会实践活动、公益项目等,促进人才的全面发展,推动社会可持续发展。产教融合共同体强调企业、高校和政府的社会责任,通过各方的共同努力,实现良性互动、合作共赢的目标。具体来说,产教融合共同体对企业、高校和政府的社会责任有以下几个方面的要求:(1)企业责任。企业作为产业界的重要参与者,承担着推动产教融合共同体发展的责任。企业应该积极参与产学研合作,提供实践机会和资源支持,为高校学生提供实习实训和就业机会。同时,企业还应该关注人才培养和创新能力的提升,通过与高校合作,共同培养符合产业需求的专业人才。(2)高校责任。高校作为教育界的主体,应该承担起培养人才和推动创新的责任。高校与企业深度合作,根据行业需求调整教学内容和方法,培养具有实践能力和创新意识的人才。同时,高校还关注科研成果的转化和应用,促进产学研合作,推动科技创新和产业发展。(3)政府责任。政府作为社会管理者和推动者,应该承担起促进产教融合共同体发展的责任。政府要制定相关政策和措施,支持产学研合作,促进产业升级和技术创新。同时,政府还要加强对高校的引导和监督,推动高校改革和创新,提高人才培养质量和水平。总之,产教融合共同体强调企业、高校和政府的社会责任,要求各方共同发挥作用,推动产学研合作和人才培养,促进创新驱动和产业发展。只有各方共同努力,承担起自己的社会责任,才能实现产教融合共同体的良性发展和可持续发展。

(三)产教融合共同体的现代应用

1. 人才培养

产教融合共同体可以促进高校教育与产业需求的紧密对接,通过产学研合作模式,使学生更好地掌握实践技能和专业知识,提高就业竞争力。企业参与人才培养过程,提供实习实训机会,培养符合市场需求的人才。高校与企业合作开设双证书、双学位等项目,促进学术与实践知识的融合,培养具有创新能力和实践经验的复合型人才。通过产教融合的方式,高校、企业和政府之间建立紧密合作关系,促使教育培训更加贴近市场需求,提高人才培养的质量和效果。具体来说,产教融合共同体鼓励职业院校与企业合作开展实践教学项目,让学生在实际工作中学习和实践,提高他们的动手能力和实践经验,学生通过参与企业项目、实习实训等方式,更好地掌握专业知识和技能,为未来就业作好准备;产教融合共同体将教育培训与产业发展需求紧密结合起来,根据企业需求调整教学内容和课程设置,培养符合市场需求的人才,通过产业导向的人才培养方式,可以提高学生的就业机会和竞争力;产教融合共同体鼓励高校与企业合作开展专业实践项目,让学生在实际工作中解决实际问题,增强解决问题的能力,积累实践经验,通过专业实践的方式,学生能够更好地理解专业知识和技能,并将其运用到实际工作中。通过产教融合共同体的建设和发展,可以实现教育培训与产业需求的良性互动,为人才培养提供更加有效的支持和保障。

2. 技术创新

产教融合共同体可以促进产学研合作,推动科研成果的转化和应用。学校与企业合作开展科技创新项目,共享资源和技术,加速科研成果的商业化进程。企业可以借助高校的科研力量和资源,实现技术创新和产品升级,提高市场竞争力。政府通过政策支持和资金扶持,推动产学研合作,促进科技创新和产业升级。产教融合共同体可以促进产学研合作,通过产教融合,高校、企业和科研机构之间建立紧密合作关系,促进技术、人才和资源的共享与交流,从而推动技术创新和产学研合作的发展。具体来说,产教融合共同体促进产学研合作,推动技术创新的方式包括:(1)项目合作。产教融合共同体鼓励高校、企业和科研机构之间开展项目合作,共同开展科研项目、技术开发等活动,促进技术创新和成果转化。通过项目合作,可以整合各方资源和优势,加速技术创新的步伐。(2)人才培养。产教融合共同体通过联合培养高水平人才,促进产学研合作和技术创新。高校、企业和科研机构共同参与人才培养,为学生提供实践机会和科研项目,培养具有创新能力和实践能力的专业人才,推动技术创新的发展。(3)产业导向。产教融合共同体将教育培训与产业需求结合起来,促进技术创新和产学研合作。根据产业需求调整教学内容和课程设置,培养符合市场需求的专业人才,推动技术创新与产业发展的结合。通过产教融合的方式,高校、企业和科研机构加强合作,促进技术创新和成果转化,为产业升级和经济发展提供强大支持,建设和发展产教融合共同体是推动技术创新和产学研合作的重要途径。

3. 产业发展

产教融合共同体可以促进产业界、高校和政府之间的紧密合作,推动产业结构优化升级,促进产业发展和经济增长。企业可以与高校合作开展技术研发、产品设计、市场推广等活动,实现技术创新和产业升级。高校可以借助企业资源和市场需求,开展产学研合作项目,推动科技成果的转化和应用。政府可以通过政策引导和项目支持,促进产教融合共同体的建设,推动产业发展和经济转型升级。通过产教融合,产业界、高校和政府之间可以建立紧密合作的关系,共同推动产业发展的动力和创新。具体来说,在人才培养方面,产教融合可以使高校更加贴近产业需求,根据市场需求调整教学内容和课程设置,培养符合产业发展需要的高素质人才,缩短产业对人才的需求与高校培养人才之间的鸿沟,确保人才的供给与产业的需求相匹配,促进产业的发展;在技术创新方面,产教融合可以促进产学研合作,实现科研成果的转化和应用,使高校和科研机构的科研成果可以更快速地得到产业界的应用和推广,有效促进技术创新,提升企业竞争力,推动产业的发展;在产业需求方面,产教融合可以使高校更好地了解产业发展的需求和趋势,帮助企业更好地进行产品创新和技术升级。同时,产学研合作也可以为高校提供更多的实践机会和实践基地,让学生更快速地适应产业的发展需求,促进产业发展。总之,产教融合共同体可以促进产业发展,通过产学研合作、人才培养和技术创新等方式,实现产业界、高校和政府之间的良性互动和合作,推动产业的持续发展和壮大,促进经济的繁荣和增长。因此,建设和发展产教融合共同体对于促进产业发展具有重要意义。

产教融合共同体在现代应用中具有重要的意义,它可以促进人才培养、技术创新和产业发展,推动经济社会可持续发展。各方共同努力,发挥各自优势,共同推动产教融合共同体的建设和发展,实现产学研合作的良性循环,促进产业发展和社会进步。

(四)行业产教融合共同体

行业产教融合共同体是由龙头企业和高水平高等学校、职业学校(含中职学校、高职专科学校和本科层次职业学校,下同)牵头,联合行业组织、学校、科研机构、上下游企业等共同组建的,跨区域汇聚产教资源,能够有效促进产教布局高度匹配、服务高效对接、支撑全行业发展的产教融合新型组织形态。

1. 行业产教融合共同体的组成

行业产教融合共同体由一家行业龙头企业牵头组建,联合一所高水平高等学校、一所职业学校牵头建设,发挥各建设主体作用,推动产教全要素融合。牵头企业应在所属行业有重要影响力和话语权,能够统筹行业产业资源,并在共同体内切实起到统筹、牵头作用,鼓励中央管理企业、中国500强企业、产教融合型企业等牵头组建行业产教融合共同体。牵头高水平高等学校的优势学科应与共同体行业领域相符,有明确的科技攻关方向和团队,有硕士学位、博士学位授予权。牵头职业学校的特色专业(群)应与共同体行业领域相符,人才培养质量高,设有独立的社会培训机构或继续教育机构,广泛开展各类培训。

根据产业链上下游分布和教育资源布局,行业产教融合共同体跨区域广泛吸收相关行业组织、学校(含职业学校和普通高等学校)、科研机构、上下游企业等单位参与建设。行业产教融合共同体参与单位要主动开放资源、对接需求,积极承担建设任务,实质性参与行业产教融合共同体建设。

2. 行业产教融合共同体的任务

(1) 建立健全实体化运行机制。行业产教融合共同体要建立领导小组(理事会或董事会),商定建设方案,明确组织架构和职责分工,召开成立大会,审议通过共同体章程;要建立规范合理的利益共享机制等,明晰责权分配,保障各方权益;要配备数量充足、结构合理的专兼职人员,负责日常工作。

(2) 构建产教供需对接机制。行业产教融合共同体每年要组织工作专班,通过政策研究、调查问卷、走访调研、大数据分析等多种形式,开展行业发展趋势、人才需求情况等方面的调研,并于每年第一季度完成行业发展分析报告、行业人才需求预测报告和行业人才供需清单、技术供需清单的编制与发布,指导相关学校和职业培训机构开展工作,促进产教供需高效对接。

(3) 联合开展人才培养。行业产教融合共同体要将提升人才培养质量置于首要位置,深入推进校企协同育人,畅通技术技能人才成长通道。依据产业链分工对人才的要求,校企联合招生,开展委托培养、订单培养和学徒制培养,实施现场工程师专项培养计划,推动人才培养模式创新。行业产教融合共同体内实行校企师资互兼互聘,共建共享高水平"双师型"教师队伍。行业产教融合共同体内企业招工要向行业产教融合共同体内学校倾斜,增加实习和就业岗位供给。行业产教融合共同体内学校要开放培训机构和继续教育机构,面向行业企业员工开展岗前培训、岗位培训和继续教育。支持行业产教融合共同体内高水平高等学校招收具有工作经历的共同体内职业学校毕业生和企业一线优秀职工攻读本科、专业学位研究生,提升学历层次。

(4) 协同开展技术攻关。行业产教融合共同体要建立健全协同创新机制,校企联合打造科研攻关团队,深入生产一线,瞄准产业需求,调研征集企业实际面临的生产性和技术性难题,系统解决问题。支持职业学校在关键共性技术攻关中发挥"中试车间"的作用。行业产教融合共同体建设单位要加大经费投入,共建技术创新中心、产学研用协同创新平台和重点实验室等,产出一批前沿领域的创新成果,服务行业企业技术改造、工艺改进、产品升级,提升行业服务水平。

(5) 组织开发教学资源。行业产教融合共同体要组建高水平教科研队伍,对标产业实际和发展需要,结合人才培养、专业建设和技术攻关实际,将产业应用的工艺、技术融入教学实践,开发专业核心课程、实践能力项目;发挥学校的专业优势和企业的技术优势,跟踪行业新技术、新工艺、新方法、新标准,研制优质教学装备并推广应用。

(6) 强化支持保障力度。行业产教融合共同体各建设单位要制定支持行业产教融合共同体建设的专项政策,保障和促进共同体发展。行业产教融合共同体内企业要发挥技术优势和平台优势,把行业产教融合共同体工作纳入企业发展规划和年度考核。行业产教融合共同体内学校要促进科技创新与产业深度融合,为行业产教融合共同体提供有力的人才和技术支撑。

3. 产教融合共同体评价监测指标

(1) 全方位整合产教资源,重点考核行业产教融合共同体建设单位优质多元以及跨省域分布情况。

(2) 构建产教供需对接机制,重点考核行业发展分析报告、行业人才需求预测报告、人才供需清单和技术供需清单编制发布是否及时,内容是否客观、全面。

(3) 联合开展人才培养,重点考核委托培养、订单培养、学徒制培养学生规模,校企师资互聘情况,行业产教融合共同体内企业接受行业产教融合共同体内学校毕业生就业人数以及培养人才在本行业内就业人数;职业学校面向行业企业员工开展岗前培训、岗位培训和继续教育;行业产教融合共同体内普通高校录取行业产教融合共同体内职业学校毕业生和企业一线在职员工就读本科或专业学位研究生人数。

(4) 协同开展技术攻关,重点考核行业产教融合共同体内资金投入和技术创新中心建设情况、服务行业企业技术改造、工艺改进、产品升级项目数,取得的技术创新成果情况,技术供需清单的承接完成数。

(5) 有组织开发教学资源,重点考核校企结合生产实践、人才培养和技术服务实际,联合开发专业核心课程、实践能力项目数量,教学装备研制及推广情况。

(6) 强化保障支持力度,重点考核行业产教融合共同体建设单位专项支持政策制定情况。

第二节 产业学院产教联合体建设

一、产教联合体

产教联合体是由两个或更多个组织、机构或个体共同组成的集合体。产教联合体的成员之间通常会达成协议或合作关系，实现某种共同的目标或利益，成员之间可以共享资源、信息和技术，共同推动项目的发展和实施。常见的联合体包括企业联合体、政府与民间组织的联合体、学术联合体等。

联合体的概念最初起源于政治学领域。在国际关系理论中，联合体通常指的是由多个国家或政府组成的合作组织或团体。例如，联合国是一个由各国政府组成的国际组织，旨在促进国际合作、维护世界和平与安全等。在商业领域，联合体也是一种常见的合作形式，指的是由两个或多于两个企业共同组成的合作组织，共同从事某项商业活动或项目。企业联合体可以帮助成员共享资源、降低风险、扩大市场等优势。

在国际关系理论中，联合体通常指的是由多个国家或政府组成的合作组织或团体。这些联合体的成员国通常会签订协议或共同宣言，共同合作解决各种国际问题，促进共同利益和目标的实现。一些著名的国际联合体包括联合国、欧洲联盟(European Union)、北约(NATO)等。有些国际联合体在国际事务中发挥着重要作用，促进了国家之间的合作与交流，维护了地区和世界的和平与稳定。联合体的形成和发展反映了国家间相互依存和合作的需求，是国际关系中重要的组织形式。

联合体是由两个或多于两个组织或实体组成的共同合作、共享资源、共担风险和利益的组织形式。不同类型的联合体可以根据合作的性质和目的进行分类，以下是一些常见的联合体类型：(1) 商业联合体。商业联合体是由两个或多个企业合作组建，共同开展业务活动，这种联合体可以包括合资企业、合作企业、联营企业等形式，旨在共享资源、降低成本、扩大市场份额等。(2) 政治联合体。政治联合体是由两个或多于两个国家或政治实体建立的合作组织，例如欧盟、东盟等政治联合体旨在促进经济合作、政治对话、安全合作等领域的合作。(3) 社会组织联合体。社会组织联合体是由多个非政府组织、慈善机构、基金会等共同合作组建的组织，旨在共同推动社会公益事业、环保活动、文化交流等领域的合作。(4) 行业联合体。行业联合体是由同一行业内的多个企业或机构共同组成的组织,这种联合体可以通过行业协会、行业联盟等形式进行合作,共同推动行业发展、规范市场秩序等。(5)跨学科联合体。跨学科联合体是由不同学科领域内的研究机构、学术组织等共同合作的组织,这种联合体旨在推动跨学科研究、创新和知识交流。不同类型的联合体在实践中可以发挥不同的作用,促进各方的利益共享和合作发展。

二、联合体的发展历程

联合体的发展历程可以追溯到20世纪初,随着全球化和跨国合作的不断加强,各种形式的联合体开始出现并逐渐演变,以下是一些重要历程。

(一)国际政治联合体

国际政治联合体是指由多个国家组成的政治联盟或组织,旨在通过合作和协调解决共同的问题和挑战。这些联合体通常由国际组织,如联合国、欧盟、北约等,或其他国际机构组成。国际政治联合体的出现是因为国际社会面临着许多共同的挑战,如全球化、气候变化等,单个国家难以独自解决这些问题。因此,各国通过加入国际政治联合体来共同努力解决这些挑战,促进国际和平与安全。国际政治联合体在当今世界扮演着重要的角色,它们可以通过制定共同政策、开展合作项目、协调行动等方式,解决国际问题,促进全球发展。同时,国际政治联合体也可以为成员国提供一个平台,让不同国家可以就共同关心的议题进行对话和协商。20世纪初,随着第一次世界大战的爆发,各国开始意识到合作对于维护和平的重要性。1919年成立的国际联盟是第一个旨在促进国际合作和维护和平的国际组织。然而,国际政治联合体也面临挑战,如成员国之间的利益分歧等。因此,为了更好地发挥国际政治联合体的作用,需要各国共同努力,加强合作和协调,以推动国际社会的发展与进步。

(二)商业联合体

随着全球经济的发展,企业开始意识到合作可以带来更大的竞争优势。20世纪后半叶,跨国公司和产业联盟开始出现,加强了跨国经济合作。商业联合体是由多个公司或企业组成的商业联盟或合作组织,可以采取多种形式,包括联盟、协会、合作社、联合企业等。这些公司通常在特定领域或产业中合作,共同实现商业目标和利益。商业联合体的出现是为了增强企业的竞争力、拓展市场、降低成本、共享资源和技术等。通过结成商业联合体,公司可以共同开发新产品、共享市场信息、共同推广和销售产品、共同采购原材料等,实现彼此的互补和合作,提高整体效益。商业联合体在零售业、制造业、金融业、科技业等各个行业和领域都有广泛的应用,知名的商业联合体包括联合利华、诺基亚西门子网络、阿里巴巴集团等。然而,商业联合体仍面临着一些挑战,如成员间的利益冲突、管理和决策问题、合作伙伴关系不稳定等。因此,成功建立并维持商业联合体需要各方共同努力、相互信任和合作,以实现共同的商业目标和利益。

(三) 欧洲一体化

欧洲一体化是指欧洲国家在政治、经济、社会和文化等各个方面的合作和整合过程,其核心目标是促进欧洲国家之间的和平、繁荣和团结,共同应对共同的挑战。欧洲一体化的历史可以追溯到二战后的欧洲重建时期,为了避免再次发生类似的战争和冲突,欧洲国家开始探讨如何加强合作和整合,以建立一个稳定、繁荣和团结的欧洲,就这样,促成了欧洲经济共同体(EEC)的建立,以及后来的欧洲联盟(EU)和欧元区等一系列一体化措施的实施。欧洲一体化的主要特征包括共同市场、货币联盟、政治整合、法律和制度的协调等,通过欧洲一体化,消除了欧洲内部的贸易壁垒,促进了经济增长和就业,提高了欧洲在国际事务中的影响力等。但欧洲一体化也面临诸多挑战,如成员国之间的利益分歧、欧洲主权和民族身份的问题、欧洲一体化的民意支持度下降等,因此,欧洲一体化面临着如何继续前进、如何解决内部矛盾、如何更好地发挥统一欧洲的作用等诸多挑战。

(四) 国际组织多样化

在国际社会中存在多种类型和形式的国际组织,这些组织在不同领域和层面发挥着各自独特的作用。国际组织的多样化反映了国际社会中各种不同的需求和利益,以及为解决各种全球性问题而创建的多种合作机制。其特点如下:(1)领域多样化。国际组织涉及的领域广泛,包括政治、经济、社会、环境、文化等各个领域。联合国是一个综合性国际组织,旨在促进国际合作和维护国际和平与安全;世界贸易组织(WTO)致力于促进全球贸易自由化和规范化。(2)成员多样化。国际组织的成员可以是国家、地区、国际组织,甚至包括非政府组织、跨国公司等各种实体,成员的多样性反映了国际组织的普遍性和代表性。(3)组织形式多样化。国际组织的形式多种多样,有些是政府间组织,如联合国和欧盟;有些是非政府组织,如国际红十字会;还有些是混合性组织,如亚太经合组织(APEC)。通过国际组织的多样化,国际社会能够在不同领域和层面展开合作,推动全球性问题的解决和合作机制的建立。同时,国际组织的多样化也带来了各种挑战,包括成员之间的利益冲突、组织之间的重叠与竞争等问题。因此,国际组织的多样化使得全球治理更加复杂,需要不断寻求平衡和协调。20世纪末至21世纪初,各种形式的国际组织不断涌现,如世界贸易组织(WTO)、亚太经济合作组织(APEC)、金砖国家合作机制等,促进了各国之间的经济合作和政治对话。

三、联合体的特点

(一)合作性质

联合体是由两个或多于两个组织或实体组成的共同合作、共享资源、共担风险和利益的组织形式。各方在联合体中达成协议,合作实现共同目标。联合体的合作性质是指组成联合体的各个成员之间在合作过程中所展现出来的特质。不同的联合体可能有不同的合作性质,这取决于成员之间的关系、目标和合作模式。(1)平等合作。成员之间在联合体内享有平等的地位和权利,决策和资源分配都基于平等原则,成员之间相互尊重、协商合作,共同推动联合体的发展、实现目标。(2)互惠合作。成员之间在联合体内进行互惠合作,通过资源共享、技术交流、市场合作等方式实现共同利益,各方在合作中互相支持、互惠互利,共同促进联合体的发展。(3)专业分工合作。成员在联合体内根据各自的专业优势和资源配置进行分工合作,各负其责,共同完成联合体的任务和目标,这种合作能够实现优势互补,提高工作效率和成果质量。(4)领导主导合作。在一些情况下,联合体可能由某一方担任领导者或主导者,其他成员根据其指导和协调进行合作。在领导主导合作模式下,各方需服从领导者的指导和统一管理,共同实现联合体的愿景和目标。(5)利益共享合作。成员之间在联合体内共享合作成果和利益,通过共同努力和协作实现共同利益最大化。这种合作性质能够增强各方的合作积极性和动力,促进联合体的稳定和可持续发展。联合体的合作性质可以根据各方的需求、目标和资源配置而发生变化,合作性质的选择将影响联合体的运作模式、发展方向和成果。因此,在建立和运作联合体时,需要认真考虑各方的合作性质,建立起相互信任、互相支持的合作关系,以实现联合体的成功和长期发展。

(二)共享资源

在联合体中,各方可以共享资源,包括人力资源、财务资源、技术资源等。通过资源共享,各方可以充分发挥各自的优势,提高效率和竞争力。联合体的共享资源特点指的是在联合体内部成员之间共享资源的特点和规律,各个成员共同拥有或共同利用的各种资源,包括人力资源、物质资源、财务资源、信息资源等。通过共享资源,联合体的各成员可以互相支持、互相补充,实现资源优化配置和共同发展。(1)互惠共享。在联合体内部,成员之间实现资源的互惠共享。各成员可以根据自身需求和特点,共享彼此的资源,以实现共同利益和共同发展。(2)资源整合。联合体的成员将各自的资源整合在一起,形成共享的资源池。通过资源整合,可以实现资源的最大化利用和优势互补,提高联合体整体的综合实力和竞争力。(3)信息共享。在联合体内部,成员可以共享各种信息资源,包括市场信息、技术信息、政策信息等。信息共享能够提高成员的信息获取能力,促进合作决策的科学性和准确性。(4)专业资源共享。联合体的成员可以根据各自的专业领域和优势,共享专业资源。比如,在科研联合体中,各成员可以共享实验设备、科研人才等资源,共同推动科研项目的进展。(5)利益共享。通过共享资源,联合体的成员可以实现利益共享。各成员在合作中共同努力,共同承担风险和责任,共同分享合作成果和利益。(6)风险共担。在资源共享的过程中,联合体的成员也会共同承担风险。成员之间需要相互支持、协作,共同应对各种挑战和风险,确保联合体的稳定和可持续发展。在建立和运作联合体时,需要重视资源的共享和整合,建立高效的资源共享机制和合作平台,以推动联合体的发展和成功。

(三)分担风险

联合体中各方共同承担风险,共同应对挑战和困难。通过共同分担风险,可以降低单个组织的风险承担压力,提高整体稳定性。在联合体中,各成员之间可以共同承担各种风险,包括市场风险、技术风险、政策风险等,从而降低单个成员面临的风险程度。通过分担风险,联合体可以提高整体的抗风险能力,避免单个成员因某种风险而遭受重大损失。成员之间可以共同应对各种挑战和不确定性,共同制定风险管理策略和应对措施,确保联合体整体的稳定和可持续发展。此外,联合体也可以通过资源整合和合作实现优势互补,提高合作效率和创新能力,从而降低成员面临的风险。各成员可以共同利用资源和技术,共同开展项目和业务,共同承担风险和责任,共同分享合作成果和利益。总之,联合体通过合作共享资源、分担风险,可以实现合作共赢,提高整体的竞争力和抗风险能力,推动联合体的发展和成功。因此,在建立和运营联合体时,需要重视合作共享、风险管理等方面的工作,确保合作顺利进行和实现共同目标。

(四) 共同利益

联合体的各方在合作中可以实现共同利益,包括共同创造价值、实现经济效益等。通过合作实现共同利益,可以激励各方持续合作,达成长期合作关系。联合体可以通过合作共享资源、分担风险、协同创新等方式实现共同利益。在联合体中,各成员之间可以共同努力、相互支持,共同实现合作目标,从而实现共同利益。(1) 资源共享。联合体的成员可以共享各种资源,包括人力资源、物质资源、财务资源、信息资源等。通过资源共享,可以提高资源的利用效率,降低成本,实现资源的最大化利用和优势互补,从而实现共同利益。(2) 分担风险。在联合体中,成员之间可以共同承担各种风险,包括市场风险、技术风险、政策风险等。通过分担风险,可以降低单个成员面临的风险程度,提高整体的抗风险能力,实现共同利益。(3) 协同创新。联合体的成员可以共同开展科研项目、技术研发、产品创新等活动,实现协同创新。通过协同创新,可以提高创新效率和创新能力,推动产品和服务的不断优化和提升,实现共同利益。(4) 分享成果。在合作过程中,联合体的成员可以共同分享合作成果和利益。无论是市场开拓、销售增长、利润提升,还是技术进步、品牌提升,成员之间可以共同分享成功的喜悦和成果,实现共同利益。因此,在建立和运营联合体时,需要重视共同利益的实现,积极促进成员之间的合作与共享,推动联合体的持续发展和创新。

(五) 相对独立性

尽管在联合体中各方共同合作,但各方仍保留相对独立性,保留自身管理决策权和运营方式。各方在联合体中可以保持一定程度的独立性和自主性。尽管联合体是由多个组织或单位共同组成的,但它们通常会在某些方面保持一定程度的独立性和自治权,主要包括:(1) 决策独立性。联合体的成员可以保留一定程度的决策独立性,即在某些事务或业务领域内可以自行作出决策,而不受其他成员的干预,这有助于各成员更好地管理自身的事务,同时保持联合体整体的合作效率。(2) 组织独立性。联合体的成员单位在组织结构和管理方式上具有一定程度的独立性。不同成员拥有自己的组织架构和管理体系,可以根据自身需求和情况进行灵活管理,而不受其他成员的影响。(3) 财务独立性。联合体的成员在财务管理上具有一定程度的独立性。每个成员单位可以独立管理自己的财务资源,自主决定投资、资金运作等事项,同时与其他成员共享利益。(4) 商业运营独立性。在商业运营和市场竞争方面,联合体的成员单位也可能具有一定的独立性，不同成员可以在不同领域或市场中竞争，自主制定市场策略和运营计划，同时在合作领域内互相支持和合作。尽管联合体具有相对独立性，但也要注意协调一致、合作共赢的原则，保持成员之间的紧密联系和密切合作，共同推动联合体的发展和成功。

（六）灵活性

联合体具有灵活性，各方可以根据合作的需要和目标灵活调整合作方式和合作范围。联合体可以根据实际情况进行调整和优化，以适应外部环境的变化。由于联合体是由多个组织或单位共同组成的，各成员之间可能存在不同的需求、目标和资源，因此联合体在运作和管理上通常需要具备一定的灵活性来适应不同成员的需求和变化情况，主要包括：（1）合作模式灵活。联合体可以采用不同的合作模式和机制来满足各成员的需求，如可以灵活设置合作协议、共享机制、利益分配方式等，根据实际情况调整合作关系，以确保联合体的合作顺利进行。（2）业务范围灵活。联合体可以根据市场需求和成员意愿调整业务范围和布局，不同成员可以在不同领域或市场中开展业务，根据需求和机会灵活调整业务方向，以适应市场变化和发展趋势。（3）决策机制灵活。联合体可以建立灵活的决策机制，让各成员参与决策过程，共同制定发展战略和规划，可以根据具体情况灵活调整决策流程和程序，确保决策高效、民主。（4）人才资源灵活。联合体可以根据需要吸纳不同领域的专业人才和资源，灵活配置人力资源，以适应不同业务领域和项目的需求，可以共享人才、技术和经验，促进协同合作，实现资源优势互补。通过以上灵活性特点，联合体可以更好地适应外部环境的变化和市场需求的变动，保持组织的敏捷性和竞争力。因此，在建立和运营联合体时，需要注重灵活性，积极促进成员之间的灵活合作和协同，推动联合体的发展和创新。

四、市域产教联合体

（一）市域产教联合体的特点

市域产教联合体是以产业园区为基础，充分发挥政府统筹、产业聚合、企业牵引、学校主体作用，坚持以教促产、以产助教，深化产教融合、产学合作，兼具人才培养、创新创业、促进产业经济高质量发展功能的组织机构。市域产教联合体的特点如下：

1. 产教资源相对集聚

联合体依托的产业园区总产值在本省份位于前列,主要以先进制造业、现代服务业、现代农业等为核心主导产业,加快发展新一代信息技术、生物技术、新能源、新材料、高端装备、新能源汽车、绿色环保以及航空航天、海洋装备等战略性新兴产业。联合体职业教育资源富集,涵盖中职、高职(含职教本科)学校,吸纳普通本科学校作为成员,搭建联合体人才供需信息平台,建设产教融合实训基地,校企共建产业学院,促进教育链、人才链与产业链、创新链紧密结合。

2. 组织治理机制完备

教育部门会同发展改革、工业和信息化、财政、人力资源社会保障、国资等部门建立密切配合、协调联动的工作机制,打造政府、行业、企业与学校四方协同的命运共同体。联合体内各类主体协同配合,成立政府、企业、学校、科研机构等多方参与的理事会(董事会),达到产权明晰、组织完备、机制健全、运行高效的实体化运作要求。

3. 人才培养取得突破

龙头企业深度参与职业学校专业规划、人才培养标准制定、教材课程开发、师资队伍建设等各个环节,并取得实际成效。积极探索高技能人才培养的新模式,广泛开展校企联合招生、联合培养、岗位成才的中国特色学徒制,普遍接收职业院校学生开展实习实训和教师岗位实践。支持联合体内中职、高职高专、本科学校合作分段培养或贯通培养,鼓励普通本科学校招收符合条件的中高职毕业生和企业一线优秀员工就读本科和专业学位研究生。

4. 有效服务产业发展

联合体建设共性技术服务平台,打通科研开发、技术创新、成果转移链条,为园区企业提供技术咨询与服务,促进技术创新、工艺改进、产品升级,解决企业实际生产问题。联合体制定培训规划,统筹各成员单位的培训资源和需求,支持联合体内院校积极承接企业员工的岗前培训、岗位培训和继续教育,鼓励面向社会开展技术技能培训服务。

5. 保障条件切实到位

加大财政经费支持力度,吸引社会资本、产业资金投入,支持职业教育重大建设和改革项目;明确支持职业教育的金融、财政、税费、土地、信用、就业和收入分配等激励政策的具体举措,落实落地见效果;树立结果导向的评价方向,对优秀的职业学校、校长、教师、学生和技术技能人才按照国家有关规定给予表彰奖励。

（二）市域产教联合体的评价指标

表 5-1

基本指标	观测点
1. 基本情况	1.1 联合体依托的产业园区总产值在省内位于前列，主要以先进制造业、现代服务业、现代农业等为核心主导产业；联合体职业教育资源富集，涵盖中职、高职（含职教本科）学校，吸纳普通本科学校作为成员
	1.2 将联合体建设情况纳入产业园区工作考核指标和职业教育工作目标考核体系
	1.3 教育部门会同其他有关部门建立密切配合的协调联动机制，明确职责分工，划定重点任务，提出时间节点
	1.4 经费投入和其他政策支持力度较大，明确支持职业教育的金融、财政、税费、土地、信用、就业和收入分配等激励政策的具体举措，相关政策落地实施
2. 运行机制	2.1 成立政府、企业、学校、科研机构等多方参与的理事会（董事会）
	2.2 建立多元协同、共建共管的治理模式，达到产权明晰、组织完备、机制健全、运行高效的实体化运作要求
	2.3 建立市域产教联合体章程、运营管理制度等，构建市域产教联合体人员聘用及评价体系、绩效考核体系、运营质量保证体系等
	2.4 理事会（董事会）管理决策、秘书处（办公室）日常工作、各执行机构（包括分支机构）运行规范明晰
3. 共建共享	3.1 联合体内各类主体共商培养方案，共组教学团队，共建教学资源，共同实施学业考核评价，积极探索高技能人才培养的新模式，广泛开展校企联合招生、联合培养、岗位成才的中国特色学徒制
	3.2 龙头企业深度参与职业学校专业规划、人才培养标准、教材课程开发、师资队伍建设等各个环节，并取得实际成效
	3.3 对标产业发展前沿，联合体成员单位共建产教融合实训基地和产业学院，促进教育链、人才链与产业链、创新链紧密结合
	3.4 设置灵活的用人机制，采取固定岗与流动岗相结合的方式，聘请企业工程技术人员、高技能人才、管理人员、能工巧匠等到校全职或兼职工作

续表 5-1

基本指标	观测点
3. 共建共享	3.5 校企联合制订人才培养方案或职工培训方案，实现人员互相兼职，相互为学生实习实训、教师实践、学生就业创业、员工培训、企业技术和产品研发、成果转移转化等提供支持
4. 人才培养	4.1 搭建人才供需信息平台，职业学校紧贴市场和就业形势，完善职业教育专业动态调整机制，促进专业布局与当地产业结构紧密对接
	4.2 坚持服务学生全面发展，通过校企协作育人，积极塑造学生的价值观念、职业技能意识以及社会责任感，有效提升学生的实践能力、沟通合作能力、可持续发展能力
	4.3 联合体各类主体深度参与职业学校专业规划、人才培养规格确定、课程开发、师资队伍建设，及时把新方法、新技术、新工艺、新标准引入教育教学实践
	4.4 企业按岗位总量一定比例设立岗位，接受学生来企实习实训和教师岗位实践
	4.5 联合体所在省建立完善"文化素质＋职业技能"考试招生办法，支持联合体内中职、高职高专、本科学校合作分段培养或贯通培养学生，鼓励普通本科学校招收符合条件的中高职毕业生和企业一线优秀员工就读本科和专业学位研究生教育
5. 服务发展	5.1 建设共性技术服务平台，支持联合体内职业院校、普通高校、科研机构与企业开展协同攻关，为园区企业提供技术咨询与服务，促进技术创新、工艺改进、产品升级，解决实际生产问题
	5.2 联合体校企合作开展技术研发的成果转化率较高，合作取得一批研究成果（包括发明专利、实用新型专利等）、一批省部级奖励（包括教育教学成果、创新创业实践成果、科技创新成果等）
	5.3 联合制定培训规划，支持联合体内院校积极承接企业员工开展岗前培训、岗位培训、继续教育等，提升企业员工的技能水平和岗位适应能力，培训效果好
	5.4 联合体积极服务制造强国、乡村振兴、共同富裕、"一带一路"倡议等国家和区域重大发展战略，取得明显成效
6. 特色创新	6.1 联合体在服务区域经济社会发展等方面理念先进、特色鲜明、成绩突出
	6.2 联合体在制度建设、运行机制等方面改革创新，并取得明显成效，具有推广价值
	6.3 联合体促进本地区本行业职业教育发展，提升职业教育的社会影响力
7. 其他	联合体在近3年内在招生、就业、安全等领域发生过重大违法违规事件、造成不良社会影响的，酌情扣分

第三节　产业学院产教融合组织机制建设

一、产业学院的组织机制

产业学院是由高等学校与企业合作共建的教育机构，其组织机制包括：（1）领导机构。产业学院通常设立院长或院长团队，负责学院的整体管理和领导工作。领导机构通常由高校和企业的代表共同组成，确保高校与企业在产业学院管理中的平衡。（2）学术委员会。产业学院设立学术委员会，负责学院的学术研究、课程设置、教学评估等方面的工作。学术委员会由高校教师和企业专家组成，保障院内教学科研的质量和水平。（3）教学管理机构。产业学院设立教学管理机构，负责教学计划制订、教学组织安排、师资培训等工作。教学管理机构由高校教师和企业技术人员共同组成，保障教学质量和教学目标的实现。（4）实践教学中心。产业学院通常设立实践教学中心，负责学生实习、实训和实践活动的组织和管理。实践教学中心通常与企业合作，为学生提供与实际产业需求紧密结合的实践机会。（5）行政支持机构。产业学院设立行政支持机构，负责学院的日常管理、财务管理、人事管理等工作。行政支持机构通常由高校管理人员和企业管理人员共同组成，确保学院运行的高效和顺畅。高校与企业共建的产业学院具有灵活性和创新性，具体组织机制可能会因学院的性质、规模和合作模式有所不同，建立科学合理的组织机制对产业学院的发展和运行至关重要，能够有效地促进高校与产业融合合作，培养符合产业需求的高素质人才。

二、产业学院组织机制的必要性

校企合作就是将职业院校与用人单位之间的资源进行交互，将企业的运营机制和岗位需求与职业院校的人才培养体系及人才培养目标相结合，通过协调、互动和分享等长期合作模式，达到高校人才培养与用人单位的人才需求无缝对接的目的。作为高等学校与企业合作共建的教育机构，产业学院组织机制的建立是非常必要的，其必要性如下：

（一）促进产教融合

产业学院组织机制的建立能够有效促进高校与企业之间的产教融合。通过建立相应的领导机构、学术委员会和教学管理机构，可以确保高校教师和企业专家共同参与学院的教学与管理，促进教学内容与产业需求紧密结合。其功能主要包括：(1)领导机构的合作共建。产业学院的领导机构由高校与企业的代表共同组成，能够促使高校与企业之间建立紧密的合作关系，实现领导层面的产教融合。(2)学术委员会的参与管理。产业学院的学术委员会由高校教师和企业专家组成，共同参与学院的学术研究、课程设置等工作，能够保障教学内容与产业需求的结合，促进产教融合。(3)教学管理机构的协同合作。教学管理机构由高校教师和企业技术人员共同参与，能够共同制定教学计划、教学安排，保障教学目标的实现，推动产教融合。(4)实践教学中心与企业合作。实践教学中心通常与企业合作，为学生提供与实际产业需求紧密结合的实践机会，能够促进学生的实践能力培养，加强产学融合。(5)行政支持机构的合作管理。行政支持机构由高校管理人员和企业管理人员共同管理，能够保障学院日常管理、财务管理和人事管理的顺畅进行，促进高效的产教融合。通过以上机制的建立和运行，产业学院能够有效促进高校与企业之间的产教融合，实现教学内容与产业需求的紧密结合，培养符合产业发展需要的高素质人才，为产业发展和高等教育的深度融合提供有力支撑。

（二）教学质量保障

产业学院组织机制的建立有利于提高教学质量和水平。通过建立专门的教学管理机构和实践教学中心，可以保障教学计划的制订、教学组织的安排和学生实践能力的培养，确保教学目标的实现。产业学院建立专门的教学管理机构，负责制订教学计划、安排教学任务、监督教学质量等工作。这样可以保障教学过程的规范性和有序性，提高教学质量。实践教学中心是产业学院的重要组成部分，通过与企业合作开展实践教学活动，为学生提供实践机会，加强学生实践能力的培养，从而提高教学质量。学术委员会由高校教师和企业专家组成，共同参与学院的学术研究、课程设置等工作，能够确保教学内容与产业需求的结合，促进教学质量的提升。产业学院可以加强对教师队伍的培训和管理，提升教师的教学水平和专业能力，从而提高教学质量。建立科学合理的教学评估机制，对教学质量进行监督和评估，及时发现问题并采取有效措施进行改进，确保教学质量持续提升。通过以上组织机制的建立和运行，产业学院能够有效保障教学质量，提高教学水平，确保教学目标的实现，为学生提供优质的教育服务，为产业发展和人才培养提供有力支撑。

（三）确保高效运行

建立科学合理的行政支持机构能够保障产业学院的日常管理、财务管理和人事管理的顺畅进行,确保学院的高效运行。同时,行政支持机构的设立也有利于规范产业学院的管理流程,提高产业学院的管理效率。确保高效运行的方式主要有:(1)领导机构的高效运行。产业学院设立领导机构,由学校领导、企业代表等共同组成,负责制定产业学院发展战略、决策重要事项,确保产业学院各项工作的顺利开展。(2)学术委员会的参与。学术委员会由高校教师和企业专家组成,共同参与产业学院的学术研究、课程设置等工作,能够保障教学内容与产业需求的结合,促进高效运行。(3)教学管理机构的协同合作。教学管理机构由高校教师和企业技术人员共同参与,共同制订教学计划、做好教学安排,保障教学目标的实现,推动高效运行。(4)实践教学中心与企业合作。实践教学中心通常与企业合作,为学生提供与实际产业需求紧密结合的实践机会,能够促进学生实践能力的培养,加强学院的实践教学工作,提高运行效率。(5)行政支持机构的合作管理。行政支持机构由高校管理人员和企业管理人员共同管理,协同合作,保障学院的日常管理、财务管理和人事管理的顺畅进行,促进学院的高效运行。通过以上组织机制的建立和有效运行,产业学院可以确保高效运行,顺利实现各项工作目标,提高学院的整体绩效和竞争力。

(四)促进人才培养与产业发展

产业学院组织机制的建立有助于促进人才培养与产业发展的紧密结合。通过高校教师与企业专家共同参与的学术委员会和实践教学中心,能够培养符合产业需求的高素质人才,为产业发展提供有力支持。产业学院作为高等教育机构,具有促进人才培养与产业发展的重要使命。通过建立合理的组织机制,产业学院可以实现人才培养与产业发展的有机结合,具体包括:(1)产学研合作机制。建立产学研合作机制,促进学院与产业界的紧密合作,通过开展联合研究项目、实践教学活动等,让学生更好地了解产业发展需求,提高学生实践能力,从而为产业发展输送高素质人才。(2)课程设置与更新机制。建立灵活的课程设置与更新机制,及时调整教学内容、课程设置,使其与产业发展需求保持一致。可以邀请产业界专家参与课程设计、教学实践,确保学生接受到最新、最实用的知识和技能培训。(3)实践教学基地建设。建立实践教学基地,与企业达成合作关系,为学生提供实践机会,让学生在实际工作中学习和成长。通过实践教学,学生能够更好地了解产业发展的需求和挑战,提高就业竞争力。(4)专业教师团队建设。建立高水平的专业教师团队,教师具有产业经验和实践经验,能够将最新的产业动态和技术应用传授给学生,培养学生的实际操作能力和创新能力。(5)制度建设与评估机制。建立健全的制度和评估机制,对学院的人才培养工作进行全面评估和监督,及时发现问题并进行改进,确保人才培养与产业发展的有效对接。通过以上组织机制的建立与实施,产业学院可以有效促进人才培养与产业发展之间的互动与融合,为推动产业发展提供人才支持,为学生提供更好的就业机会,实现人才培养与产业发展的良性循环。

产业学院组织机制的建立对于促进高校与企业合作融合、提高教学质量、确保学院高效运行、促进人才培养与产业发展具有重要意义。建立科学合理的组织机制是产业学院发展的基础,能够有效推动产业学院的建设和发展,为高等教育与产业发展提供有力支撑。

二、产业学院保障机制现状

经调研,目前大多数职业院校产业学院校企合作的形式仅仅停留在企业接收在校实习生的形式上,职业院校的学生到岗参加实践存在较多的"痛点"。例如,学生无法给企业创造收益,企业却花费较大的人力、物力并承担较高的风险对实习生进行培训。因为没有相关的国家政策给予支持,所以企业愿意给实习生支付的劳动报酬一直处于较低水平,较低的劳动报酬不能满足学生的消费需求,因此他们从刚开始实习就会面临诸多挑战。如果学生在校培训技能与企业岗位需求不能无缝对接,就会出现职业院校每年培养了大量一线技术型人才,而在人才市场中技术型人才仍面临严重紧缺等现象。校企合作如何深入开展,如何真正实现"校企共赢"是诸多院校在建设产业学院的过程中一直在探索的话题。笔者认为,只有具备完善的校企合作运作保障机制,才能打破传统的合作模式,校企合作才能长久、深入、共赢。以下是职业院校保障机制常见的问题。

(一)校企合作缺乏法律保障

在产业学院建设中,校企合作是非常重要的一环,可以促进学生的实践能力培养,提升学院的教学质量和产业服务水平。然而,校企合作缺乏法律保障可能会导致双方在合作过程中出现纠纷或产生风险。为确保校企合作顺利开展,需要建立一套完善的法律保障机制。《中华人民共和国职业教育法》(以下简称《职业教育法》)虽然概括性地说明了校企双方的义务,但缺乏实践性和可参考性。所以,在大力发展职业教育的同时,国家应完善相关的职业教育法律法规,明确企业、行业、学校等相关各方的权利与义务,这样校企合作才能做到有法可依,职业教育的发展才会更加规范[1],其发展质量才会得到提升。建议在校企合作过程

---

[1] 卓幼义.基于校企合作运作保障机制的实践与探究[J].汽车维护与修理,2022(2):54-56.

中,双方应签订正式的合作协议,明确合作的目的、内容、责任分工、权利义务、风险分担等内容。合作协议可以规范双方的行为,保障各自的合法权益,防范合作中可能出现的纠纷。校企合作中涉及技术研究与开发时,需要确保双方的知识产权得到充分保护。可以通过签订保密协议、技术转让协议等方式,明确知识产权归属,防范知识产权纠纷。校企合作中应建立风险防范机制,对合作中可能出现的风险进行评估,制定风险应对方案。双方可以在合作协议中约定解决合作纠纷的方式,如调解、仲裁等,以便及时解决合作中的问题。在校企合作中,双方可以寻求法律咨询机构的帮助,了解相关法律法规,规避合作中可能存在的风险。同时,可以通过监督机制,及时发现并解决合作中的问题。校企合作需要遵守相关法律法规,双方合作的内容和方式必须合法合规。建议产业学院建立内部合规机制,确保校企合作的合法性和规范性。通过建立完善的法律保障机制,可以有效降低校企合作中的风险,保障双方权益,推动产业学院与企业间的合作达到更加稳定、互惠互利的目的。

(二) 校企合作缺乏运作机制保障

在产业学院建设中,校企合作缺乏运作机制保障可能会导致合作效果不佳,甚至出现合作中的问题和纠纷。例如在校企合作过程中,企业从人才需求和培养的角度出发,愿意接受"工学交替"的部分实习生,但是在培养过程中在一定程度上会影响企业的生产效率,增加企业的生产成本。同时企业对人才的培养还需要承担一定的风险,如果企业培养的技术人员刚能为企业创造效益就选择另谋高就,企业就要面临人才流失,高风险、高成本的投入得到的回报甚微。为了确保校企合作顺利运作,建议建立以下运作机制保障:(1)指导机制。建立校企合作指导机制,明确合作的目标和方向,确定合作项目的内容和重点,设立专门的校企合作指导委员会或者工作组,负责统筹协调校企合作的各项工作。(2)沟通机制。建立校企合作沟通机制,确保双方之间及时、有效地沟通和协调,定期召开校企合作会议,双方分享信息、交流经验,解决合作中的问题和困难。(3)运营机制。建立校企合作运营机制,明确双方的责任和权利,规范合作的流程和程序。可以制订详细的合作方案和工作计划,明确各自的任务和目标,确保合作项目按时、按质完成。(4)监督机制。建立校企合作监督机制,对合作项目的进展和效果进行监督和评估。可以设立独立的监督机构或者委员会,定期对校企合作进行评估和反馈,及时发现和解决问题。(5)奖惩机制。建立校企合作奖惩机制,激励双方合作的积极性和创造性。可以设立奖励制度,鼓励双方在合作中取得成果和作出贡献。(6)奖惩机制。建立校企合作奖惩机制,对违反合作协议和规定的行为进行处理。通过建立运作机制保障,可以有效促进校企合作的顺利进行,确保合作项目的顺利实施和达到预期的效果。同时,也可以提升双方合作的效率和成效,推动产业学院与企业之间的合作关系更加紧密和稳定。

(三)培养质量需督导,企业需政策支撑

产业学院的人才培养质量对于学院和企业来说都是非常重要的。职业院校培养的技术型人才是否可以满足企业的用人需求,目前仍需要行业与政府的督导。一方面,培养的学员依旧采用传统的单一性的考核评价体系,企业参与课程标准的制定无关联,教学质量与用人需求无法融合,校企合作没有资金支撑与运维;另一方面,企业在投入大量人力、物力、财力的同时,政府却没有提供相对应的优惠政策及奖励制度给予支撑,因而校企合作仅仅停留在企业简单接收几个实习生的浅层层面上。为了确保人才培养质量,建议建立督导机制和政策支撑机制,如建立人才培养质量督导机制,通过对教学质量、实践教学、毕业生就业等方面进行全面监督和评估,及时发现和解决存在的问题;可设立专门的督导组织或者督导委员会,定期对人才培养质量进行评估和反馈,促进学院改进教学方法和课程设置,提升人才培养质量;企业在人才招聘和培养方面需要政策支撑,政府可以通过出台相关政策和措施,鼓励企业与产业学院合作,共同推动人才培养质量提升,政府可以设立专门的政策支持机构或者基金,为企业提供人才招聘、培训和技术合作等方面的支持和帮助。通过建立督导机制和政策支撑机制,可以促进产业学院的人才培养质量持续提升,保障学生的就业能力和竞争力,同时也促进企业的发展和创新能力的提升。产业学院和企业可以进行合作,携手推动人才培养质量的提升,为社会和经济发展提供更多高素质人才。

三、产业学院保障机制建设

(一)管理机制

管理机制包括产业学院的组织机制、决策机制、财务机制、人事机制、教学机制、校企合作机制等。

第一,组织机制。组织机制包括组织结构、职责分工和管理流程等。设立学校领导班子,设置院长办公室、教学科研部、学生工作部等职能部门,明确各部门的职责和权限,建立科学的决策机制和工作流程,确保各部门之间的协调配合,确保其高效有序地运作。

第二,决策机制。建立健全决策机制,包括院务会议、教学委员会、学术委员

会等机构,确保决策科学合理,重要事项由院务会议讨论决定,教学、科研、管理等方面的事务由各专门委员会负责协调。

第三,财务机制。建立严格的财务管理制度,确保经费使用的合理性和透明度,设立财务部门,建立预算管理、审计监督等制度,对经费使用进行监管和评估。

第四,人事机制。加强教师队伍建设,提升师资水平和教学质量,建立教师评价和培训机制,激励教师积极参与教学科研活动,提升教学效果。

第五,教学机制。建立完善的教学管理制度,包括课程设置、教学评估、学生考核等,定期对教学质量进行评估和改进,建立课程质量监控机制,确保教学质量达到要求。

第六,校企合作机制。建立校企合作机制,促进产学研结合。建立校企合作平台,促进双方资源共享和合作项目的开展,推动产业学院与企业间的深度合作。

通过建立科学合理的管理机制,可以确保产业学院的有效运作,提升教学质量和管理水平,推动学院的发展和壮大。同时,也可以促进校企合作的深入发展,为学生提供更多实践机会和就业机会。

(二) 理事会制

理事会制是一种常见的组织管理机制,适用于各类组织机构,包括学校、企业、非营利组织等。在产业学院中,建立理事会制可以有效提高管理效率、决策的科学性和机构的透明度。理事会制包括:

第一,理事会组成。产业学院的理事会可以由院长、副院长、各部门主管、外部专家、行业企业界代表等组成,理事会成员应具备相关领域的专业知识和管理经验,能够为学院的发展和管理提供有益建议。

第二,理事会职责。理事会是学院的最高决策机构,负责制定学院的发展战略、审议重要事项、监督管理层的工作等,理事会应定期召开会议,讨论学院的发展方向、重大决策和管理政策。

第三,理事会权力。理事会有权对产业学院的章程、规章制度、财务预算等进行审议和决定,有权任免产业学院的领导班子成员,对产业学院的重大决策进行审查和监督。

第四,理事会运作。理事会应建立健全工作机制,包括议事规则、会议程序、信息披露制度等,定期召开会议,及时了解产业学院的经营情况和管理工作,提供专业性的建议和支持。

第五,理事会监督。理事会对产业学院的经营管理和决策进行监督,确保学院的运作合法合规、高效有序,还可以通过委员会、监事会等方式加强对学院的监督和管理。

建立理事会制,产业学院可以实现决策科学、管理透明,提高管理效率和专业水平,推动产业学院的发展和壮大。同时,理事会也可以为学院的发展提供更多专业性和战略性的支持和建议。

(三)资源保障机制

资源保障机制指的是产业学院内部或者与外部单位之间共享资源的机制。通过资源共享,可以最大程度地利用各种资源,提高资源的利用效率,促进协作和合作,实现校、行、企等各方资源的互补和共赢,保证产业学院有足够的教学、科研和实践资源,包括经费、设备、实验室等,确保资源的充分利用和合理配置。

其一,师资共享。不同产业学院或部门之间可以共享教师资源。可通过跨学科合作教学、共同组织研讨会和研究项目等方式,实现师资的最大化利用。

其二,教学资源共享。产业学院内部不同实训室、设备等教学资源可以进行共享,避免资源浪费,提高设施的利用率。同时,产业学院也可以与其他单位或企业进行合作,共享设施设备,提升教学和科研水平。

其三,课程资源共享。产业学院可以与其他学校或机构合作,共同开发和分享课程资源,如跨校合作教学、在线课程资源共享等方式,扩大教育资源覆盖范围,提高课程质量。

其四,经费资源共享。产业学院可以与企业、政府等合作伙伴共同筹措经费,共同投入教育和科研项目中,实现资源整合,提高项目的实施效果。

其五,数据资源共享。产业学院可以建立数据共享平台,将教育、科研、管理等方面的数据资源进行共享,促进信息交流和资源整合,提高工作效率和决策水平。

产业学院资源共享机制有助于提高资源利用效率,降低成本,促进协作和创新。建立健全的资源共享机制,可以实现资源优势互补,推动产业学院的可持续发展。

(四)师资队伍建设机制

师资队伍建设机制是产业学院为了提高教学质量和科研水平,持续发展教师队伍的一系列制度和措施,包括招聘、引进、培训和评价等。产业学院非常重视教师的专业素养和教学能力,鼓励教师参与产学研合作,提升教师的实践能力和行业认知,注重培养和引进既具有产业经验又具有教学科研能力的双师型教师,整合产业和学术资源,提高教学质量,促进产学研深度合作,推动产业学院的发展。

产业学院师资队伍建设举措主要有：

其一，引进产业专家。产业学院可以通过引进产业专家作为兼职教师或特聘教授，使其分享实践经验和行业最新动态，提升学生的实践能力和就业竞争力。

其二，培养双师型教师。产业学院可以通过提供专业发展和培训机会，培养教师既具备学术研究能力又具备产业经验。双师型教师可以更好地连接学术和产业，促进产学研合作。

其三，师资互补机制。建立师资互补机制，鼓励双师型教师之间开展合作和交流，促进教学与研究的融合，实现教学与实践的有机结合。

其四，师资评价机制。建立绩效评价机制，对双师型教师进行绩效评估，包括教学质量、科研成果、产业服务等方面，鼓励他们在多个领域取得突出表现。

其五，奖励机制。对双师型教师在教学、科研和产业服务等方面的贡献给予奖励和荣誉，激励他们的积极性和创新性。

通过双师队伍建设机制，产业学院可以整合学术和产业资源，培养具有综合素质的教师队伍，推动学院的产学研合作，提高教学质量和科研水平，增强学院的创新能力和竞争力，促进学院的可持续发展。

（五）教学质量保障机制

为了确保教学质量，提高教学效果，产业学院要建立教学质量保障机制，它包括教学评估和质量监控。教学评估包括专业、课程、教师、学生等的评价，产业学院定期对其教学质量进行评估和反馈，及时调整教学计划和教学方法，确保教学质量达到要求。主要包括：教学评估，定期对教师的教学质量进行评估，包括学生评教、同行评教、教学督导等方式，及时发现问题并采取有效措施进行改进；产业学院重视课程建设，制定科学合理的课程设置方案和教学计划，确保课程内容符合产业需求和学生发展需求，提高课程的实用性和针对性；产业学院注重师资队伍建设，培养教师的教学、科研和实践能力，鼓励教师参与教学培训和教育教学研究，提升教学水平和创新能力；产业学院重视学生反馈，定期开展学生满意度调查和毕业生就业情况跟踪，了解学生需求和教学效果，为提高教学质量提供参考和依据；产业学院提供良好的教学资源支持，包括教学设施、实验室、图书馆等，保障教学条件和环境，为教学活动提供良好的基础；产业学院建立科学的教学管理制度，包括教学质量监控、教学评估、课程建设、师资培训等，以确保教学工作有序、高效地进行。建立完善的教学质量保障机制，产业学院可以提高教学水平，培养高素质产业人才，促进产业发展和社会进步，有助于学院提升品牌形象，提高社会认可度和竞争力。

（六）校企合作保障机制

产业学院的校企合作机制是指学院与企业之间建立的合作关系和合作机制，旨在促进产学研深度合作，推动产业发展和学院发展。产业学院与企业深度合作，建立校企合作机制，促进产学研结合，推进校企合作平台建设，促进双方资源共享和合作项目的开展，提升学生的实践能力和就业竞争力。产业学院校企合作机制建设如下：第一，产业学院与企业可以签署合作协议，明确双方合作的范围、目标、责任和权利，建立基于互利共赢的合作关系；第二，产业学院与企业可以开展项目合作，共同开展科研项目、产学研项目、技术开发项目等，实现资源共享、优势互补，推动科技创新和产业发展；第三，产业学院与企业合作开展实习实训项目，将学生送入企业进行实习实践，提升学生实践能力和就业竞争力，同时为企业输送高素质人才；第四，产业学院可以邀请经验丰富的企业专家作为兼职教师或特聘教授，为学生提供产业实践指导和教学支持，促进学术和产业的深度融合；第五，产业学院与企业共建产学研基地，搭建产学研合作平台，开展产学研合作项目，促进产学研资源共享和技术转化；第六，产业学院与企业合作开展人才培养项目，根据企业需求开设相关专业课程，培养适应市场需求的高素质人才。建立健全校企合作机制，可以使产业学院充分利用企业资源和学校优势，促进产学研深度合作，推动产业发展和学院发展，实现产教融合，为学生提供更好的实践机会和就业前景。

第四节 产业学院产教融合运行机制建设

产教融合是现代产业学院的关键特征，教育与产业的紧密结合，旨在通过优化资源配置、学校教育与行业产业的合作来满足产业发展对人才的需求。这种模式不仅包括专业与产业对接、学校与企业对接、课程内容与职业标准对接、教学过程与生产过程对接等具体措施，还强调校企协同育人机制的建立。现代产业学院作为国家推行的一项重要计划，具有协同多主体办学、分流人才培养与供给、回归教育人本价值等功能性特征。产教融合不仅是理论上的概念，而且是实际操作中的具体实践，通过校企"共建、共育、共享、共赢"的模式深化产教融合，实现了教学实践与岗位工作的零对接，提升了社会服务能力。产教融合运行机制的实施，使得产教融合成为国家产业结构转型升级、教育改革和人才开发整体制度设计的一部分。

一、产教融合运行机制

(一) 校企利益平衡机制

利益平衡是职业教育产教融合、校企合作的动力源泉,也是高职混合所有制产业学院建设和发展的必要条件。一方面,要建立合理的利益分配机制。所谓合理的利益分配机制,是基于合作双方义务履行与权益获取之间的对等关系,来确定双方利益分配的规则和比例,并将此分配规则和比例制度化。在高职混合所有制产业学院运行的过程中,高职院校和行业企业之间的利益既有共同点,也有矛盾点。校企利益平衡机制的构建重点是把握好"放大共同点,减少矛盾点"的原则。在具体措施上,高职院校和行业企业一是要坚决实施规范化管理。在混合所有制产业学院创建之前,校企双方就应充分考虑合作办学中可能产生的收益和风险,依据双方需承担的责任和履行的义务,来确立利益分配和风险分担的方案,形成联合办学的合同条款,作为后续进行利益分配的依据。二是要根据混合所有制产业学院的实际运行情况以及所取得的成效,进行阶段性的利益分配动态化调整,以弥补合同条款约定的不足,最大限度地满足校企双方的共同利益[1]。

另一方面,要建立有效的企业利益补偿机制。职业教育是高成本教育。高职院校与行业企业联合举办混合所有制产业学院,企业投入的资金资源成本较高,而在产业学院运行初期,企业能获得的经济价值则相对有限,因此,需要政府和社会共同构建校企合作中的企业利益补偿机制。《试点建设培育国家产教融合型企业工作方案》明确提出"对于参与举办职业教育的企业以及产教融合型企业,要给予'金融+财政+土地+信用'的组合式激励",各级地方政府应贯彻落实国家的相关政策要求,强化监督和管理,保障对企业的相关优惠政策能有效落地。同时,高职院校和社会应当给予参与举办职业教育的企业更多的理解和支持,如高职院校要着力强化自身的科研实力和专业服务能力,为企业创造更大和更直接的价值;社会各界应加快形成支持行业企业参与举办职业教育的共识和文化氛围。

(二) 资源的共建共享机制

资源的共建共享是实现高职混合所有制产业学院办学目标的重要途径。高职院校与行业企业要联合构建资源的共建共享机制,主要涉及以下三个方面。首

---

[1] 张羽,王伟.高职混合所有制产业学院建设的关键点、运行机制与实施路径[J].教育与职业,2022(9):44-51.

先,构建校企教学资源的共建共享机制。高职院校要积极进行开放式教学资源建设和管理方式改革,创建教学资源校企联合建设与管理工作机制,由在校专家与企业高级技术人员共同成立教学资源建设委员会,共同规划产业学院的专业布局、课程设置、教材编写、培训资料等教学资源的建设工作。另外,校企双方还可以依托信息化建设,搭建专业教学网络资源库和线上学习平台,联合开发模块化课程讲义、试题库、课件、教学培训视频等数字化教学资源,依靠信息技术实现教学资源的跨时空共建共享。其次,构建校企实训基地的共建共享机制。在校企共同投资的基础上,要实现产业学院实训基地共建共享的目标,最佳的途径就是建立生产性实训基地。在生产性实训基地建设前期,学校和企业就应综合考虑,注重实训基地生产环境的真实性、实践教学项目的真实性和产品生产的真实性,集实训功能和生产功能于一体,使实训基地的应用和运行能够产生真实的经济价值。在生产性实训基地的运作上,要遵循市场机制,满足市场化运营模式的要求,促进形成稳定的生产计划和合理的用工需求,建立规范的人员管理制度和质量保障机制,促使实训基地的生产运营适应市场化竞争。最后,构建科研资源的共建共享机制。校企双方基于混合所有制产业学院构建科研资源的共建共享机制,核心在于共建科研队伍和科研项目联合开发工作机制。一方面,高职院校应选择学科带头人、专家学者与企业技术专家共同组建科研工作联合领导小组,明确产业学院重大科研攻关的课题和方向,并协调组织科研工作队伍;另一方面,科研工作联合领导小组应建立校企科研项目联合开发工作机制,由企业提出科研需求并提供部分科研资源、技术资源,由高职院校进行理论研究、技术论证,交由实验室或实训基地进行实操检验,形成科研项目从立项、开发到实施、验证的完整闭环操作模式。

(三) 校企"双元"育人机制

长期以来,我国职业教育领域的现代学徒制推进较为缓慢,其中的重要原因就是在现代学徒制模式下职业院校学生的身份界定存在逻辑上的矛盾。由于无法将在校期间的学生界定为企业职工,使得学生在进入企业实训时的合法权益难以得到有效维护。混合所有制产业学院的出现,在一定意义上消解了学生在现代学徒制模式下身份界定上的逻辑矛盾,即在混合所有制产业学院的办学模式下,企业成为产业学院的直接创办主体,产业学院自建立之初就具备了人才定向培养的特征,产业学院的学生在很大程度上就是作为企业准员工的身份接受教育,消解了学生在身份界定上的逻辑矛盾,为深入实施现代学徒制扫清了障碍。在此前提下,高职混合所有制产业学院要严格依据《教育部办公厅关于全面推进现代学徒制工作的通知》中的要求,贯彻落实文件中的重点工作,形成以现代学徒制为核心的校企"双元"育人机制。同时,"科学管理是实现校企'双元'育人目标的重要保证"。高职院校与行业企业基于混合所有制产业学院,构建校企"双元"育人管理体系,高度重视运用科学的管理手段,结合产业学院人才培养的特点和需求,制订并逐步完善管理计划,依法依规实施科学化管理。高职院校和企业要联合制订科学的人才培养方案,从企业的生产过程出发,明确人才培养的定位和规格,严格依照专业对应的岗位技能要求改革教学内容、教学模式、教学方法、教学评价等,依据企业在生产过程中带来的新技术、新理念和发展趋势等,及时调整育人策略[1]。教育行政部门、高职院校要加强学生入企实训时的监督,定期检查、随机抽查学生入企实训的工作、学习和生活状况,注重收集和听取学生入企实训的信息反馈,加强学生的实践学习过程管理,同时维护学生入企实训时的合法权益。

(四)简政放权的运行管理机制

通过明确产业学院各相关利益方的权责范围,实施以下放人、财、事权为重点的管理制度改革。产业学院运行机制改革具有自上而下的特点,主要是由学校决策设计、规划和推行的系列管理制度变革。该机制改革的核心是简政放权,在加强学校管理的同时,下放一定的权力,扩大产业学院的办学自主权。主办学校在国家公办院校政策许可的范围内,对产业学院实施简政放权,下放公办学校政策允许的科学、规范、合规合理的权力,建立权责明确、规范有序、运转高效的产业学院运行机制,进一步提高产业学院运行管理的针对性和实效性,使其治理能力水平得到稳步提升。对产业学院实施简政放权就是分清主办学校与产业学院在机构设置、党务管理、人事和财务管理、教学管理、科研管理、学生管理等工作中校院两级的职权与责任,理顺与学校相关职能机构的工作协调机制,减少和避免因管理不完善出现的"错位""缺位""越位"现象,促进产业学院各项工作顺利实施。

学校面向产业学院简政放权,可下放的权力类型涵盖以下六个方面。

第一,组织结构设置和人员聘用考核方面的权力。它包括产业学院发展规划,内部管理组织结构设立,专业建设规划、目标和任务,教学科研岗位和管理岗位的设置,专业带头人、教学团队、创新团队建设,兼职教师的聘任与考核,教职工考核等。

第二,教学科研方面的权力。它包括教育教学和科学研究两类。教育教学包

---

[1] 张羽,王伟.高职混合所有制产业学院建设的关键点、运行机制与实施路径[J].教育与职业,2022(9):44-51.

括人才培养方案和教学计划的制订、教学计划的执行和管理、教学场所建设和管理、课程建设、教材建设、实训室建设、实训计划与执行、毕业综合实训和顶岗实习的计划与执行、任课教师安排和调整、教学工作考核和工作量计算、学生竞赛的组织和安排等。科学研究包括科研平台建设、科研合作、成果转化、社会服务的组织管理、科研项目的组织和申报、科研团队建设等。

第三,招生就业创业方面的权力。它包括招生就业创业的指导类权力和服务类权力等。

第四,学生管理方面的权力。它包括学生的日常思想政治教育、日常管理、企业奖学金的评定、学生荣誉称号的评选推荐等。

第五,继续教育工作方面的权力。它包括与校外机构合作办学、学历继续教育、社会培训、职业技能考证的组织与实施等。

第六,综合管理方面的权力。它包括经费预算与使用计划、经费分配方案制订、经费统筹安排与包干使用、专项经费申报、科研经费管理、资产配置和购置、资产管理与使用等。

二、产教融合运行机制的实施策略

(一) 坚持将依法治理作为深化改革的基本遵循

产业学院运行机制改革需坚持依法治理的原则。产业学院的参建单位多元化,以章程为契约,各方依协议履行出资义务。由于参与合作的政府部门、行业协会、企业数量增长迅速,合作内容十分广泛;而合作各方之间签署的协议往往并不完美,合作方之间的关系不断发展和变化,因此必须坚持依法治理的原则,建立健全各类管理制度,明确责权关系,增加运行的透明度,消除各项纠纷,减少合作中存在的机会主义行为。

(二) 建立健全管理制度,形成系统完备的制度体系

产业学院需在学校原有规章制度的基础上进行运行机制改革,创新校企协同育人机制,建立健全产业学院的纪检监察、人事、财务、采购、基建、资产、科研管理和审计等方面的规章制度。产业学院要服务区域产业,离不开完善的运行管理制度。产业学院是多方合作的利益群体,若仅按照高校原有运行机制,校企合作范围将受到极大制约。为了增进各方进一步合作的意愿,亟须深化政校行企协同合作,探索一种更深层次、递进式发展的校企合作有效管理模式。产业学院运行管理制度的制定要求更加细致,要有一定的前瞻性,要贴近管理实际。为进一步健

全易于理解与操作的产业学院的各项规章制度,可从以下10个重点领域和关键环节开展。

1. 改革产业学院运行的人才引进与管理办法

学校应给产业学院更多的人才引进自主权,完善其人才引进机制;产业学院要根据发展目标合理制订用人计划,以目标定岗位。

2. 改革产业学院运行的岗位设置与人员聘用实施方案

推进产业学院师资队伍分类管理,激发现有教师的工作积极性,依据教师个性化发展倾向,设置教学型、教学研究型、社会服务型三类不同的职务系列,明确各类教师的考核要求和评价标准,发挥每一位教师的专长和优势。将教职员工的聘任、考核、分配等权力交给产业学院,提升产业学院的自我调控能力。

3. 改革产业学院运行的绩效奖励分配办法

建立健全产业学院教职员工绩效考核与分配制度,制定并实施以业绩贡献为基础、以目标管理和绩效考核为重点的绩效工资制度,加大绩效奖励力度,将教职员工的工资收入与岗位职责、工作业绩、实际贡献等直接挂钩,将课程建设、实训室建设、工作室建设、教学研究、科学技术研发与社会服务等纳入教师工作量,建立可持续的薪酬福利增长机制。

4. 改革产业学院运行的财务收支审计办法

深化财务管理制度改革,制定针对产业学院的财务收支审计办法,明确学校划拨经费、产业学院联合办学出资方经费、经营业务收入等管理制度,规范产业学院开支审批权限及流程,有利于学校定期对其进行财务效益评估。

5. 改革产业学院运行的继续教育项目经费管理办法

加强用于产业学院开办的各种层次(高中起点专科、高中起点本科、专科起点本科、研究生)、各种形式(函授、业余、自学考试、现代远程教育等)的成人学历教育项目和职业技能培训、鉴定考试等非学历教育项目的经费管理,规范产业学院继续教育项目,做好各项经费的管理工作。

6. 改革产业学院运行的固定资产管理办法

深化产业学院的资产管理改革,制定针对产业学院的固定资产管理制度和办法,有效发挥产业学院理事会在办学指导、过程监控、绩效考核、质量跟踪等方面的职能,加强固定资产管理,促进固定资产规范化管理,提高固定资产使用效益。

7. 改革产业学院运行的教师教学质量考核管理办法

根据产业学院的办学特色,制定产业学院教师教学质量考核管理办法,加强教学质量管理,准确评价教师的教学质量,提高广大教师的教学质量意识,不断提高教师的教学水平,规范教学文件,制定科学合理的教学标准、课程标准,以适应生产与教学高度衔接的教师教学质量考核管理机制。

8. 改革产业学院运行的实验实训室安全建设与管理办法

依据国家有关法律法规和业务规范,根据产业学院的教学模式,制定产业学院实训室建设与管理办法,加强实验实训室安全建设,规范实验实训室管理,防范安全事故发生,保护师生员工的人身安全和财产安全,保证产业学院实践教学和科研活动的正常开展。

9. 改革产业学院运行的教师工作室管理办法

根据产业学院运行的社会服务需要,制定产业学院运行的教师工作室管理办法,发挥教师工作室育人与服务功能,激发教师改革创新活力,推进教育教学改革,全面提升教育服务能力和水平。

10. 改革产业学院运行的继续教育管理办法

依据国家有关教育的法律和政策规定,根据产业学院的发展需要,制定产业学院运行的继续教育管理办法,充分发挥产业学院服务社会的作用,进一步规范继续教育管理,理顺内部分配关系,调动各方积极性,培养经济社会发展急需的人才。通过健全产业学院运行管理组织结构和相关系列制度,使产业学院组织结构不合理、管理效率不高、运行机制不顺畅等一系列问题得到解决,从机制体制上为产业学院发展提供强大动力。

三、产业学院产教融合评价机制

科学有效的评价体系是促进产业学院更好更快发展、提升人才培养质量和建设效益的重要保障。建立竞争机制和激励机制,有助于产业学院及时开展自我总结和持续改进。产业学院的评价应坚持过程性评价和终结性评价相结合,坚持以评促建、评建结合和重在建设相结合,坚持定性考核与定量考核相结合,坚持总结经验和查找问题相结合,坚持学院自评与学校评估相结合。考核评估侧重产业学院教育教学模式的创新性和实践性,重点对创新绩效、成果转化、人才培养、服务业绩以及开放共享程度等进行考核评估。产业学院的评价体系主要包括规划与定位、组织架构与办学条件、教学运行与管理、校企合作、建设绩效5个方面,共包括19个具体的二级指标。

(一)在规划与定位方面

产业学院应开展充分的需求分析,体现所对接或服务的产业发展需求,调研工作应细致、深入、全面；建设规划内容应详尽、科学，与二级教学单位自身办学优势与特色有较高的匹配度。产业学院应符合其所在学校的办学定位，合理地制定人才培养目标，其人才培养目标与社会需求应相互契合。

（二）在组织架构与办学条件方面

隶属于产业学院的教师队伍结构、数量要合理，能够适应教学、科研、社会服务等业务需求，专任教师具有工程实践背景的比例大于等于80%，来自企业（行业）的教师数量要合理，占教师总数的三分之一以上，且实质性地参与人才培养工作。产业学院应成立理事会等专门治理机构，有规范的治理运行机制，结构完善，职责清晰，分工明确；有高水平的教学指导委员会，来自企业（行业）的校外委员要在产业学院建设中发挥积极作用。此外，场地、资金、物资、人才与政策等校内投入要能满足办学需要，有明确的企业或合作方条件支持的方案，要能够不断改善和提升办学条件。

（三）在教学运行与管理方面

产业学院应制订一套科学、规范、可行的人才培养方案，方案要富有特色，论据充分。课程体系要能够根据产业发展需求动态做出调整。企业（行业）专家要在课程开发中发挥积极作用。课程设置要符合人才培养目标定位，且能够严格执行。有符合产业学院专业特点的教材建设及选用制度，特别是利用自身学科专业优势，与合作单位共同开发符合人才培养目标的特色化、高水平新教材。产业学院要重视自身制度建设，对教学的重要环节（毕业设计、考试考核、学业评价等）要有具体制度或实施办法。教学质量的组织机构和制度要健全。教学质量监控系统要有效运行。教学督导组在质量管理中要发挥积极作用，实现对教学过程的全程监督；教师教学质量评价、毕业生调查等质量工作组织要有力、成效好。

（四）在校企合作方面

产业学院应具有内容规范、严谨、全面的校企合作方案，方案要科学合理且能够达到互惠共赢。牵头的二级教学单位要以相关学科专业为依托，相关学科专业的办学水平要高且富有特色。校外合作对象应为国内外具有强大实力和良好社会责任感的龙头企业。同时，产业学院应具有高度开放共享的管理体制，问题导向明确，以产业需求为主导，合作双方在教学、科研、社会服务等方面优质资源共享程度要高。校外合作单位应每年实质性承担实践教学任务，在学生实习、学生就业、教师研修、企业师资聘用、产学研合作等领域均要有实质性合作成果。①

(五) 在建设绩效方面

产业学院应制定一系列激励科技成果转化的制度,要有具有代表性的成果转化及应用案例,服务产业成效要显著,有高质量的共享型协同育人实践平台,使毕业生拥有较高的薪资水平和满意度。

---

① 周步昆,许广举,冀宏,等.融合创新视角下应用型高校产业学院的特征、架构与评价[J].黑龙江高教研究,2021,39(5):35-40.

第六章　产业学院的专业评价体系构建

高职院校是以专业为基础构建起来的技术技能型人才培养机构，产业学院建设亦如此，产业学院功能的发挥都与专业建设有关。抓好专业建设，就可以把高素质技术技能型人才培养、课程建设、师资队伍建设、实训基地建设、教材建设、资源库建设、教科研和提升服务社会能力等工作带动起来，从而提高产业学院的综合实力和社会地位，全面提高人才培养质量。随着我国职业院校教学工作诊断与改进（以下简称"诊改"）制度的实施，在产业学院建设背景下，通过针对专业建设开展诊改工作，可以厘清产业学院的专业建设工作思路，明确专业建设目标，找准专业定位，提升服务水平，突出专业特色，为深入开展专业建设打下坚实的基础，实现高职院校内涵建设的可持续发展。

第一节　产业学院的专业评价概况

产业学院的专业评价是一个动态发展的过程，随着教育改革的深入和产业需求的变化，专业评价体系也在不断完善。具体来说，产业学院的专业评价可以分为以下几个阶段。

第一，初始阶段（探索期）。在这一阶段主要是探索产业学院这一新型教育模式，重点是确立基本的人才培养目标和框架、开展初步的课程体系建设、探索校企合作的模式。初期更侧重于基础建设的可行性和完善性，如课程体系的合理性、校企合作机制的建立等。

第二，成长阶段（深化期）。在这一阶段产业学院开始逐渐成熟，深化课程体系改革，增加更多实践性、前沿性的内容，加强师资队伍建设，引入更多具有实践经验的教师，扩大校企合作范围，形成稳定的产学研一体化模式。这一时期的专业评价更关注教学质量、师资力量及学生实际能力的提升等方面。

第三，成熟阶段（优化期）。在这一阶段产业学院进入相对稳定的发展阶段，进一步优化人才培养方案，确保与产业最新需求相匹配，强化校企合作深度，共同参与课程开发、项目实施等，提升毕业生的就业质量和满意度。这一时期的专业评价注重综合评价体系的构建和完善，包括教学质量、科研成果、学生就业等多个维度。

第四,创新阶段(转型升级期)。在这一阶段面对新技术革命和产业升级的新要求,产业学院需不断创新以便适应变化,开展跨学科交叉融合教育,培养复合型人才,推动产教深度融合,实现产学研用协同创新,建设开放共享的学习资源平台,促进终身学习。这一时期的专业评价更强调对新趋势的把握和前瞻性的规划,如技术创新能力、国际化视野等方面的评价。此外,随着时代的发展和技术的进步,产业学院的专业评价体系也会随之调整和升级,以更好地适应经济社会发展的新需求。

产教融合下的专业评价要更多地关注行业需求和市场需求,注重实践教学、实验教学、实训基地建设等方面的评估。第一,对接行业需求。针对所属行业的技能要求和发展趋势,对专业的课程设置、教学方法、实训基地等进行评估,确保专业的学科内容和教学质量与行业需求相匹配。第二,注重实践(验)教学评价。关注实践教学环节的教学质量和效果,评估实践教学环节的设计是否符合市场需求,是否能够有效提高学生的实际操作能力。评估实验室设备、仪器的配置情况,教师的实验技能、实验教学方法和实验教学效果等,以保障实验教学的质量和效果。第三,注重实训基地评价。评估实训基地的建设和管理情况,是否符合市场需求,是否足够满足学生的实践需求等,保证学生能够在实训基地中获得真实的职业环境和经验。第四,注重学生评价。从学生对专业教学和实践教学的评价和反馈中,及时发现问题并提出改进方案。第五,注重行业企业认可。通过行业企业认可、职业资格认证等方式,验证专业的教学质量和实践教学能力,为学生就业提供权威的保证。在产业学院建设背景下,专业评价需要更加注重实践教学和实践能力的提升,更加紧密地与行业联系,以确保专业的学科内容和教学质量符合市场需求,为学生顺利就业提供支持。

第二节 德美英日的专业评价概况

一、德国的专业评价

(一)发展概况

德国的专业评价是基于职业资格认证和职业发展计划的体系,其职业评价体系得到了国际上的高度认可,为全球职业评价发展提供了重要的借鉴和参考。德国政府和企业建立了职业资格认证制度,通过考试或其他方式检验职业技能和知识,从而获得合法的职业证书,这是德国评价专业能力的重要方式之一。德国的专业评价非常注重客观性、科学性和公正性,评价标准严格,评价过程透明,评价结果具有权威性和公信力。德国的专业评价发展经历了从起步到成熟的过程,取得了一系列成果和经验。

德国的专业评价发展历程可以追溯到19世纪末。随着工业化的发展,德国经济快速增长,职业评价也得到了更多的重视。19世纪末到20世纪前半叶,德国政府开始实行普及教育,并建立了职业培训机构,这促进了职业评价的发展。同时,德国学者开始研究职业评价的理论和实践,提出了一些基本原则和方法。如职业评价应该以工作为基础,根据工作的特点和要求,确定评价标准和方法;对不同的工作进行分析和描述,了解工作的性质和要求,为评价工作提供基础依据;确定工作的价值和评价标准,包括工作的难度、重要性、技能要求等;根据工作的价值和评价标准,对工作进行评价和比较,确定工作的价值和重要性。这些原则和方法应用于职业教育和指导领域,为学生和求职者提供更好的职业规划和就业服务等,也为其他国家在职业评价方面的发展提供了很好的借鉴。

二战后到20世纪末,随着德国经济的快速增长,职业评价得到了更多的重视。德国政府和企业开始建立起职业评价体系,并制定了相应的评价标准和方法,包括:(1)职业资格认证制度。通过认证可以获得有关职业的资格证书,证明自己具备相应的技能和知识,帮助求职者更好地适应市场需求。(2)工资等级制度。根据职业的不同、工作的要求和员工的技能等级,确定相应的工资等级和薪酬水平。(3)职业发展和培训计划。为员工提供职业晋升和培训机会,帮助他们不断提升自己的技能和知识水平,适应市场需求。(4)职业评价方法和工具。建立了一系列职业评价方法和工具,包括工作分析、工作评价、职业能力测试等,帮助企业和政府更好地了解员工的能力和潜力,为职业发展和培训提供基础。这些体系为德国的职业教育和就业服务提供了基础,也为其他国家在这一领域的发展提供了很好的借鉴,标志着德国的职业教育日趋完善,为职业评价提供了更多的人才和专业知识。

21世纪,随着信息技术和数字化的不断发展,德国的职业评价也开始数字化:一些职业评价机构和网站开发了在线职业评价工具,这些工具通常包括职业能力测试、职业兴趣测试、职业规划建议等;开始使用数据分析和人工智能技术,对职业能力和需求进行深入分析,提供更精准的职业建议和规划;建立了在线职业培训平台,为用户提供职业技能和知识的学习和培训,通常包括在线课程、职业指导、实践项目等。这些数字化的职业评价方法和工具方便人们进行职业评价和资格认证。

（二）特点与启示

德国的职业评价具有以下特点：第一，职业评价体系完善。德国的职业评价体系非常完善，包括职业技能等级、职业能力证书、职业资格证书等多种形式。这些评价体系与德国的职业教育体系相互衔接，为职业发展提供了有效的支持。第二，职业评价标准高。德国的职业评价标准非常高，要求考生在技能、知识和工作经验等方面达到一定水平，才能获得相应的职业资格证书。这使得德国的职业人才素质很高，也使得企业更加重视职业资格证书。第三，职业评价考试严格。德国的职业评价考试非常严格，要求考生在实践操作、理论知识等方面都要达到一定的水平。这种严格的考试标准可以保证获得职业资格证书的人员具有实际工作能力和专业技能。第四，职业评价与职业发展紧密相连。德国的职业评价与职业发展紧密相连，职业评价的结果会被用于职业发展的指导，帮助从业人员更好地规划自己的职业发展路径。总的来说，德国的专业评价体系为职业发展提供了非常有力的支持，使得德国的职业人才素质和职业技能非常高。

德国的专业评价对我国的启示：

第一，建立职业资格认定制度。德国的职业资格认定制度非常完善，能够有效地促进职业发展。我国应该建立类似的职业资格认定制度，为职业人才的发展提供更加有力的支持。

第二，提高职业评价标准。德国的职业评价标准非常高，能够确保获得相应职业资格证书的人员具有实际工作能力和专业技能。我国也应该提高职业评价标准，使得职业资格证书具有更高的含金量。

第三，建立职业教育与职业评价相结合的体系。德国的职业教育和职业评价体系相互衔接，能够有效地提升职业人才素质。我国也应该建立类似的职业教育与职业评价相结合的体系，为职业人才的培养和发展提供更好的保障。

第四，加强职业评价服务意识。德国的职业评价服务意识非常强，能够为职业人才提供更加精准和有效的职业评价服务。我国应该加强职业评价服务意识，提高职业评价服务的质量和水平，为职业人才的发展提供更好的保障。

二、美国的专业评价

（一）发展概况

美国的专业评价发展经历了从零散、分散到逐步完善和现代化的过程，可分为以下几个阶段：

第一,初期阶段。19世纪初期,美国出现了一些职业组织,如医生、律师、工程师等职业组织,这些职业组织开始制定职业准则和道德规范,建立职业资格认证制度,以保证职业人员的专业素质和行业地位。这些职业组织和认证制度成为美国专业评价的开端。

第二,发展阶段。20世纪初期,美国开始出现大量的职业组织和认证机构,覆盖了各个行业。同时,行业之间开始出现交叉认证,即不同行业之间相互认可。此外,美国政府也开始采取立法措施,加强对职业评价的监管。

第三,现代化阶段。20世纪60年代以后,随着经济的发展和人才需求的变化,美国的职业评价体系开始进一步完善。此时,出现了更加严格的职业资格认证机构,如美国注册会计师协会、美国律师协会等,这些协会和认证机构制定的职业标准和认证标准也更加严格和专业化。

第四,多元化阶段。21世纪以来,随着美国社会的多元化和职业领域的扩展,美国的职业评价也开始向多元化方向发展。例如,出现了针对特定人群的职业认证,如残障人士的职业认证、退伍军人的职业认证等。

美国的专业评价体系比较完善,可以有效地提高职业人员的素质和竞争力,为职业发展和企业发展提供有力支持,主要体现在:(1)职业资格认证。美国的职业资格认证非常严格,要求考生必须通过相关考试才能获得相应的职业资格认证,这种认证具有很高的含金量。美国的职业资格认证包括各种职业领域的认证,如会计、医学、建筑、金融等职业领域的认证。(2)专业认证。除了职业资格认证,美国还有一些专业认证,例如工程师认证、IT专业认证、项目管理专业认证等。这些认证可以帮助职业人员提高其职业水平和竞争力。(3)绩效评估。美国的绩效评估主要是通过对员工的工作表现进行评估,以确定其绩效优劣。这种评估可以帮助企业了解员工的工作表现,为员工的职业发展提供指导。(4)学术认证。美国的大学和学院都有学术认证机构进行认证,以确保它们提供的教育质量符合一定的标准。这种认证可以为学生选择合适的院校提供参考。

(二)特点与启示

美国的专业评价特点包括:第一,多元化的评价方式。随着美国社会的多元化和职业领域的扩展,美国的专业评价也开始向多元化方向发展。例如,出现了针对特定人群的职业认证、跨行业认证等。这种多元化可以更好地满足不同群体和行业的需求。第二,个性化的评价标准。美国高校注重个性化评价,考虑学生的背景和特点,确定适合其发展的评价标准。鼓励学生在课外活动中发掘自己的潜力和兴趣,并提供相应的资源和支持。第三,注重职业发展。美国高校重视学生的职业发展,鼓励学生进行职业规划,并提供相应的职业咨询和支持。例如,学校可以提供职业规划和辅导服务,帮助学生了解职业市场和行业趋势,制订个人职业发展计划。第四,严格性和专业化。美国的专业评价标准一般比较严格和专业化,要求职业人员具备一定的知识、技能和经验,并经过一定的考试或实践验证。这种严格性可以保证职业人员的专业素质和行业地位,也有助于提高整个行业的水平。同时,专业评价一般由专门的职业组织或认证机构来负责,这些机构通常由行业内的专业人士组成,具有较高的专业素质和行业经验。这种专业化的评价机制可以确保评价的公正性和客观性。第五,监管性。美国政府对专业评价采取一定的监管措施,例如制定相应的法律法规、设立专门的部门进行监管和管理等。这种监管性可以保证职业评价的合法性和规范性。

美国的专业评价对我国的启示:第一,注重职业发展和就业。美国高校注重学生的职业发展和就业情况。我国也应该关注学生的职业发展,为学生提供职业规划和辅导服务,帮助学生了解职业市场和行业趋势,制订个人职业发展计划,提高学生的职业素养和综合素质,同时也需要建立相关的评价机制,引导学生树立正确的职业道德观。第二,加强专业化评价机构建设。美国的专业评价机构由行业内的专业人士组成,这种机构能够更好地保障评价的公正性和客观性。我国也需要进一步加强评价机构建设,提高机构的专业性和权威性,以保证职业评价的质量和可信度。第三,推广多元化评价。美国的专业评价开始向多元化方向发展,不仅考虑学术和标准化,还注重综合素质和个性化评价。我国可以借鉴这种评价方式,从各个方面评估学生的能力和潜力,使评价更加全面和客观,借鉴美国的经验,推广多元化的评价机制,以适应不同群体和行业的需求。第四,加强政府监管。美国政府对专业评价采取了一定的监管措施,这可以保证职业评价的合法性和规范性。我国也需要加强监管,制定相关的法律法规,建立相应的监管机构和管理机制,以保证职业评价的合法性和质量。第五,推广自愿性评价制度。美国的专业评价一般是自愿性的,这种评价制度可以更好地保障职业人员的自由选择和职业发展。我国也可以加强职业评价的自愿性,让职业人员更有主动性和参与感。

三、英国的专业评价

(一) 发展概况

英国的专业评价发展可以追溯到 19 世纪。当时,英国政府颁布了一系列法律,规定了一些职业的资格认证标准和考试制度,如医生、教师、律师等职业。这些标准逐渐发展成为一个完整的职业认证体系。20世纪初,英国出现了职业发展计划的概念,这是一种个人职业管理的方法,旨在帮助人们实现职业规划和目标。职业发展计划逐渐成为英国职业教育和培训的核心内容。20世纪60年代,英国开始引入360度反馈评估,这是一种多方面的评价方法,包括本人、同事、上级、下属等对个人职业能力和表现的评估。这种方法既可以帮助个人了解自己的职业能力和表现,也可以提供改进和提升的方向。21世纪初,英国职业评价体系更加完善,包括职业资格认证、职业发展计划、360度反馈、职业导师等多个方面。同时,英国的职业评价体系也在国际上得到广泛认可和借鉴,成为世界上许多国家和地区的职业评价的参考标准。总体来说,英国的专业评价经历了一个持续发展的过程,逐渐从单纯的职业资格认证演变成了一个多方面的综合评价体系,旨在帮助职业人员规划自己的职业生涯、提升职业能力和素质。

英国的专业评价主要包括以下方面:第一,职业资格认证。英国有着完善的职业资格认证体系,涵盖了各个行业和领域。职业资格认证是通过专业考试或者实际工作经验等方式,证明个人在某个职业领域有一定的技能和能力。第二,职业发展计划。英国的专业评价还包括职业发展计划,可以帮助个人规划自己的职业生涯、提升职业技能和素质,以及实现职业目标。第三,360度反馈。英国的专业评价还包括360度反馈,通过多方面的评价和反馈,了解自己的职业能力和表现以及改进和提升的方向。第四,职业导师。英国的专业评价还包括职业导师,可以指导个人在职业发展中的选择、规划和实践,并提供相关的支持和建议。第五,行业标准。英国的专业评价还依据行业标准来评价职业能力和素质,这可以保证评价的公正性和客观性。

(二) 特点与启示

英国的专业评价体系特点:第一,多元化。英国的高等教育系统非常多元化,包括公立大学、私立大学、文凭学院、技术学院等多种类型的教育机构。为了满足不同类型机构的特点和需求,英国的专业评价体系具有多元化特点,包括职业资格认证、360度反馈、职业发展计划、职业导师等评价方式,可以更全面、客观地评估个人的职业能力和表现。第二,标准化。英国的专业评价体系主要由英国教育质量保证机构(Quality Assurance Agency for Higher Education,简称 QAA)负责实施和监督。英国的专业评价体系建立了一套严格的评估标准和程序,其主要工作是制定和实施高等教育质量保证标准,监督和评估高校的教学质量和学生的学习体验,保障学生的权益和利益。它保证了评估的公平性和可靠性。所有的评估过程都必须遵循这些标准和程序。第三,职业导向。英国的专业评价体系旨在帮助个人规划和发展职业生涯。专业评价结果不仅可以用于职业资格认证，也可以用于职业发展计划、职业导师指导等。第四，独立性。英国的专业评价机构通常是独立的第三方机构，与被评价的个人和公司没有利益关系。这种独立性可以保证评价的客观性和公正性。第五，国际认可。英国的专业评价体系在国际上得到了广泛认可和应用。许多国家和地区将英国的职业评价作为参考，采用相似的评价标准和程序。

英国的专业评价体系对我国的职业评价有以下启示：第一，强调多元化的评价方式。我国的职业评价主要依靠考试和证书，评价方式单一。英国的职业评价体系采用多种评价方式，可以更全面地评估个人职业能力和表现。我国也应该探索多元化的评价方式，例如职业素养评估、360度反馈评价等。第二，建立标准化的评价标准和程序。我国的职业评价标准和程序缺乏统一性和规范性，导致评价结果不够公平和可靠。英国的专业评价体系建立了严格的评估标准和程序，可以保证评价的公正和可靠。我国也需加强评价标准和程序的建设。第三，强调职业导向。英国的专业评价体系旨在帮助个人规划和发展职业生涯。我国的职业评价也应更加注重个人职业规划和发展，评价结果应该对个人职业发展有指导作用。第四，强调独立性。英国的专业评价机构通常是独立的第三方机构，与被评价的个人和公司没有利益关系。这种独立性可以保证评价的客观性和公正性。我国的职业评价机构也需要加强独立性和公正性。第五，国际认可。英国的专业评价体系在国际上得到了广泛认可和应用。我国的职业评价也应该与国际接轨，加强与其他国家和地区的合作，吸取国际先进经验，提升我国职业评价的水平，扩大其影响力。

四、日本的专业评价

（一）发展概况

日本的专业评价历程经历了多个阶段，从职业技能评价、职业资格认证到企业内部的工作效果评价，形成了完整的专业评价体系，为日本的经济和社会发展提供了重要的支持和保障。日本的专业评价发展历程可以追溯到二战后重建时期。随着工业化进程的加速和经济的快速发展，日本越来越需要具备一定职业技能和能力的劳动力。在此背景下，日本开始建立职业技能评价和职业资格认证制度，并逐步形成了完整的专业评价体系。1949年，日本制定了《职业技能评价法》，规定了职业技能的评价和认证方法，建立了职业技能评价的制度。1950年，日本制定了《职业资格法》，规定了职业资格的认证和管理机制，建立了职业资格认证制度。随着时间的推移,为了更好地适应经济和社会的变化,职业资格认证的种类不断增加,涵盖了越来越多的职业和行业。在企业层面,日本的企业普遍实行终身雇用制,员工的职业发展和职位晋升主要依靠工作经验和表现。为了更加客观地评估员工的工作表现,企业开始采用各种方法对员工进行工作效果评价,例如360度反馈评价、目标管理评价等。

日本的专业评价主要包括以下几个方面:第一,职业技能评价。日本通过职业技能评价来评估个人的职业技能和能力,以确保职业技能的水平和质量。职业技能评价的方法包括考试和实践测试。第二,职业资格认证。日本的职业资格认证制度非常发达,各种职业资格认证的种类很多,涵盖了各行各业。职业资格认证在日本被普遍认为是证明个人职业能力和技能的有效途径。第三,工作效果评价。在日本,企业通常会定期对员工的工作效果进行评价,以便对员工的职业能力和表现进行评估。这种评价主要基于员工所在的职位和工作职责,以及工作成果和贡献。第四,教育评价。日本的教育评价主要通过教育系统内部的考试和评估来实现,以衡量学生的学业水平和能力。此外,校外的教育机构也会对学生进行各种形式的教育评价。日本的专业评价体系发达,通过多种评价方式和方法来评估个人的职业能力和表现,为个人的职业发展提供了有效的支持。

(二)特点与启示

日本的专业评价具有以下特点:第一,职业资格认证制度发达。日本的职业资格认证制度是全球最为发达的之一,涵盖了各行各业,包括医疗、工程、建筑、财务、法律等领域。职业资格认证被视为衡量个人职业能力和技能的有效途径。第二,工作效果评价普遍。在日本,企业普遍采用工作效果评价来评估员工的工作表现和能力。工作效果评价的方法包括360度反馈评价、目标管理评价等,旨在提高员工的职业素质和能力,促进企业的发展。第三,职业技能评价注重实践。日本的职业技能评价注重实践操作,评价方法包括考试和实践测试。这种评价方式能够更加客观地评估个人的职业技能和能力,让得出的评价结果更加科学和可靠。第四,教育评价严格标准化。日本的教育评价非常严格,通常采用标准化考试和评估,以确保评价结果的公正和客观。同时,学生的学业成绩也被广泛用于职业发展和职位晋升的评估。第五,基于能力的职业发展。在日本,职业发展和职位晋升主要基于个人的能力和表现,而非学历和资历。这种基于能力的职业发展模式促进了个人的职业发展和企业的发展,使得整个社会更加公平和公正。日本的专业评价体系为日本的经济和社会发展提供了重要的支持和保障。

日本的专业评价体系对我国的启示主要有以下几点:第一,加强职业资格认证制度建设。我国的职业资格认证制度相对薄弱,需要进一步发展和完善。通过建立专业化、严格的职业资格认证制度,可以促进职业素质的提高,提高人才竞争力和市场竞争力。第二,推广工作效果评价制度。我国可以借鉴日本的工作效果评价制度,加强对员工的绩效管理和能力提升。在实践中,可以采用多种评价方法,如360度反馈评价、目标管理评价等,建立科学、公正、有效的绩效评价体系。第三,强化职业技能评价。我国的职业技能评价需要进一步加强,注重实践操作,建立科学、客观的评价体系,以提高职业素质和能力。第四,推广标准化考试和评估。我国的教育评价可以借鉴日本的标准化考试和评估,以确保评价结果的公正和客观。同时,可以加强对学生的职业素质和能力的评价和培养,以满足市场的需求和人才的发展。第五,倡导基于能力的职业发展模式。我国的职业发展模式可以借鉴日本的基于能力的模式,以促进个人能力的提升和职业发展。可以通过建立公平、公正的评价机制,支持人才的自主创新和创业。日本的专业评价体系对我国的职业教育和人才培养具有重要的参考价值,我国需要建立科学、公正、有效的评价体系,并不断加强和完善,这样就可以更好地支持我国的经济和社会发展。

第三节　产业学院的专业评价策略

一、产业学院的专业评价现状

随着产业学院建设的深入发展,产教融合下的专业评价也逐渐成为关注的焦点。目前,针对不同的专业领域,评价方法和指标存在差异,但总体来说,专业评价已经从传统的课程设置、师资力量等硬性指标,向学生综合素质、能力培养、职业发展等软性指标转变。在产业学院建设的背景下,专业评价需要学校和企业共同合作,更加注重学生的实践能力和职业素养,制定更加科学、合理的评价体系,以提高学生的综合能力和就业竞争力。专业评价主要包含:(1)学生综合素质评价。学生综合素质评价已经成为专业评价的关键内容之一,包括学术能力、团队协作能力、创新能力、领导力等方面,这些能力的培养不仅需要学校的教育,也需要企业的实践锤炼。(2)实践能力培养评价。传统的专业评价主要关注学生的知识水平掌握情况,而在产教融合的背景下,专业评价需要更加注重学生的技术技能、实践能力培养情况。这需要学校和企业合作,根据实际需求来制订能力培养计划,并通过实践活动和项目实施等方式进行培养和评价。(3)职业发展评价。专业评价的目的是提高学生的就业竞争力,在产教融合的背景下,专业评价需要更加注重学生的职业发展情况。专业评价的指标包括学生就业率、就业质量、薪酬水平等方面，这些指标需要学校和企业共同合作来进行评价。

产业学院的专业评价虽然在不断发展和完善，但仍面临着一些问题，需要在评价标准、评价方式、评价机制等方面进一步改进和完善，以更好地服务于学生和企业的需求。具体问题体现在：

第一，评价标准不够精细化和量化。目前专业评价标准还存在不够精细化、量化的问题，评价标准与企业需求不够贴合，也无法真正反映学生的实际能力和水平。同时，由于不同专业的特点和需求不同，评价指标的制定也存在差异。这导致评价指标的多样性，缺乏统一性和可比性，难以实现跨专业的综合评价。

第二，评价内容难以全面覆盖。在产教融合的背景下，评价内容需要更加关注学生的实践能力和职业素养。然而，实践能力和职业素养是一个较为广泛和复杂的概念，评价内容难以覆盖所有方面。同时，学生的实践能力和职业素养往往是难以量化和客观评价的，评价结果可能会因为主观因素的干扰而出现偏差。

第三，评价方式不够科学化和公开化。评价方式还存在科学化和公开化不足的问题，评价机制不够公正，评价结果的真实性和客观性难以保障。

第四，评价结果的反馈及应用性不够强。评价结果的反馈和改进机制不完善，学校和企业之间的沟通合作不够充分，评价结果很难得到及时的反馈和改进。同时，专业评价结果虽然可以为学生提供一定的参考，但是对于企业的招聘、学生的职业发展等方面的应用性还不够强。

第五，评价效果不够显著。虽然专业评价已经成为产教融合下的重要方向之一，但是在实际实施中，还存在一些学校和企业对其重视程度不够的问题。专业评价结果对教学效果的提升还没有达到预期的效果，需要更加有效的评价方式和机制来提高评价的教学效果。

产教融合背景下专业评价存在的这些弊端，需要学校和企业共同努力克服，建立更加科学、合理、客观的评价体系，以提高评价的准确性和实效性。

二、产业学院的专业评价策略

在产业学院建设背景下，专业评价策略需要充分考虑不同主体之间的需求和利益，建立科学、合理、先进的评价体系，以促进学生的全面发展和职业素养的提升。专业评价需要从贴合产业需求、强化实践环节、多元化评价方式、加强学校和企业的合作、鼓励学生的自我评价和互评等方面进行考虑，以确保评价结果能够对学生的职业发展产生积极的影响，具体如下：

（一）基于产业需求构建评价标准

产业是产教融合的核心，专业评价必须与产业需求相匹配。为了实现不同专业之间的可比性，需要建立统一的评价标准。这些标准应该基于岗位要求，充分考虑企业和行业的需求，并与学生的学习过程和实践活动相衔接，以确保学生毕业后能够满足企业的用人需求。

（二）重视实践环节的评价

实践环节是产教融合的核心，对于学生的职业素养和实践能力的培养有着至关重要的作用。产教融合的重点是培养学生的实践能力。因此，对于专业评价来说，实践环节需要更加受重视，学生的实践表现应该被充分考虑；建立实践环节的评价标准和流程体系，实践环节的评价标准和流程应该与课程教学相衔接，以确保学生能够在实践中得到有效的指导和培养，从而确保评价结果的客观性和准确性。

（三）引入多样化的评价方式

在产教融合的背景下，不同企业和不同岗位的需求各异。因此，评价方式也应该更多元化，除了传统的笔试和口试等方式，还应该引入多样化的评价方法和工具，如面试、实践考核、项目展示、企业实习等，这样可以更好地考查学生的综合能力和职业素养，提高评价的全面性、准确性和实效性。

（四）加强学校和企业之间的沟通和协作

在评价过程中，学校和企业是产教融合的两个重要主体，学校和企业之间的合作十分重要。学校需要了解企业的人才需求和岗位要求，企业也需要协助学校制定评价标准和流程。学校和企业应该定期进行沟通和协作，共同制定评价策略和标准，制订实践教学计划，并定期进行评价结果的反馈，以确保评价结果能够对学生的职业发展产生积极的影响。

（五）鼓励学生自主评价和互评

学生自主评价和互评是一种有效的评价方式，可以鼓励学生对自己的学习和实践过程进行反思和总结，更好地认识自己、发掘自身潜力，并促进学生之间的交流和合作，提高评价的参与度和准确度，促进学生的全面发展和职业素养的提升。

第四节 产业学院的专业评价实践

2015年,教育部印发了《关于建立职业院校教学工作诊断与改进制度的通知》和《高等职业院校内部质量保证体系诊断与改进指导方案》,明确要求所有独立设置的高职院校发挥办学主体作用,主动履行质量保证职责,建立常态化的内部质量保证体系和可持续的诊断与改进工作制度。专业建设是高职院校内涵建设的核心,是办学定位与事业发展的重要基础。以广州科技贸易职业学院为例,在大力实施产教融合的背景下,该校积极开展产业学院建设工作,并在此基础上开展自我诊改的工作试点,适应了我国当前高职教育发展新形势和新任务的要求。

一、专业评价的必要性

专业是高职院校培养学生的各个专门领域,是完成人才培养基本的、相对独立的单位。专业建设是高职院校内涵建设的核心,也是一个系统工程。它既包括专业设置、课程开发、课程体系、师资队伍建设和实训基地建设等各方面的要素,又包括教科研与服务社会等要素。专业建设的水平既决定了高职院校人才培养的水平,也是高等学院整体办学的基础和办学水平的具体反映。开展专业评价有助于专业建设水平的逐步提升。

作为高职院校,人才培养模式是专业内涵建设的重点,课程体系是专业内涵建设的灵魂,师资队伍建设是内涵建设的核心内容,实训基地建设是内涵建设的基础,质量评价是内涵建设的检验标准。因此,在高职院校产业学院内部开展专业评价及诊改工作,将有利于产业学院积极开展教育教学改革,加强建设,整合资源,扬长避短,发挥办学优势,实施绩效考核,使专业建设走内涵式发展的道路[①]。

开展高职院校诊改为强化管理、完善质量监控和保障体系提供了新举措,开展专业评价及诊改试点,将有效控制各专业人才培养过程的主要环节,及时发现薄弱环节,改进存在的不足,从而带动其他方面建设,提高学院质量保证体系的整体水平。

---

① 谢继延,赖晓彬,钟阁.诊断与改进是推进专业建设的有效路径:以高职院校服装设计专业为例[J].轻纺工业与技术,2016,45(6):131-133.

二、专业建设评价内容

（一）产业学院的专业评价指标体系建立原则

第一，贴近产业需求。专业评价指标体系应以贴近产业发展、市场和用人单位的需求为原则，围绕产业需求和人才需求建立评价标准和指标，以提高毕业生的就业竞争力和适应能力。以培养符合产业需求的高素质人才为目标，重点评价专业人才在产业中的地位和作用，指标要考虑企业对人才的需求和要求，包括行业前沿技术、职业素养等。

第二，适应教育改革。建立评价指标体系应适应教育教学改革，注重对学生实践能力和创新能力的考核，包括实践教学、实习实训、毕业设计等方面。重点考核学生是否具备创新能力、团队协作能力、实际应用能力和解决实际问题的能力，评价指标应能全面反映学生在这些方面的能力表现和发展情况。

第三，注重教育教学质量。教育教学质量是专业评价的基础。专业评价指标体系应该引入教育教学质量评价的元素，如教师教学质量、教学资源质量、课程设置合理性等。应设置符合实际需求的教育教学质量指标，如教学水平、教学方法、教学资源等。在评价教育教学质量时，应该采用可靠、科学的评价方法，如学生评估、教师评估、专家评估等，以确保评价结果的客观性和准确性。应将教育教学质量评价与产教融合目标相结合，以确保教育教学质量对产教融合的支撑和贡献。

第四，多元化评价。(1) 评价主体多元化，不仅要考虑学校和教师的评价，还要将用人单位和社会的评价纳入考虑范围。(2) 评价方式多样化。除了传统的笔试、面试等方式外，还可以采用实践考核、项目考核等方式，充分考虑学生的实际能力和实践经验。(3) 评价内容多样化。除了学科知识、职业技能等内容外，也应该考虑学生的创新能力、团队协作能力、沟通能力等综合素质，以全面反映学生的实际表现。(4) 评价数据多样化。除了定量数据外，也应该考虑采用定性数据，如学生的实际工作表现、社会贡献等，以便于全面、客观地评价学生的综合素质和能力。

第五，社会影响。评价指标应考虑国家对专业发展的政策及要求，考虑专业对社会的影响和贡献，包括就业率、创业率、社会声誉等；考虑毕业生在专业领域以外的社会贡献，如扶贫济困等，以增强毕业生的社会责任感；考虑毕业生是否具备职业道德，如诚实守信、遵守规章制度、保护知识产权等，以保障毕业生的职业道德；考虑毕业生是否具备正确的社会价值观，如人文关怀、公平正义、民族团结等，以提高毕业生的社会影响力。

第六，科学性和可操作性。建立评价指标体系应科学可行，包括评价指标的权重、评价方式、评价标准等方面，评价应公开透明，评价结果应及时反馈给学生和企业，保证评价的公正性和客观性。评价指标应该具有可操作性，即要具体、准确、清晰地描述毕业生的专业能力和职业素养，避免抽象、模糊、难以理解的评价指标。评价指标的操作过程需要简单易行，方便教师和用人单位进行评价，避免烦琐、耗时的操作流程。

第七，持续改进。建立评价指标体系持续改进机制，根据产业需求和教育教学改革的要求不断调整和优化评价指标，以适应不断变化的产业需求和学生素质提升的要求。建立监测和评估机制，评估结果可以反映评价指标的科学性、准确性和实用性。

第八，更新和优化。根据监测和评估结果，对评价指标体系进行更新和优化，使评价指标能够更好地反映市场和行业的需求，同时也能够提高评价指标的可操作和实用性，建立反馈和改进机制，收集和汇总反馈意见，对评价指标进行及时改进和调整，以更好地适应市场和行业变化的需要。

综上所述，建立产教融合背景下的专业评价指标体系应遵循贴近产业需求、适应教育改革、多元化评价、科学可行和持续改进的原则，建立科学完善的评价指标体系，按照教育部的相关文件精神，坚持"需求导向、自我保证、多元诊断、重在改进"的原则，通过专业诊改试点，使各专业从实际出发，明确专业定位和建设目标，掌握本专业在人才培养、师资队伍、办学条件、教科研、专业建设和社会服务等方面的成绩与不足，提出诊改意见，以便专业建设承担者改进专业建设状况，通过改革与创新，提高专业人才培养的质量，增强人才培养的针对性、适应性和有效性。

（二）产业学院专业评价指标体系的构成

学校专业建设诊改指标体系，由专业定位和人才培养模式、专业规划及人才培养方案、教学基本条件、教学改革与管理、专业建设成效5个一级指标，专业定位与发展思路、人才培养模式、专业建设规划与实施、人才培养方案、专业带头人、教学团队素质与水平、实践教学条件、经费投入、教材与图书资料、课程体系与教学内容改革、教学方法与手段改革等18个二级指标和51个诊断点组成。诊断要素和诊断点围绕相关专业的教育活动规律和特点设计，具有简单易操作的特点。

1. 专业定位和人才培养

专业定位与发展思路包括是否能及时跟踪市场需求变化和产业结构调整专业设置并准确定位；专业在省内同类专业的排位及发展情况，行业企业参与专业建设情况、产教融合、校企合作共建专业机制或平台情况等。人才培养主要考查专业定位是否准确，人才培养质量标准是否明确具体、可检测、可实现，是否符合国家规定和社会需要，是否符合产教融合的理念，能主动适应经济、社会发展需要，形成行业企业参与的校企合作办学体制机制。

2. 专业规划及人才培养方案

专业建设规划主要包括专业建设规划制定情况，是否专业建设分期目标明确、思路清晰、措施得力，是否被确定为院级以及省市级特色专业或国家重点建设专业，是否能够每年对专业建设规划进行优化和实施。人才培养方案主要包括培养目标是否定位准确，对应的职业岗位（群）是否明确，素质、知识、能力结构是否合理；人才培养规格是否明确，是否形成了理论与实践相结合的课程体系；人才培养方案的制定是否有相关行业企业专家参与，社会调研和方案论证是否充分，审批程序是否严密。

3. 教学基本条件

教学基本条件包括专业带头人、教学团队、实践教学条件、经费投入、教材与图书等方面。

专业带头人主要考查专业带头人的素质，是否从事本专业教学 5 年以上，是否具有教师系列高级职称，是否具有技师职业资格或非教师系列中级技术职称的执业资格条件；是否经常参加行业企业的相关活动，是否企业研修经历不低于 1 年；是否参加国家级或国外师资培训，主持或参与省级以上教学改革课题、省级科研课题，或有与专业相关的论文在中文核心期刊等以上刊物发表。

教学团队主要考查兼职教师与专任专业教师比例是否在 1∶1 以上；专任教师的学历结构、博士比例、高级职称比例、双师素质教师比例、兼职教师比例、教学效果、学术梯队、承担专业课时比例等情况。

实践教学条件主要考查专业是否与行业企业紧密结合，体现产教融合；是否建立具有真实（仿真）的职业氛围、设备先进、软硬件配套的实训基地，实训基地的利用率是否足够高；是否建有运行良好并有保障机制的校外实训基地，实习、实训效果是否足够好，校外实习基地是否至少 5 个，是否有协议、有计划，行业企业实习指导人员数量、素质、结构是否满足学生顶岗实训要求。

经费投入主要考查专业日常教学经费是否能够充分保证正常教学，专业建设与教学改革经费是否充足，是否能满足专业建设的需要，成效是否显著。

教材与图书主要考查专业是否主编国家规划教材或省级优秀教材，具有高职特色的高质量的校本教材及自编特色教材。是否优先选用能满足高等职业教育培养目标要求的规划教材,选用近三年出版的高职高专教材是否≥60%。图书资料经费、场地是否有保证,管理制度是否规范,开放是否充分,利用率是否足够高,数量是否充足,种类是否较全,是否能满足专业教学的需要,是否能充分利用教学资源库。

4. 教学改革与管理

教学改革与管理主要包括课程体系与教学内容改革、教学方法与手段改革、实践教学、教研教改、产学研结合、教学管理。

课程体系与教学内容改革是要考查是否重构教学内容、课程体系,是否构建理论与实践一体化,与职业资格标准、行业规范相融合的专业课程体系;课程标准(含顶岗实习课程标准)、技能标准等是否科学规范,是否教改成果突出,是否获得教师认同,是否学生评价高,是否有多数教师推广应用。

教学方法与手段改革主要考查是否注重因材施教,是否恰当地处理传授知识和培养能力的关系,是否突出学生的主体的作用;是否合理运用现代信息技术等手段改善教学效果;是否进行考核环节改革,是否注重学生学习能力、知识掌握程度、实践能力等的考核。

实践教学主要考查是否有完备的实践教学体系并有效实施;是否建立较完善的实践教学质量监控体系,开展教学督导、学生评教、教师评教和教师评学活动的质量监控且成效显著;是否坚持每年进行一次社会需求调研、毕业生跟踪调查和新生素质调研,是否能通过对所获信息进行系统分析,促进专业结构调整和培养方案的优化。

教研教改主要考查专业是否积极开展教改研究和集体教研活动且教研组成员参与度比例达标;是否制订专业教研工作计划,是否主持或参与市级以上教研和科研项目。

产教研结合主要考查专业是否形成了完善的以行业、企业为依托的产教融合、校企合作的长效机制,是否形成了以社会需求为导向、专业主动为行业企业服务、行业企业积极参与专业人才培养的校企合作办专业的体制、机制且成效显著;在技术研究、开发、推广、社会服务和面向社会开展培训等方面是否有良好的成果或效益。

教学管理主要考查专业管理组织结构是否合理,是否有改革创新意识和教育管理研究成果;管理规章制度是否健全、严谨,执行是否严格,是否积极采用现代管理技术;教学运行档案是否完整、规范、齐备;是否每次都参加专业诊断与改进的相关工作与培训、组织实施自我专业诊改工作且效果显著。

5. 专业建设绩效

专业建设绩效主要观测点包括职业能力与职业素质培养、毕业生就业与社会声誉、专业影响力与服务社会情况等。

职业能力与职业素质培养主要考查学生职业关键能力评价,毕业生中级工及以上职业资格证书获取率、高级工证书获取率,毕业生英语、计算机等级考试通过率,学生技能竞赛参赛率、获奖率等。

毕业生就业与社会声誉主要考查专业是否建立完善的多元人才培养质量评价制度,是否每年开展毕业生人才培养质量跟踪调研;近三年录取新生报到率是否居省内同类专业前列;是否近两年毕业生就业率≥90%,对口就业率达80%以上,用人单位对毕业生综合评价的称职率≥90%,优良率≥80%。

专业影响力与服务社会情况主要考查专业的教学基础设施条件、实训基地条件与社会联系情况等,是否建设精品课程、精品教材,是否丰富课程资源、拓展课程模式,是否建设教学团队、保障课程质量;教师是否主持省级科技研究或大型技术服务项目,承担企业技术改造、应用技术研发等横向课题,是否开展技术服务、科技推广、培训等活动。

(三)产业学院的专业评价标准

表 6-1　产业学院的专业评价标准

评价项目	评价要素	评价内容	影响参考因素
专业定位和人才培养	1. 专业定位与发展思路	1. 能及时跟踪市场需求变化和产业结构调整专业设置并准确定位	是否专业定位准确,毕业生质量标准明确具体、可检测、可实现,符合国家规定和社会需要,是否符合产教融合的理念,能主动适应经济、社会发展需要,形成行业企业参与的校企合作办学体制机制
		2. 本专业定位,在省内同类专业的排位及发展情况	
		3. 行业企业参与情况,产教融合、校企合作共建专业机制(或平台)建立及不断完善	
	2. 人才培养模式	1. 人才培养模式及特点	是否创新人才培养模式,特色鲜明;是否有效基于产教融合、校企合作平台,顺利实施人才培养方案
		2. 基于产教融合、校企合作平台及实施情况	

续表 6-1

评价项目	评价要素	评价内容	影响参考因素
专业规划及人才培养方案	1. 专业建设规划与实施	1. 专业规划符合区域经济及学校发展实际，可行	是否制定了专业建设规划，专业建设分期目标明确、思路清晰、措施得力；是否被确定为院级及省市级特色专业或国家重点建设专业，能够每年对专业建设规划进行优化和实施
		2. 规划实施情况良好，不断优化	
	2. 人才培养方案	1. 专业人才培养方案规范、科学、先进并不断优化	是否培养目标定位准确，对应的职业岗位（群）明确，素质、知识、能力结构合理；是否人才培养规格明确，形成了理论与实践相结合的课程体系；是否人才培养方案有相关行业企业专家参与，社会调研和方案论证充分，审批程序严密
		2. 人才培养规格与目标	
		3. 专业标准与保障措施	
教学基本条件	1. 专业带头人（负责人）	1. 专业带头人具有高级职称和专业水平	是否具有本科学历，从事本专业教学5年以上，具有教师系列高级职称，具有技师职业资格或非教师系列中级技术职称执业资格；是否经常参加行业企业的相关活动，企业研修经历不低于1年；是否参加国家级或国外师资培训，主持或参与省级以上教学改革课题、省级科研课题，或有与专业相关的论文在中文核心期刊等以上刊物发表
		2. 具有3年以上行业、企业工作经历	
		3. 社会任职情况，具有一定的社会影响力	
	2. 教学团队素质与水平	1. 专兼结合教师队伍数量足够，年龄、学历结构合理	是否兼职教师与专任专业教师比例1：1以上；是否专任专业教师均为本科及以上学历，其中40岁以下教师具有研究生学历、硕士及以上学位（不含在读）的比例≥25%，研究生学历或硕士及以上学位比例≥35%，高级职称比例≥30%；双师素质教师≥80%，兼职教师≥20%；是否教学效果好，形成了较好的教师学术梯队，承担专业课时比例20%以上（顶岗实习除外）
		2. 具有"双师"素质教师、具有行业企业生产一线工作经历的教师、具有高级职称的教师和硕士以上学位的教师比例	
		3. 企业兼职教师管理及兼课情况。	

续表 6-1

评价项目	评价要素	评价内容	影响参考因素
教学基本条件	3.实践教学条件	1.体现产教融合理念,专业与行业企业紧密结合	是否体现产教融合理念,专业与行业企业紧密结合;是否建立了具有真实(仿真)的职业氛围、设备先进、软硬件配套的实训基地且利用率高;是否建有运行良好并有保障机制的校外实训基地,实习、实训效果好;是否校外实习基地5个以上,有协议、有计划,行业企业实习指导人员数量、素质、结构满足实学生顶岗实训要求
		2.校内实训基地充分满足教学需要,运行状态良好	
		3.校外实习基地满足学生专业实训和半年顶岗实习需要	
	4.经费投入	1.日常教学经费能充分保证正常教	日常教学经费是否能够充分保证正常教学;是否教学经费全部用于专业建设与教学改革;是否能否满足专业建设的需要且成效显著
		2.每年投入足够的专业建设与专业教学改革专项经费	
		3.能满足专业建设的需要	
	5.教材与图书资料	1.与行业企业共同开发教材,包括实训教材、自编教材(含讲义)等	是否主编国家规划教材或省级优秀教材,具有高职特色的高质量的校本教材及自编特色教材;是否优先选用能满足高等职业教育培养目标要求的规划教材,选用近三年出版的高职高专教材面≥60%;是否图书资料经费、场地有保证,管理制度规范,开放充分,利用率高,数量充足,种类较全,能满足专业教学的需要,能充分利用教学资源库
		2.教材选用情况	
		3.专业图书资料充足,能充分利用优质教学资源和网络信息资源建设面向学生和校外、资源共享的专业教学资源库	

续表 6-1

评价项目	评价要素	评价内容	影响参考因素
教学改革与管理	1. 课程体系与教学内容改革	1. 产教融合、校企共建开发课程体系和改革教学内容,成效良好 2. 课程标准具备科学性、先进性、规范性与完备性,教学基本要求规范 3. 对教学模式的改革产生明显的推进作用和示范作用	是否重构教学内容、课程体系,构建理论与实践一体化,与职业资格标准、行业规范相融合的专业课程体系;是否课程标准(含顶岗实习课程标准)、技能标准等科学规范,重新整合或新开发的课程在 5 门以上;是否教改成果突出,教师认同,学生评价高,且有多数教师推广应用
	2. 教学方法与手段改革	1. 有效开展教学设计,教学手段灵活多样 2. 充分利用现代信息技术,重视优质教学资源和网络信息资源的利用 3. 积极推行形成性评价,探讨教学考核方式方法的改革	是否注重因材施教,恰当地处理传授知识和培养能力的关系,突出学生的主体作用;是否合理运用现代信息技术等手段,改善教学效果;是否采取多种形式检查学生的学习能力与学习效果,积极进行考试方法改革和探索,有一套较完整,能检查教学目标实现程度的考核办法
	3. 实践教学及管理	1. 实践教学体系科学可行、有效;实践教学、校内生产性实训教学的达成度 2. 实践教学环节管理落实到位,制度措施具有可行性和可操作性 3. 实践教学环节的质量监控和考核评价可行、合理、有效	是否有完备的实践教学体系,并有效实施,是否实践教学运行档案完整、规范、齐备;是否建立较完善的教学质量监控体系,教学督导、学生评教、教师评教和教师评学活动的质量监控且成效显著;是否坚持每年进行一次社会需求调研、毕业生跟踪调查和新生素质调研,能通过对所获信息进行系统分析,促进专业结构调整和培养方案的优化

续表 6-1

评价项目	评价要素	评价内容	影响参考因素
教学改革与管理	4. 教研教改成果	1. 积极开展教学改革研究和集体教研活动	是否每学期开展5次教改研究和集体教研活动,教研组成员参与度达80%以上;是否制订专业教研工作计划,人均主持或参与市级以上教研和科研项目超过平均数
		2. 有院级以上教研教改课题;近三年获院级(含)以上教学成果奖情况	
	5. 产学研结合	1. 形成以行业、企业为依托的产教融合、校企合作长效机制	是否形成完善的以行业、企业为依托的产教融合、校企合作长效机制,形成了以社会需求为导向,专业主动为行业企业服务、行业企业积极参与专业人才培养的校企合作办专业的体制、机制且成效显著;是否在技术研究、开发、推广、社会服务和面向社会开展培训等方面有良好的成果或效益
		2. 专业教师紧密联系企业、为社会服务的激励制度完善,主动为行业企业和社会服务,成果或效益良好	
		3. 积极为社会和企业开展培训及继续教育,成效良好	
	6. 教学管理	1. 教学管理制度完善,管理规范	是否管理组织结构合理,有改革创新意识和教育管理研究成果,是否管理规章制度健全、严谨,执行严格,积极采用现代管理技术;是否教学运行档案完整、规范、齐备;是否每次都参加专业诊断与改进的相关工作与培训,组织实施自我专业诊改工作且效果显著
		2. 专业教学档案资料齐全	
		3. 积极参加外部专业诊断(或评估、认证);外部诊断结论得到有效应用;诊改成效显著,自我诊改起到良好促进作用	

续表 6-1

评价项目	评价要素	评价内容	影响参考因素
专业建设绩效	1. 职业能力与职业素质培养	1. 学生具有良好的职业素养,毕业生取得相应的职业技能等级证书的达成度高	是否学生职业关键能力评价结果良好,毕业生中级工及以上职业资格证书获取率98%以上,其中80%以上的学生获得高级工证书,毕业生高职高专英语应用能力统考合格率98%以上,毕业生计算机等级考试通过率98%以上;是否开展院级(市级)技能大赛,学生参赛率达到80%;是否学生在省级以上教育或行业部门组织的技能大赛等竞赛中获得二等奖奖项
		2. 设置技能大赛专项资金,开展院级职业技能大赛	
		3. 学生参加社会实践、科技文化活动和职业技能竞赛及获奖情况	
	2. 毕业生就业与社会声誉	1. 建立多元人才培养质量评价制度,开展毕业生人才培养质量跟踪调研	是否建立完善的多元人才培养质量评价制度,每年开展毕业生人才培养质量跟踪调研;是否近三年录取新生报到率居省内同类专业前列,近两年毕业生当年年底平均就业率≥90%,对口就业率达80%以上;是否近两年用人单位对毕业生综合评价的称职率≥90%,优良率≥80%
		2. 近三年录取新生平均报到率、毕业生就业率、对口率,平均起薪与全省高职院校同类专业相比的情况	
		3. 毕业生社会声誉、用人单位满意度持续提高	
	3. 专业影响力与服务社会情况	1. 品牌重点特色专业建设情况	是否专业的教学基础设施条件良好,有设施先进的实训基地,与社会联系广泛,社会声誉高;是否建设精品教材,丰富课程资源,拓展课程模式,建设教学团队,保障课程质量;是否教师主持省级科技研究或大型技术服务项目,承担企业技术改造、应用技术研发等横向课题,每年参加技术服务或科技推广活动5次以上,每年培训500人次以上,创收6万元以上
		2. 精品课程、精品教材、教学团队(名师)、示范基地、教育教学成果奖等情况	
		3. 社会影响力与服务社会情况	

三、开展专业诊改工作的程序

专业评价一般以 2~3 年为一个周期，共分 4 个阶段进行。

第一阶段，进行专业自我诊断并填报数据平台，编写专业诊改报告。按照专业评价指标体系，采用数据收集、文件分析、统计分析、原因分析等方法开展数据与信息分析，填写相关数据，并撰写专业诊改自评报告。

第二阶段，收集相关平台的数据，审核相关材料。学校在各专业填报数据的基础上，收集相关数据和信息，审核各专业自评报告，确保数据无误。

第三阶段，组织校内外专家现场考察并形成评价结果。聘请校内外专家进行现场考察及评审，形成评价结果，并反馈诊断与改进意见和建议。

第四阶段，学院根据评价结果和诊改意见，制订改进计划，实施改进措施，及时调整该专业建设的重点和发展思路，并建立持续改进机制，确保问题解决后不再出现，并不断寻找和解决新的问题，以提高专业建设质量和效率。

四、开展专业诊改工作的注意事项

第一，确定诊改的目标和范围，明确要解决的问题是什么，包括诊断和改进的业务流程、系统等，避免过分扩大诊断和改进的范围，导致难以实施和控制。

第二，收集数据和信息时，要尽量准确和全面，采用多种收集数据和信息的方法，如访谈、问卷调查、观察、文件分析等，确保收集到的数据和信息具有代表性和可靠性。

第三，分析数据和信息时，要采用科学的方法进行分析，包括统计分析、过程分析、根本原因分析等，避免主观臆断和片面性，同时考虑多种因素的影响，以便寻找问题的根本原因。

第四，制订改进计划时，根据诊断结果，制订具体的改进计划，包括定义实施步骤时间表、指标等，要充分考虑实施步骤、时间表、资源和风险等，确保计划的可行性和有效性。

第五，实施改进措施时，要确保配合力度和沟通协调，确保计划顺利实施。要实时监控进展情况，采用科学的方法进行评估，比较改进前后的指标和结果，以确定改进效果是否达到预期目标，确保实施效果。

第六，持续改进时，要建立持续改进机制，确保问题解决后不再出现，同时不断寻找和解决新的问题，以提高专业建设质量和效率。

第七章　产业学院的课程评价体系构建

职业教育培养的人才要满足行业企业的发展对人才的需求,紧跟行业企业发展的变化要求,进行高职专业课程改革就显得尤为重要。课程作为集中体现和反映教育思想、教育观念和教育内容的载体,是实现专业人才培养目标的关键和重点,课程教学是实现培养目标和规格的最主要、最基本的途径。随着产业的不断转型升级,行业企业的发展对于人才规格的要求也随之发生改变,深化产教融合,促进高职院校直面行业企业发展对人才的需求变化,是高职专业课程改革的源头与核心,也是实现产教融合的落脚点。通过改革高职专业课程,不断提高职院校的人才培养质量,从而为实现行业企业的进一步发展提供人力资源保障。产教融合的背景下,课程评价是课程建设中的重要环节,需要考虑企业和行业对毕业生的需求,由学校和企业共同参与评价过程,采用多种评价方法,评价结果应用于课程设计的改进,以提高人才培养质量。

第一节　产业学院的课程评价概况

一、产业学院的课程评价概况

产业学院是产业和教育深入开展融合的重要形式。在产业学院中,校企发挥各自的优势,共同实现人才培养和产业发展的有机结合。高职课程是针对高等职业教育培养目标和市场需求,开设的具有强烈职业性和实践性的课程。产教融合与现代高职课程有着紧密的关系。具体来说,产教融合的核心是将产业需求融入教育中,高职课程设置要根据市场需求和行业发展来设置,以实现产业需求和课程设置的有机结合;产教融合的一个重要特点是实践教学与产业合作的有机结合,高职课程也要注重实践教学的设置,培养学生具备实际应用能力和职业素养;产教融合的目标是为市场提供有足够的能力和素养的人才,而高职课程的目标也是培养具备职业能力和市场竞争力的应用型人才,二者目标一致;产教融合的理念和实践能够有效地促进高职课程的发展和优化,而高职课程的设置和实践教学也是产教融合的具体实践,两者相互促进,形成良性循环,对于高等职业教育的发展和人才培养具有重要意义。

课程评价的发展经历了从单一性到多元化、再到全面化的过程,可以分为三个阶段:第一阶段,单一性课程评价时期。在这个阶段,课程评价主要关注单一课程的教学效果和学生的学习成果,其评价方法主要是考试和考查,缺乏对实践环节的考核。第二阶段,多元化课程评价时期。随着产教融合理念的逐渐深入人心,课程评价开始关注整体的课程质量和学生的综合能力,课程评价方法也逐渐多元化,包括考试、考查、课程设计、实习报告等。第三阶段,全面化课程评价时期。在这个阶段,课程评价不仅要关注课程的内涵和外延,还要关注课程所涵盖的领域和行业的需求,评价方法也更为全面和多元化,包括问卷调查、专家评审、就业调查等。总之,在产教融合的理念下,课程评价已经从单纯的考试和考查向更为全面、多元化的方向发展,旨在更好地培养学生的实践能力和职业素养,以满足市场需求。

二、产业学院的课程评价的内涵

产业学院推进校企合作、产教融合,课程评价的重点不仅仅是知识的掌握程度,更重要的是职业能力和实际应用能力的培养情况。它包括职业能力评价、实践能力评价、综合素质评价、产业适应能力评价等方面。其一,职业能力评价主要是评价学生在课程学习中所获得的与职业相关的知识、技能和能力的程度,如沟通能力、团队协作能力、领导力、创新能力等。其二,实践能力评价主要评价学生在实践环节中所展现出的应用能力和实际操作技能的程度,如项目管理、实验操作、实习等。其三,综合素质评价主要评价学生的综合素质,包括自主学习能力、思维能力、社会责任感等方面的发展情况。其四,产业适应能力评价主要评价学生在产业中的适应性和应用性,包括对产业发展趋势的了解、对职业发展的规划能力等。产业学院的课程评价不仅关注学生的学习成绩和知识掌握情况,更注重学生的职业能力和实际应用能力的培养和提升。

产业学院的课程评价体系构建主要体现在以下几个方面:第一,产业对课程的需求。产业发展是课程设计和评价的重要参考,课程评价体系需要考虑产业对课程的需求反映在评价指标和标准上,以确保课程的实际应用性和适应性。第二,教育目标的定位。课程评价体系应该基于教育目标,使评价体系与教育目标相匹配,在课程设计之初,需要明确教育目标和评价指标,以便在评价体系中进行反映。第三,学习者的需求和表现。学生是课程的核心,因此,课程评价体系必须反映学生的学习需求和表现。学生的表现可以通过测试、作业、项目、课后实践、创新创业、技能竞赛等方式进行评价,以反映学生对课程的掌握程度和应用能力。

第四,课程内容和教学方法。课程内容和教学方法对于学生的学习至关重要,因此,课程评价体系需要考虑课程内容和教学方法对于教育目标的实现的影响,教学内容与教学方法的评价可以通过学生的反馈、观察和评估等方式进行。第五,课程管理和质量保障。课程管理和质量保障是课程评价体系构建的重要组成部分。评价体系应考虑课程管理和质量保障的要求,以确保课程的顺利实施和有效运作。产业学院的课程评价体系构建需要考虑产业需求、教育目标、学生的需求和表现、课程内容和教学方法以及课程管理和质量保障等多个方面,以确保课程的实际应用性和适应性。

在产业学院的课程评价过程中,为了确保评价结果的科学性和可靠性,需要遵循以下原则:第一,根据课程目标确定课程评价指标。课程目标应该是课程评价指标的基础,课程评价指标需要与课程目标相对应。课程评价指标的确定应该是教师和企业共同参与的结果,以确保课程评价指标的准确性和实用性。第二,课程评价方法多样化。课程评价方法应根据课程的特点和教学内容的不同进行选择,进行多样化的评价。课程评价方法应能够全面、准确地评价学生的知识、技能和能力。第三,课程评价结果应及时反馈。课程评价结果需要及时反馈给教师和学生,以便及时进行调整和改进。同时,课程评价结果也需要反馈给企业,以便企业了解毕业生的能力和素质。第四,课程评价过程应公正、客观、科学。课程评价过程应严格按照评价指标进行,课程评价结果应客观、公正、科学,不受主观因素的干扰,以确保课程评价结果的准确性和实用性,提高教学质量和毕业生素质。

第二节　德美英日课程评价发展概况

一、德国的课程评价

(一)发展概况

德国的职业评价体系得到了国际上的高度认可,为全球职业评价发展提供了重要的参考和借鉴。德国的课程评价非常注重客观性、科学性和公正性,评价标准严格,评价过程透明,评价结果具有权威性和公信力。

德国的课程评价发展历程经历了从教师主导到政府介入、再到学生参与和社会需求的转变。随着德国高等教育的发展和政策的调整,课程评价仍在不断地改进和完善,以适应时代的需要。德国课程评价的发展历程可以分为以下几个阶段。

1. 早期阶段:课程评价主要由教师进行

19世纪末期至20世纪初期,德国主要由教师主导课程设计和教学,课程评价也主要由教师自己进行,主要是通过教师的反思和自我评价来改进课程教学,课程评价的主要目的是为了评价学生的知识水平,检验学习成果。

2. 20世纪50年代:引入更多的评价机构

德国开始研究课程评价和教学质量评价,并发展了一系列评价指标和方法,如教学观察法、问卷调查法、实验研究法等,引入了更多的评价参与者和评价机构,如教育部门、研究机构、专业委员会等,逐渐形成了一个更加完整和科学的课程评价体系。

3. 20世纪80年代:政府开始介入课程评价

由于高等教育的快速发展和政府对高等教育的重视,政府开始介入课程评价中,设立了一些机构对高等教育机构的教学质量进行评估和认证。

4. 21世纪初:加强学生角色和参与

在21世纪初期,德国的高等教育开始注重学生的角色和参与,学生的反馈成为评价的重要内容。高等教育机构开始组织学生代表参与到课程评价中,学生反馈成为课程评价的重要依据。

5. 当代:注重课程的实践性和职业化

现在德国的高等教育越来越注重课程的实践性、职业化和社会需求,课程评价不仅注重教学质量,还要考虑课程的实际效果和社会影响。

德国的课程评价主要分为内部评价和外部评价两种类型。内部评价主要由学校自行进行,通过学生反馈、教师自我评价、课程设计评价等方式,对课程的教学效果进行评价。外部评价则由教育部门或独立机构进行,通过课程审核、师资审核、学生就业率审核等方式,对高等教育机构的整体教学质量进行评价。在内部评价方面,德国高职院校重视教师和学生的反馈,设立教学评价委员会,由学生代表、教师代表和管理人员组成,对课程进行评价和改进。此外,德国高职院校还注重对课程设计的评价,要求教师们对课程设置、教材选择、教学方法等进行自我评价,并根据评价结果不断调整和改进课程。在外部评价方面,德国教育部门设立了专门的机构进行评估和认证,如德国学术交流中心(DAAD)、德国高等教育质量评估机构(ACQUIN)等。这些评估机构会对高等教育机构的课程设置、师资力量、实践教学、学生就业等方面进行评估和认证,以确保高等教育机构能够保证教学质量和学生的就业能力。总的来说,德国的课程评价注重内外部评价的结合,通过教师和学生的反馈以及独立机构的评估认证,不断提升教育质量,培养出具备实践能力和职业素养的应用型人才。

（二）特点与启示

德国的课程评价的特点：第一，客观全面。德国的课程评价注重客观性和全面性，课程评估指标的选择和评价过程都要求科学、专业、严谨。第二，内外结合。德国的课程评价注重内部评价和外部评价结合的方式，既有教师和学生的反馈，也有政府和独立机构的评估认证。第三，注重学生参与。德国的高等教育鼓励学生参与课程评价，学生反馈成为课程评价的重要依据。第四，重视课程的实践性和职业化。德国的职业教育注重课程的实践性、职业化和社会需求，课程评价不仅注重教学质量，还要考虑课程的实际效果和社会影响。第五，多元化的评价方法。德国的课程评价方法比较多元化，包括教师反思、学生反馈、政府和独立机构的评估认证等。总之，德国的课程评价的这些特点有助于保证课程评价的准确性和有效性，提高高等教育教学质量，培养更多的优秀人才。

德国的课程评价给我国的启示：第一，注重内外部评价的结合。德国的课程评价注重内外部评价相结合的方式，既要有教师和学生的反馈，也要有政府和独立机构的评估认证。我国在课程评价方面也需要注重内外部评价的结合，既能够反映学校的实际情况和需求，也能够提供更客观、科学的评价结果，从而更好地促进教育教学质量的提高。第二，鼓励学生参与评价。德国的高等教育鼓励学生参与课程评价，学生反馈成为评价的重要依据。我国也应该鼓励学生参与课程评价，加大学生课程评价的比重，使课程评价更加客观准确。第三，注重课程的实践性和社会需求。德国的职业教育注重课程的实践性和职业化，注重课程的社会需求。我国在课程设置和教学方式上也应该注重实践性和应用性，以适应社会的需求。第四，多元化的评价方法。德国的课程评价方法比较多元化，包括教师反思、学生反馈、政府和独立机构的评估认证等。我国在课程评价上也可以采用多元化的方法，如领导评价、督导评价、同行评价、学生评价、企业评价、第三方评价等，通过问卷调查、专家评审、就业调查等多种方式进行评价。德国的课程评价经验可以帮助我国更好地提升高等教育教学质量，培养更多的优秀人才，以适应社会产业发展的需求。

二、美国的课程评价

（一）发展概况

美国的课程评价发展历程可以分为以下几个阶段：

第一，早期发展阶段（20世纪00年代至60年代）。在这个阶段，美国的课程评价主要是以学科为基础,通过考试和作业等方式来评价学生的学习成果。这个阶段的评价方法的重点在于考查学生对知识点的掌握情况。

第二,效能研究阶段(20世纪70年代至80年代)。在这个阶段,评价开始从学科评价向效能评价转变,评价重点从学生是否掌握知识点,变成了评价学生学习过程中使用的教材和教学方式是否高效。教育研究者们开始探索如何更好地评价学校、教师、学生的学习效果。

第三,标准化测验阶段(20世纪90年代至21世纪00年代)。在这个阶段,评价开始向更多的标准化测验转变。美国各州开始为学生进行年度测验,以评价学生的学习成果,并且为教师和学校设置绩效目标。在这个阶段,评价方法的重点在于将学生的学习成果与标准进行对比,并为学校设置目标和制定政策提供参考。

第四,教育评估阶段(21世纪00年代至今)。在这个阶段,评价不再仅仅关注学生的成绩和教学效果,也关注学校和教师的绩效评价。评价的目标是提高学生的学习效果和提升教育质量。同时,评价方法也更加多样化,包括标准化测验、问卷调查、学生作品展示、课堂观察等多种方式。这个阶段的评价重点在于全方位、多维度地评价教育质量和学生的学习成果。

(二) 特点与启示

美国的课程评价的特点:第一,注重外部评价。美国的课程评价注重外部评价,通常由政府机构、认证机构和独立评估团队进行评价和认证,采用标准化测验来评价学生的学习成果,可让教育工作者和政治家们看到各州和各学区的学生相对表现,同时,也可以了解孩子的学习成果是否达到国家标准。第二,注重多元化的评价方法。美国的课程评价方法比较多元化,有问卷调查、专家评审、学生反馈、独立评估、课堂观察、学生作品展示等。这些方法可以更好地反映学生的学习情况和学校的教学质量。第三,注重学生参与。美国的高等教育注重学生的角色和参与,学生反馈成为课程评价的重要内容。第四,注重社会性和实践性。美国的高等教育越来越注重课程的实践性、职业化和社会需求,评价不仅注重教学质量,更考虑课程的实际效果和社会影响,这有利于培养适应产业发展需求的人才。第五,强调独立性。美国的课程评价通常由独立的评估机构或专家团队进行,以保证评价的客观性和独立性。美国的课程评价的特点有助于保证课程评价的准确性和有效性,提高高等教育教学质量,培养更多的优秀人才。

美国的课程评价对我国的启示:第一,多元化的评价方法。美国的课程评价方法非常多元化,可以从多个角度对课程进行评价,包括问卷调查、专家评审、学生反馈、独立评估等多种方式,这给我国的课程评价提供了多种选择,我国可以根据不同的课程特点和评价目的,选择最适合的评价方法。第二,强调实践性和职业化。美国的高等教育非常注重课程的实践性和职业化。这种注重实践和职业化的态度可以给我国的高等教育提供启示,在培养学生的专业知识的同时,更要注重实践技能和职业素养的培养,提升学生综合素质与就业竞争力。第三,鼓励学生参与。美国的高等教育非常鼓励学生参与课程评价,学生反馈成为课程评价的重要内容。这种鼓励学生参与的态度可以给我国的高等教育提供启示,在课程评价中引入学生的反馈和意见,可以更好地了解课程的教学效果,及时纠偏与改进,提高教学质量。第四,强调独立性。美国的课程评价通常由独立的评估机构或专家团队进行,以保证评价的客观性和独立性。这种独立性的态度可以给我国的高等教育提供启示,在课程评价中注重独立性,避免评价结果被主观因素影响。我国可以借鉴美国的课程评价经验,并结合我国实际情况,进一步完善我国的课程评价体系,提高高等教育教学质量,更好地服务于国家和社会的发展。

三、英国的课程评价

(一)发展概况

英国的课程评价发展历程可以概括为以下几个阶段:

第一阶段,20世纪80年代至90年代初。在这一阶段,英国的课程评价主要关注学校的整体表现以及学校管理的效率和效果。评价方法主要包括学校检查、学校自我评估和学生、家长和教师的反馈。

第二阶段,20世纪90年代中期至21世纪00年代初。在这一阶段,英国的课程评价开始着重关注学生学习和教学质量。评价方法主要包括学校检查、学校自我评估和学生、家长和教师的反馈,同时,引入了统计数据和学生成绩等指标来评估课程成效。

第三阶段,21世纪00年代中后期至今。在这一阶段,英国的课程评价更注重课程质量和评价效果的客观性和可比性。评价方法主要包括学校检查、学校自我评估、学生、家长和教师的反馈以及独立评估机构的评价认证。同时,英国的课程评价也着重关注学生学习能力的培养和创新能力的提升。

英国的课程评价从关注学校管理效率和效果到关注学生学习和教学质量,再到更注重课程质量和评价效果的客观性和可比性,这些阶段的发展体现了英国对于课程评价方法和目标的不断探索和创新,并为其提供了丰富的经验和启示。

英国的课程评价主要由政府部门和独立评估机构进行,旨在评估学校、课程和教师的质量和表现,以促进教育改革和提升教学质量。具体来说包括:第一,学校检查。英国政府设立了教育标准局,负责对学校的整体表现进行检查和评估。学校检查主要关注学校的管理、学生学习成果、教师教学质量等方面,评价结果用于改善学校管理和教学质量。第二,学校自我评估。学校可以自行开展自我评估,以了解自身的优势和不足之处,并制订改进计划。学校自我评估的结果可以用于学校管理和教学质量的提升。第三,学生、家长和教师的反馈。英国的课程评价非常注重学生、家长和教师的反馈和意见。学生和家长可以对学校和教师进行评价,反映学习和教学质量;教师也可以对学生进行评价,反映学生的表现和进步。第四,学生成绩。英国的课程评价也引入了统计数据和学生成绩等指标,以便更全面地评估课程成效和学生学习表现。第五,独立评估机构的评价认证。除了政府部门的学校检查外,英国还有多个独立评估机构,如 OFSTED、ISI 等,负责对学校和课程进行独立评估和认证。这些机构的评价认证有助于提高课程评价的客观性和可比性。英国的课程评价方法非常多元化,包括学校检查、学校自我评估、学生、家长和教师的反馈,以及独立评估机构的评价认证等多种方式,这些评价方法的结合,为英国的教育改革和教学质量提升提供了有效的支持和保障。

(二) 特点与启示

英国的课程评价有以下几个特点:第一,多元化的评价方法。英国的课程评价采用了多种评价方法,包括学校检查、学校自我评估、学生、家长和教师的反馈以及独立评估机构的评价认证等方式。这些方法可以全面、多角度地评估学校、课程和教师的质量和表现。第二,注重学生学习和教学质量。英国的课程评价从 20 世纪 80 年代开始,逐渐从关注学校管理效率和效果转向关注学生学习和教学质量。评价方法也从简单的学校检查和自我评估,发展为包含统计数据和学生成绩等指标的综合评价体系,以更全面地评估课程的成效和学生的学习表现。第三,强调评价结果的应用。英国的课程评价着重关注评价结果的应用,以促进教育改革和提升教学质量。评价结果不仅用于改善学校管理和提高教学质量,还可以帮助政府部门决策和制定政策。第四,强调独立评估机构的重要性。在英国的课程评价中,独立评估机构具有重要的地位。这些机构负责对学校和课程进行独立评估和认证,评价结果具有客观性和可比性,可以提高课程评价的准确性和公正性。英国的课程评价具有多元化、注重学生学习和教学质量、强调评价结果的应用和重视独立评估机构等特点。这些特点有助于提高教学质量,还为其他国家和地区的课程评价提供了有益的借鉴。

英国的课程评价对我国的启示：第一，多元化的评价方法。英国的课程评价采用了多元评价方法，包括学校检查、学校自我评估、学生、家长和教师的反馈以及独立评估机构的评价认证等方式。这些方法可以全面、多角度地评估学校、课程和教师的质量和表现。我国可以借鉴英国的做法，综合采用多元评价方法，通过校行企三方共建质量标准，共评专业课程，以更全面地了解学校、课程和教师的质量和表现。第二，注重学生学习和教学质量。英国的课程评价逐渐从关注学校管理效率和效果转向关注学生学习和教学质量。我国的课程评价也应该以学生的学习和教学质量为核心，更好地促进教育改革和提升教学质量。第三，强调评价结果的应用。英国的课程评价着重关注评价结果的应用，以促进教育改革和提升教学质量。我国的课程评价也应注重评价结果的应用，将评价结果应用到促进教育改革、改进学校管理和提高教学质量，帮助政府部门决策和制定政策等方面，实现高质量发展。第四，重视独立评估机构的重要性。在英国的课程评价中，独立评估机构具有重要的地位。这些机构负责对学校和课程进行独立评估和认证，其评价结果具有客观性和可比性。我国也可以借鉴发展独立评估机构，加强对学校和课程的评估和认证，提高课程评价的准确性和公正性。英国的课程评价对我国提供了一定有益的启示，我国可以借鉴英国的经验，采用多元化评价方法，注重学生学习和教学质量，强调评价结果的应用，发展独立评估机构，提高课程评价的准确性和公正性。

四、日本的课程评价

（一）发展概况

日本的课程评价历程是一个不断地尝试和探索的历程，它建立了一套完善的评价体系，为日本教育的发展提供了保障。日本的课程评价可以分为以下几个阶段：

第一，教育制度改革时期（1868—1945年）。在这个时期，日本开始实行西式教育制度，并对教育进行了一些改革。然而，这个时期的教育评价主要是通过考试和学业成绩来衡量学生的学习成果，没有建立完善的评价体系。

第二，战后重建时期（1945—1960年）。二战后，日本进行了教育改革，推行了新的教育制度。在这个时期，日本开始建立起以测试和考试为核心的评价体系，以此来评估学生的学习成果和教育质量。

第三，学校教育质量提升时期（1960—1990年）。在这个时期，日本开始重视学校教育的质量评价。教育评价成为政府和学校管理部门的重要工作，建立了学校自我评价和校外评价的机制。同时,日本还建立了"学校教育质量评价委员会",对学校进行综合评价。

第四,国际化时期(1990年至今)。在这个时期,随着全球化的发展和国际竞争的加剧,日本的教育评价也开始向国际化方向发展。日本开始关注学生的综合素质和创新能力的评价,构建了以多元评价为核心的评价体系,包括学生成长记录、学校自主评价、社区教育评价等评价方式。渐渐地,日本的课程评价从最初的以考试和学业成绩为核心的评价体系,发展到了以多元评价为核心的评价体系。

日本的课程评价包括以下几种方式:第一,学生成长记录。学生成长记录是日本评价学生综合素质的一种方式,记录学生在学校内外的各种经历和成长情况,包括学习成绩、社会实践、体育与健康、艺术与文化等方面,旨在全面评价学生的综合素质。第二,学校自主评价。学校自主评价是日本评价学校管理和教学质量的一种方式,通过学校内部的评价和改进措施,提高学校的教育质量。学校自主评价主要包括对教师教学、学生学习、学校管理、学校规划等方面的评价。第三,社区教育评价。社区教育评价是日本评价教育服务的一种方式,以社区为单位,评价教育服务的质量和效果。社区教育评价主要包括社区居民对教育服务的认知情况、教育服务的满意度、社区教育的需求情况等方面的评价。第四,校外评价。校外评价是日本评价学校教育质量的一种方式,由独立评价机构或者政府部门对学校进行评价。校外评价主要包括对学校管理、教学质量、师生关系等方面的评价和认证。日本的课程评价主要采用了多元化的评价方式,从学生的综合素质到学校教育质量、教育服务的质量和效果等方面进行评价,旨在全面提升日本教育的质量和效果。

(二)特点与启示

日本的课程评价有以下特点:

第一,教育目标导向。日本的课程评价一直以来都是以教育目标为导向的。评价的重点是评价学生是否达到了教育目标,而不是单纯地评价学习成绩。日本的教育目标包括知识技能、思考力、判断力、表达力等多个方面,评价方法也针对不同的目标设置不同的评价标准。

第二,多元化评价方法。日本的课程评价采用多种方法,包括考试、作业、课堂讨论、小组讨论等。评价方法旨在帮助学生更好地理解和运用所学知识,提高思考和表达能力。

第三,教育评价制度化。日本的课程评价制度化程度较高,政府和学校都设有相应的评价机构和部门。同时,评价机构也会定期公布评价结果,方便学生、家长和教师了解学生的学习状况以及课程的质量。

第四,注重个性化评价。日本的课程评价注重个性化评价,评价机构会根据学生的特点和能力,为他们提供不同的评价方法和支持。同时,日本也推崇"学校教育课程"的理念,鼓励学校和教师根据学生的需求和教育目标,制定个性化的教育课程和评价方法。日本的课程评价特点可以更好地反映学生的学习状况和课程质量,促进学生的全面发展和提高教育质量。

日本的课程评价体系对我国的启示主要包括以下几个方面:

第一,多元化的评价方式。日本的课程评价体系采用了多种评价方式,包括学生成长记录、学校自主评价、社区教育评价和校外评价等。我国可以借鉴这种多元化评价方式,从不同角度全面评价学生的综合素质和提高教育质量。

第二,注重学生综合素质的评价。日本的课程评价体系注重评价学生的综合素质,而非仅仅以考试成绩为准。我国可以从中借鉴,注重学生的全面素质评价,鼓励学生在课程外开展兴趣爱好,提高学生的综合素质。

第三,强调学校自主评价。日本的课程评价体系强调学校的自主评价,通过学校内部的评价和改进措施,提高学校的教育质量。我国也应该进一步推进学校的自主评价,提升学校的教育水平。

第四,政府重视评价工作。日本政府非常重视教育评价工作,制定相关法律和政策,建立了学校教育质量评价委员会,负责对学校进行综合评价和监督,以确保教育质量的提高和保障。我国也应该进一步加强政府对教育评价工作的重视,加强教育质量的监管和保障。日本的课程评价体系为我国教育评价提供了借鉴和参考,我们应该积极学习借鉴,进一步完善课程评价体系,提高教育质量,培养具有全面素质的高级技术技能创新人才。

第三节 产业学院的课程评价策略

一、产业学院的课程评价状况及问题

在产业学院,校企大力开展产教融合,课程评价有了进一步发展,企业更加注重学生的实际能力和应用能力,以能力为核心的评价体系得到了重视;多元化的评价方式得到了广泛的应用,其中包括学生成长记录、学校自主评价、社区教育评价和校外评价等多种方式;产业界对于课程评价的参与度有所提高,企业和行业协会参与到课程评价中,提升教育教学的实效性和实用性。

（一）产业学院的课程评价状况

第一，评价体系从知识导向转向能力导向。在产业界日益注重学生实际应用能力的背景下，课程评价的重点从知识领域转向学生的能力水平。评价体系的重点从知识积累转向能力表现，评价标准也更加注重学生的实际应用能力和职业素养。

第二，多元化评价方式应用广泛。随着产业界和学校的不断协同，多元化的评价方式得到广泛应用，如学生成长记录、学校自主评价、社区教育评价、校外评价等。针对不同的目标制定不同的评价标准，给出多方面的评价结果，从而全面评价学生的表现。

第三，企业参与度逐渐增强。在产业学院，企业对于教育教学的关注度不断提高，企业界对于课程评价的参与度也逐渐提高。企业界参与到课程评价中，促进实践教学与企业需求的对接，提高教育教学的实用性和实效性。

第四，政策支持力度加大。针对产业学院的课程评价，相关政策不断出台，支持课程评价的开展，如《国家职业教育改革实施方案》《中共中央办公厅　国务院办公厅关于推动现代职业教育高质量发展的意见》等文件提出要加强职业教育评价工作等。

第五，人工智能技术应用范围扩大。随着人工智能技术的不断发展，人工智能评测技术也逐渐应用到课程评价中，可以有效提高评价效率，减少人工评价的主观性和不确定性，提高评价的客观性和准确性。

产业学院的课程评价已经发生了明显的变化，评价体系更加注重学生的能力表现和职业素养，多元化评价方式得到广泛应用，企业参与度逐渐增强，政策支持力度加大，人工智能技术应用范围扩大等。这些变化有助于提高教育教学的实用性和实效性，促进产业界与学校的协同发展。

（二）产业学院的课程评价存在的问题

第一，评价体系不够完善。由于产教融合是一个相对新的概念，相关评价体系还没有完善，评价标准和方法需要进一步探索和改进。

第二，评价结果与应用能力脱节。在评价过程中，应用能力评价的结果与实际应用能力之间存在脱节，评价结果与实际能力不符，需要进一步改进评价方式。

第三，评价对象的差异性大。产业学院课程评价的评价对象的差异性很大，少数企业和行业协会参与到课程评价中，而大多数学生并没有得到相应的评价和指导,需要进一步加强对于所有学生的评价和指导。

第四,评价结果的利用率有待提高。在产教融合的背景下,评价结果的利用率有待提高,评价结果往往只停留在评价阶段,没有得到充分利用,需要加强评价结果的应用。

产业学院课程评价存在问题需要我们高度重视,完善评价体系,提高评价结果的利用率,从而促进产教融合的深入发展。

二、产业学院的课程评价策略

在产业学院,课程评价策略需要结合产业需求,注重评价学生的实际应用能力和职业素养。以下是几种常见的课程评价策略:

第一,以能力为核心的评价体系。在产业学院,企业更加注重学生的实际能力和应用能力,因此,以能力为核心的评价体系得到了重视。评价体系的重点从知识积累转向能力表现,评价标准也更加注重学生的实际应用能力和职业素养。

第二,多元化评价方式。在多元化的评价方式可以全面评价学生的表现,包括学生评价、学校自主评价、校外评价、行业企业评价等。针对不同的目标制定不同的评价标准,给出多方面的评价结果。

第三,实践教学与企业需求对接。产业学院的实践教学和企业需求的对接非常重要。课程评价策略需要结合企业需求,注重评价学生的实际应用能力和职业素养,从而提高教育教学的实用性和实效性。

第四,人工智能技术应用。随着人工智能技术的不断发展,人工智能评测技术也逐渐应用到课程评价中。人工智能评测可以有效提高评价效率,减少人工评价的主观性和不确定性,提高评价的客观性和准确性。

第五,注重教师与学生的评价。在产业学院,教师自主评价和学生自主评价非常重要,教师自主评价可以反映教学质量,学生自主评价可以反映教学效果和学习体验。通过教师自主评价和学生自主评价,可以更好地了解课程的实际效果和学生的实际表现。

产业学院的这些评价策略有助于提高教育教学的实用性和实效性,促进学校与产业界的协同发展。

第四节 产业学院的课程评价实践

国家出台的《国务院关于深化教育评价改革的意见》《关于建立职业院校教学工作诊断与改进制度的通知》《高等职业院校内部质量保证体系诊断与改进指导方案(试行)》等文件,明确要求所有高职院校发挥办学主体作用,主动履行质量保证职责,建立常态化的内部质量保证体系和可持续的诊断改进工作制度。课程建设是高职院校内涵建设的基础,高职教育的内涵建设需要以课程建设为基础,建设科学、合理、先进的课程体系,不断优化和升级课程内容和教学方法,更好地适应社会和经济的快速发展,满足人才培养的需求,服务于社会和经济的发展。

一、产业学院的课程评价的意义

产教融合是当前教育教学发展的一个重要趋势,其核心是将教育教学与实际产业需求有机结合起来,培养适应行业发展的应用型人才。在这个背景下,课程评价显得非常必要及重要,具体体现在:

第一,提高教育教学的实用性。产教融合的核心是将教育教学与实际生产需求结合起来,培养适应行业发展的应用型人才。课程评价需要重点关注学生的实际能力和职业素养,以提高教育教学的实用性。

第二,反馈教学成果和学习体验。课程评价可以反馈教学效果和学习体验,让教师进一步了解课程的实际效果和学生的实际表现,从而及时调整教学方法和课程设置。

第三,促进产业界与学校的协同发展。课程评价需要结合产业界的需求,注重评价学生的实际应用能力和职业素养,从而促进产业界与学校的协同发展。

第四,建立学生终身学习的意识。课程评价不仅关注学生的知识积累,更注重学生的实际能力和职业素养,从而促使学生养成终身学习的意识和习惯。

第五,提高学生就业竞争力。课程评价需要注重评价学生的实际应用能力和职业素养,这有助于提高学生的就业竞争力,让学生更好地适应市场需求。

总之,课程评价有助于提高教育教学的实用性,反馈教学效果和学习体验,促进产业界与学校的协同发展,促使学生建立终身学习的意识,提高学生的就业竞争力。通过课程评价,可以更好地培养适应产业发展需要的应用型人才。

二、产业学院的课程评价内容

(一)产业学院的课程评价指标建立原则

第一,应用导向原则。产业学院的课程评价应该注重学生的实际应用能力和职业素养,评价指标应该以学生的实际能力和职业素养为导向。

第二,多元化原则。课程评价指标应该多样化,包括学生成绩评价、学生作品评价、学生自评、教师评价、企业评价等,从不同角度全面评价学生的表现。

第三,市场导向原则。课程评价指标应该与市场需求相结合,对于特定行业和专业,应该结合市场需求,设置相应的课程评价指标。

第四,经验积累原则。课程评价指标应该结合教学经验和学生反馈,不断优化和完善评价体系。

第五,简洁明了原则。课程评价指标应该简洁明了,易于理解和操作,避免过于复杂和烦琐,让学生和教师能够方便地了解和掌握评价标准。

第六,公平公正原则。课程评价指标的建设应该公平公正,避免主观性和个人偏见对评价结果产生影响,确保评价结果的客观性和准确性。

只有建立符合这些原则的评价指标体系,才能更好地反映学生的实际表现和满足市场需求。

(二)产业学院的课程评价指标体系的构成

产业学院的课程评价指标体系的构成可以从以下几个方面考虑:

第一,教学团队能力评价指标。它包括教师团队专业知识水平、教学水平、团队建设水平、校企合作水平、沟通表达能力、职业技术技能、创新水平等评价指标。

第二,教学方法评价指标。它包括教师的授课方式、教学资源使用、教学效果、教学互动等多方面的评价指标。

第三,学习体验评价指标。它包括学生对于课程的满意度、对于教学质量的评价、对于学习收获的评价等多方面的评价指标。

第四,产业契合评价指标。它包括是否根据区域产业优化课程体系、教学目标和课程内容,是否符合国家职业教育教学标准、职业标准(规范)、职业技能等级标准,教学内容深度和广度,是否体现产业发展新趋势、新业态、新模式,体现专业升级和数字化改造等。

第五,实践环节评价指标。它包括实践教学是否体现岗位特征和职业性,实践教学场景是否与生产车间相融合;实训项目是否具有前瞻性,是否能够适合学生的未来岗位需求且培养学生的职业能力效果明显;实践教学基地是否能够对课程教学模式改革提供相应的支持和保障,为课程实践教学提供真实的职业环境,满足学生了解行业企业实际、体验行业企业文化的需要。

实际上,在构建课程评价指标体系时,还应考虑其他方面的指标,比如教育教学质量评价指标、课程管理评价指标等。需要注意的是,课程评价指标体系的构建需要适应不同专业领域、不同行业的实际需求,因此,具体的课程评价指标应该根据不同的课程和领域做出调整和补充。同时,所有的课程评价指标都应该符合评价原则,即应用导向原则、多元化原则、市场导向原则、经验积累原则、简洁明了原则和公平公正原则。这样才能更好地为学生和教师提供有效的评价标准和依据。

(三)产业学院的课程评价标准

1. 校企合作示范课程评价标准

表 7-1

序号	指标	观测点
1	教学理念	1. 坚持立德树人,树立正确的理想信念,塑造学生正确的世界观、人生观、价值观。2. 应用先进的教学理念,实现以学生发展为中心的教学追求
2	课程教学团队	1. 课程团队结构及任务分工合理,教学改革意愿强烈、教学能力强,老中青传帮带效果显著。2. 加强教学研究和教学改革,研讨充分,有明显的改进提升效果。3. 与行业企业合作紧密,开发团队组成合理,积极引入技能大师、来自行业企业的高水平技能型兼职教师
3	课程定位	1. 进行充分的行业企业调研,在确认专业能力体系的基础上,本课程所承担的培养任务清晰,岗位分析明确。2. 课程设置与岗位工作深度融合,构建服务于融岗位工作要求、行业要求及学生人生职业发展于一体的课程内容体系。3. 明确前导与后续课程,本课程对学生岗位工作能力培养和职业素养养成起主要支撑作用或明显促进作用,且与前导、后续课程衔接得当
4	课程目标	1. 符合企业岗位任务要求且达成度高,有效支撑专业人才培养目标。2. 突出能力本位,注重培育学生的学习能力、信息素养、创新能力及精益求精的工匠精神和爱岗敬业的劳动态度

续表 7-1

序号	指标	观测点
5	实践环境设计	1. 实践教学体现岗位特征和职业性,实践教学场景与生产车间的融合性。2. 单项实训项目应具有前瞻性,适合学生未来岗位需求,培养学生的职业能力效果明显,有效利用实践教学条件,创造性地开展社会职业技能培训项目。3. 实践教学条件能满足教学要求,能进行开放式教学,效果明显。4. 实践教学基地能够对课程教学模式改革提供相应的支持和保障,为课程实践教学提供真实的职业环境,能满足学生了解行业企业实际、体验行业企业文化的需要
6	课程教学设计	1. 依据学校实际使用的专业人才培养方案和课程标准(专业课教学应体现行动导向的模块化课程设计、项目式教学实施),围绕目标达成、教学内容、组织实施和多元评价需求进行课程整体规划。2. 围绕岗位工作任务与教学目标,进行学情分析,确定教学目标,优化教学过程。针对不同生源分类施教、因材施教。3. 合理运用平台、技术、方法和资源等组织教育教学,进行考核与评价,持续开展教学诊断与改进。4. 专业(技能)课程鼓励按照生产实际和岗位需求设计模块化课程,强化工学结合、理实一体,实施项目教学、案例教学、情境教学等行动导向教学
7	课程内容	1. 根据职业教育国家教学标准要求,对接职业标准(规范)、职业技能等级标准等,优化课程体系和教学目标。2. 拓展教学内容深度和广度,体现产业发展新趋势、新业态、新模式,体现专业升级和数字化改造。3. 结合专业特点,做好课程思政的系统设计,有机融入劳动精神、工匠精神、劳模精神等育人新要求,实现润物无声的育人效果。4. 优化实践教学体系,实训教学内容应体现真实工作任务、项目及工作流程、过程等。5. 根据教学内容建设的教学资源丰富多样,体现科学性与适用性
8	课程资源开发	1. 教材开发。与企业合作编写课岗融合特色教材,大量引用企业实际的工作案例与问题,突出实用性与先进性。2. 教学资源建设内容丰富,符合高质量课程设计要求,满足网络教学需要。有案例集、图片库等资料为学生的课外学习提供帮助,有高水平的教学文件、教学录像、演示录像、技术支持库等资料,为学生的自主学习提供有效的支撑。3. 通过自建或引用校外优质音视频、图文等资源,建设课程,针对教学重难点,行业新技术、新工艺、新方法、新规范、新标准,定期更新线上资源。能有效进行资源共享、互动交流和自主式与协作式学习。4. 预期成果指标:线上资源建设数据:视频 200 分钟,非视频资源 80 个,习题数 200 道,发布测验与作业 300 道,互动交流发帖数 500 帖,试题数 80 题

续表 7-1

序号	指标	观测点
9	教学组织与实施	1. 根据学生认知规律和课程特点,创新教学模式,教学方法得当,突出学生中心,强调知行合一,实行因材施教。2. 教学实施注重实效性,突出教学重点难点的解决方法和策略,关注师生、生生的深度有效互动,收集教师教、学生学的行为信息,并根据反映出的问题及时调整教学策略。3. 合理选用国家规划教材和优质精品教材,专业(技能)课程应积极引入典型生产案例,使用新型活页式、工作手册式教材及配套的信息化学习资源。4. 合理运用虚拟仿真、虚拟现实、增强现实和混合现实等信息技术手段,通过教师规范操作、有效示教,提高学生基于任务(项目)分析问题、解决问题的能力,培育学生职业精神和创新思维
10	课程管理与评价反思	1. 合理运用信息技术和信息化教学设施设备提高教学与管理成效。课程标准、教案、教学进度表完整、规范、简明、真实、可借鉴可监督。2. 深入贯彻落实《深化新时代教育评价改革总体方案》,改进结果评价,强化过程评价,探索增值评价,健全综合评价;鼓励依托线上平台和软件工具,运用大数据、人工智能等现代信息技术,开展教与学行为分析。3. 针对教学目标、教学内容、教学组织等采用多元化考核评价,诊断与改进积极有效。4. 教学实施后应充分反思在教学理念、教学设计、教学实施、教学评价过程中形成的经验与存在的不足,总结在课程思政、素养教育、重点突出、难点突破等方面的改革与创新,做到设计理念、教学实施与育人成效的有机统一
11	信息安全与知识产权保障	1. 课程团队需严格遵守国家安全、保密和法律规定,防范和及时制止网络有害信息的传播。2. 重视版权和知识产权,不得侵犯知识产权、肖像权等他人合法权益。3. 除特别约定外,自建课程的著作权归学校所有,使用权归属课程团队
12	否定指标	1. 申报示范课教师的质量评价结果未达到所在二级学院前 30%。2. 申报示范课教师当年出现教学事故、违反师德师风行为规范。3. 获得示范课的教师在有效期内出现教学事故或教学质量明显下降,经教学指导委员会审核,可取消其示范课称号

2. 学生课程教学评价标准

表 7-2

评价指标		
一级指标	二级指标	内容
教学理念与态度	教学理念	根据课程特点有机引入思政元素,有机融入劳动精神、工匠精神、劳模精神等育人新要求,注重培养我们的职业素质和良好心态
	教学态度	备课准备充分,教学资源与课程特点、学情现状、学习目标相匹配,授课前在学习群就把课堂重难点、案例等资料发送给我们,让我们提前预习
教学内容	内容选取	教学内容与当下国家职业(技能等级)标准、职业岗位实际工作任务需求吻合,感觉非常受用
	内容组织	根据工作任务及其工作过程整合课堂内容,使授课内容循序渐进、过程清晰
	教材选用	选用国家规划教材或优质精品教材,引入典型案例,使用新型活页式、工作手册式教材及配套的信息化学习资源,使我们获益匪浅
教学技能	基础技能	老师着装得体,为人师表,普通话准确,语言精练,语速、音量适中,大家乐于倾听
	专业技能	合理运用虚拟仿真、虚拟现实、增强现实和混合现实等信息技术手段,让我们集中精力有序学习,不敢懈怠
		准备了优质线上、教学资源,如视频、动画、图片等素材,增加了课堂趣味性,提高我们的注意力
		通过良好的教学情境设计,灵活运用案例分析、分组讨论、角色扮演等教学方法,让我们乐于积极参与课堂教学活动
教学效果	课堂反应	同学们认真参与教学活动,发言踊跃,教学秩序良好
	课堂目标	同学们能准确完成课堂作业、回答问题,课堂任务能如期完成,上课效果很棒
教学持续	重视评价	重视同学的评价和学习反馈意见,课中或课后会组织学习效果的问卷调查
	课后互动	设置课后互动环节,如问题讨论、留言、在线辅导答疑等;及时对作业进行批阅和反馈,根据反馈调整教学活动

(四) 开展课程诊改工作的程序

第一阶段,课程自我诊断。课程负责人根据诊断与改进工作要求,准备课程标准、课程教案、课程教学资源、课程教学 PPT、课程评价等相关资料,根据多方信息反馈(通过"教学测评"系统查看学生评价、督导评价等)进行常态化诊断与改进工作,编写课程诊改自评报告。

第二阶段,学校收集汇总课程相关资料并审核。学校在各课程上报资料的基础上,收集相关数据和信息,审核课程自评报告,确认数据无误。

第三阶段,组织校内外专家通过线上线下相结合的方式进行诊断,形成评价结果,并反馈诊断与改进意见和建议。

第四阶段,二级学院根据评价结果和诊改意见,会同任课教师共同制定改进方案,实施改进措施,及时调整课程定位、课程标准、课程设计等,并建立持续改进机制,确保提高课程建设质量和效率。诊断改进工作中优秀的课程,可进行示范展示,以便推广交流。

(五) 开展课程诊改重点关注的环节

第一,确定目标范围。在开展课程诊断与改进工作前,需要明确诊断和改进的目标和范围。同时,需要将目标和范围与教学目标和大纲相对应,确保课程诊断工作的目标和范围符合教学实际。

第二,选择方法。根据课程的特点和诊断的目标,选择合适的诊断方法。常用的方法包括教学观察、问卷调查、学生反馈、课堂听讲等。

第三,收集信息。在诊断课程时,需要收集充分的信息,包括学生的学习情况、教师的教学方法和课程内容等。同时,需要确保信息的真实性和客观性。

第四,分析总结。在收集到足够的信息后,需要对信息进行分析和总结,找出问题的症结所在,确定改进方案和措施。

第五,持续改进。课程诊断和改进是一个不断循环的过程,需要持续进行。课程诊断和改进工作的结果需要及时反馈到教学实践中,不断完善和优化教学内容和教学方法。

第六,反馈沟通。教师是课程诊断与改进工作的关键参与者,需要与教师充分沟通,让教师对诊断与改进工作充满信心和热情,提高教师的诊断和改进能力。

第八章 产业学院的教师评价体系构建

随着我国经济发展方式的转变与产业转型升级进程的加快,职业教育产教融合已经进入了全面深化、提质培优的新阶段,提高产教融合质量成为未来一段时期我国产教融合建设的主要任务,其中,着力构建科学的教师评价体系显得尤为重要。产业学院教师评价体系的构建,需要充分考虑学校、行业企业、教师和学生等各参与主体的现实需求,构建的评价体系涉及组织保障、课程和教学、学生成果、行业企业协调指导、教师发展等因素。

教师评价可以成为一个关键杠杆,使人们更加关注教学质量和教师的持续专业发展,有效的教师评价体系具有很好的激励作用,为教师教学能力展现提供良好表现的机会,有助于提升教师作为职业选择的吸引力以及教师的形象和地位,包括提升对教师工作成果的认可度;还可以帮助学校对教师个人能力、表现和动机进行洞察,促使教师在职业生涯中不断进步,并根据评价结果对他们赋予新的角色和责任。随着用人单位和学生家长对学生学习质量期望值的提升,唯有不断提供高质量的教育方能满足要求,这些都有赖于科学的教师评价体系的构建。

第一节 产业学院的教师评价概况

教师评价的方法千差万别,为了确保在整个教育系统中对教师进行有效的评估,所有学校高层都要理解什么是"高质量教学"。教师所需要的能力应该是帮助学生达到明确的学习目标的能力。教师的工作和他们需要的有效知识技能必须要达到学校的要求以及行业企业标准。

Danielson的教师评价体系框架提供了一个"路线图"来指导评价工作开展,并收集改进工作的建议。该框架将教师的责任分为四个主要方面:计划和准备、课堂环境、课程指导和专业责任。第一,计划和准备。展示内容和教学法的知识,展示学生的知识,选择教学目标,设计连贯的教学,评估学生的学习。第二,课堂环境。创造尊重和融洽的环境,建立学习文化,管理课堂程序,管理学生行为。第三,课程指导。清晰准确地交流,使用提问和讨论技巧,让学生参与学习,向学生提供反馈，展示灵活性和响应能力。第四，专业责任。反思教学，保持准确的记录，加强与行业企业合作联系，为地域经济发展作出贡献。这一框架影响了世界各地大量的教师评价系统。

教师评价通常采用外部评价和内部评价来进行。外部评价指评价者主要是被评价教师任教的学校以外的人，内部评价指评价者大多来自学校内部本身。内部评价的优点是评价标准可以更好地适应特定的学校环境，且评价者熟悉教师工作的环境，更能赢得学校教师和学校领导的支持。当目标是为了诊断改进时，内部评价更为合适，但当目标为更大的责任时，外部评价则更合适。有外部人员参与的评价标准框和程序有助于确保各学校的标准一致，在现实生活中，大多数学校更关注评价标准的合规性。

第二节 德美英日教师评价发展情况

一、德国的教师评价

德国的教育体系注重教师的专业发展和自我评价。教师需要不断地反思自己的教学实践，参加培训和进修课程，以提高自己的教学水平和专业素养。教育机构也会为教师提供支持和资源，以帮助他们实现自我评价和提高教学质量。

（一）发展概况

德国的教师评价经历了以下主要发展阶段：

第一，初期阶段（20世纪初至20世纪60年代）。这个阶段的德国教师评价主要基于教学经验和教育背景进行评估，缺乏系统性和客观性。评估结果没有公开，也没有反馈给教师。

第二，民主化阶段（20世纪60年代至80年代）。在这一阶段，德国开始推行民主化教育改革，教师评价也进入了一个新的阶段。评价方法更加规范和系统化，评价结果公开并反馈给教师。评价内容包括教师的教学经验、教育背景、教学效果等方面。

第三，教育质量保障阶段（80年代至今）。在这个阶段，德国教师评价主要是以教育质量保障为目标，评估内容更加全面和科学化。评估方法包括学生评价、同行评价、自我评价等，评估结果可以参与职业晋升和绩效薪酬的决定。同时，评估结果也会用于改进教育教学质量和提高学生学习效果。近年来，随着技术的发展和信息的普及,德国的教师评价逐渐趋向数字化。学生和家长可以通过在线问卷或移动应用程序对教师进行评价,从而提高评价的效率和准确性。

总的来说,德国的教师评价在不断地发展和完善,旨在提高教师的专业水平和教学质量,促进教育改革和学生的发展。德国的教师评价主要以学生评价、家长评价和同事评价为主,旨在提高教师的专业水平和教学质量,促进教育改革和学生的发展。(1)学生评价。学生通过填写问卷或参与讨论小组来评价教师的教学质量、课堂管理、沟通能力等方面。学生评价的结果会被汇总成绩,并用作教师职业生涯晋升和评估的重要依据。(2)家长评价。家长可以通过向学校管理层提供反馈来评价教师的表现和学校的服务质量,这些反馈可以是书面的,也可以是面对面的讨论。(3)同事评价。教师之间可以相互评价和支持,通过观察同事的课堂,提供反馈和建议,促进彼此的专业发展。(4)自我评价。教师通过反思自己的教学实践和参加培训和进修课程来提高自己的教学水平和专业素养。这是德国教师评价体系中的重要组成部分。(5)外部评价。在某些情况下,专业的评估师或教育机构可以对教师进行评价,这种评价通常是在教师晋升或聘用时进行的。

(二)特点与启示

德国的教师评价具有以下特点:第一,多元化。德国的教师评价不仅包括学生、家长和同事的评价,还包括自我评价和外部评价。这种多元化的评价方式,可以更全面、客观地评估教师的教学质量和专业水平。第二,反馈及时。德国的教师评价反馈及时,学生、家长和同事的反馈通常在课程结束后不久就会得到。这种及时的反馈可以帮助教师及早发现问题,及时改进教学。第三,促进发展。德国的教师评价不仅是对教师工作的评估,也是教师专业发展的机会。通过评价,教师可以发现自己的不足之处,进而制订改进计划和参加专业的培训和进修课程,提高自己的教学水平和专业素养。第四,倡导合作。德国的教师评价倡导合作。教师之间可以相互观摩和评价,共同探讨和解决教学中遇到的问题,促进彼此的专业发展。第五,学生参与。德国的教师评价重视学生的参与。学生可以通过填写问卷或参与讨论小组来评价教师的教学质量和表现。这种学生参与评价的方式,可以更好地反映出教师的教学效果和学生的反馈。

德国的教师评价给我国带来的启示:第一,多元化的评价方式。德国的教师评价不仅包括学生、家长和同事的评价,还包括自我评价和外部评价。我国可以借鉴这种多元化的评价方式,更全面、客观地评估教师的教学质量和专业水平;第二,评价反馈及时充分。德国的教师评价反馈及时,可以帮助教师及早发现问题,及时改进教学。我国应加加强对教师的反馈机制,及时了解教师的教学情况,帮助教师发现问题,及时改进。第三,评价促进教师专业发展。德国的教师评价不仅是对教师工作的评估,也是教师专业发展的机会。我国应该重视教师的专业发展,提供更多的培训和进修机会,帮助教师提高自己的教学水平和专业素养。第四,注重合作推广。德国的教师评价倡导合作,我国也应该加强教师之间的合作,推广同行评课、教学观摩等方式,促进教师专业发展。第五,重视学生参与。德国的教师评价重视学生的参与。我国也应鼓励学生积极参与教师评价,及时反映出教师的教学效果和学生学习情况,从而帮助教师改进教学。同时,学生也要在评价中提出合理、具体的建议和意见,促进教育教学改革和进步。

二、美国的教师评价

(一) 发展概况

美国的教师评价经历了多个发展阶段,从初期的主观观察到现代化的数据测量,再到全面评估和教师评价改革,不断探索有效的评价方式,以提高教师的专业水平和教学质量。

第一,初期阶段。20世纪初,美国的教师评价主要是由校长进行的,评价标准较为主观,而且缺乏系统性和科学性。在这个时期,教师评价主要是传统的观察和口头反馈。

第二,现代化阶段。20世纪40年代到60年代,美国开始采取更多的数据和测量工具,例如问卷调查和考试等,来评价教师的绩效和学生的学习效果。在这个时期,标准化测试在教师评价中扮演了重要角色,但也引起了一些争议。

第三,全面评估阶段。20世纪70年代到80年代,美国开始重视多种评估方式的综合使用,例如学生评价、同行评估和课堂观察等,来评价教师的绩效和学生的学习成果。在这个时期,教师的评价标准和评价流程开始变得更加科学和系统化。

第四,教师评价改革阶段。21世纪初,美国开始进行教师评价改革,旨在更好地评估教师的绩效、提高教学质量和学生学习成果。在这个时期,教师评价主要是基于学生表现的数据,例如学生成绩和成长数据等,来评价教师的表现。同时,也强调了使用多种评估方式的综合性,以更好地反映教师的绩效和表现。

（二）特点与启示

美国的教师评价具有以下特点：第一，多元化的评价方式。美国的教师评价采用多种评价方式，包括学生评价、同行评估、学校管理员评价、校外标准化测试评价等。此外，也会考虑学生学习成绩、教师教育背景和教学经验等因素，以便全面、客观地评估教师的绩效和专业水平。第二，数据化的评价。在美国的教师评价中，数据化的评价已成为重要的评估手段之一。教师的表现通常通过学生的学习成绩、成长数据以及其他数据进行评估，评价标准逐渐向科学化发展，通常基于教育学和教学理论，而非基于主观观察和口头反馈，以确保评价的公正性和准确性。第三，教学效果导向。美国的教师评价注重评价教师的教学效果，即学生的学习效果，评价的重点是教师是否能够帮助学生提高学习成绩，而不是单纯地评价教师的教学方法或教学经验。第四，评价的反馈和改进。美国的教师评价注重反馈和改进，评价结果主要用于教师的职业发展和教学改进。这一结果会参与职业晋升和绩效薪酬的决定，同时也会提供给教师改进教学的反馈和支持，教师收到评估结果和建议后，可以有针对性地改进教学，提高教学质量。第五，公平性和透明度。美国的教师评价要求评价体系的公平性和透明度，评价结果需要公示或向学生、家长和教师公开，教师也有权利对评价结果进行申诉。

美国的教师评价对我国的启示：第一，多元化的评价方式。美国的教师评价采用多种评价方式，包括学生评价、同行评估、学校管理员评价和校外标准化测试评价等。这种评价方式可以在一定程度上弥补单一评价方式的不足，为教师提供全面、客观的评估。第二，数据化的评价。美国的教师评价注重数据化评价，教师的表现通常通过学生的学习成绩、成长数据以及其他数据进行评估。这种评价方式可以更加客观地反映教师的教学效果和学生的学习效果。第三，反馈和改进。美国的教师评价注重反馈和改进，教师会收到他们的评估结果和建议，以帮助他们改进教学和提高教学质量。我国可以借鉴，加强教师教学反思和自我提升。第四，注重学生的学习效果评价。美国的教师评价重点是教师是否能够帮助学生提高学习成绩，而不是单纯地评价教师的教学方法或教学经验，学生的学习效果评价通常采用学生学习成绩、学生参与度、学习能力等指标。这些指标可以从不同的角度反映教师的教学效果和教育质量，帮助教师全面了解自己的教学情况，并为改进教学提供多方面的支持和建议。总的来说，美国的教师评价经验对我国有一定的借鉴意义，我们需要根据自身国情，建立适合我国教育现状的教师评价体系，以提高教师的专业水平和教学质量，促进教育事业的持续发展。

三、英国的教师评价

英国的教师评价旨在评估教师的教学能力,以提高教学质量,促进学生学习成绩的提高。教师评价的结果也会被用于决定教师的晋升和奖励,以及选择是否续约。评价采用多种评价方式,包括学生评价、同事评价、教学观察、学校管理者评价等。

(一)发展概况

20世纪60年代至70年代,英国的教师评价主要是通过同行评价和教学观察来进行的。评价的主要目的是提高教师的专业能力和教学质量。同行评价指的是教师之间的评价,评价的内容包括教学质量、教学效果、教学策略等方面,目的是提供教师的反馈和支持,并提供改进教学的建议。教学观察则是学校管理者对教师的教学进行观察和评估,观察的内容包括教学策略、课堂管理、学生参与度等方面。教学观察的目的是帮助教师了解自己的教学表现,并提供改进教学的建议。在这一时期,英国的教师评价主要是由学校内部的管理者和教师进行的,评价的内容和标准也较为简单,但奠定了英国教育体系中教师评价的基础。

1988年,英国通过了《教育改革法案》(Education Reform Act),这个法案对英国的教育体系进行了重大改革,也对教师评价提出了新的要求和标准。该法案要求每所学校都要设立一名专门负责教师评价的人员,称为"教育质量保证主任"(Director of Education Quality Assurance)。这个职位的主要任务是监督并协调学校内部的教师评价工作,确保教师评价的公正、客观和科学。此外,该法案还规定了教师评价的标准和程序,为英国教育体系中教师评价的发展奠定了基础。

1997年,英国教师评价虽然仍然强调考试结果,但它也开始考虑学生的反馈和教师的个人发展。这为今后的教师评价提出了更高的标准和要求,诸如教师的多元评价和个性化培训等,进一步推动了教育改革,重视教师评价的作用和意义。

2004年,英国出台了《教师评价和薪酬改革计划》(Teachers' Appraisal and Pay Reform Plan),将评价和薪酬挂钩,强调多元化评价和持续发展,以提高教师的专业能力和教学质量。该计划推动了英国教育体系中教师评价的发展,为今后的教师评价提供了更高的标准和要求。这个计划对教师评价制度进行了重大改革。

2012年,英国教师评价再次进行了改革,出台了《教师评价和发展计划》(Teacher Appraisal and Development Plan),强调了多元评价,包括学生和家长的反馈、同事和学校管理者的评价、课堂观察和教学设计等。应根据不同教师的能力和特点进行个性化评价,评价结果作为教师发展计划的基础,帮助教师针对性地改进教学。进行自评和反思,发现自己的优势和不足,并为改进而努力,持续参加专业发展课程和培训,以提高自己的教学能力和专业素养。这些改革措施为英国教育体系中教师评价提供了更加全面和科学的评价标准和方法,使教师评价更加客观、公正和有效。

总的来说,英国的教师评价经历了多个阶段的发展过程,从最初的同行评估和教学观察,到推出国家教育标准和建立新的评价标准,再到基于学生表现的教师评价体系。这些发展历程展示了英国政府重视教师评价,并不断探索和完善评价体系的决心和努力。

(二) 特点与启示

英国的教师评价具有以下几个特点:第一,多元评价。英国的教师评价不再仅仅依据学生的考试成绩,而是采用多种方法进行评价,包括学生和家长的反馈、同事和学校管理者的评价、教学设计和课堂观察等。第二,个性评价。英国的教师评价重视教师个人的能力和特点,根据教师的不同情况进行个性化评价,以便针对性地改进教学。第三,持续发展。英国的教师评价强调教师持续发展的重要性,教师应该参加各种专业发展课程和培训,以提高自己的教学水平和专业素养。第四,自评反思。英国的教师评价鼓励教师自我评价和反思,以便发现自己的优势和不足,并为改进而努力。第五,薪酬激励。英国教师评价将教师的薪酬与评价结果相关联,以激励教师更加努力地工作和改进教学。这些特点为英国的教育体系提供了更科学和有效的教师评价标准和方法,使教师评价更加公正、客观。

英国的教师评价对我国的启示:第一,多元化评价。我国可借鉴采用多元化的评价方法,包括学生和家长的反馈、同事和学校管理者的评价、教学设计和课堂观察等,以全面地评价教师的教学能力。第二,个性化评价。评价结果可考虑根据教师不同的能力和特点进行个性化评价,帮助教师为自己的发展制订相应的计划。第三,持续发展。评价促使教师持续参加专业发展课程和培训,以提高自己的教学能力和专业素养。第四,自我反思。教师要参与到自我评价和反思的过程中,以发现自己的优势和不足,并为改进而努力。第五,激励措施。应将评价结果与教师的绩效工资相关联,激励教师更加努力地工作和改进教学。总的来说,我国可根据本国的实际情况和特点,采用合适的评价标准和方法,以全面提高教师的教学能力和专业素养,为学生提供更好的教育服务。

四、日本的教师评价

（一）发展概况

20世纪60年代至70年代，日本政府开始实施教育改革，推广教育评价制度，采用统一的教师评价标准，评价内容主要是教学效果和学生考试成绩。20世纪80年代至90年代，随着教育改革的不断深入，日本教育机构开始尝试采用多元化的评价方法，评价内容也不再局限于学生的考试成绩，而是注重学生和家长的意见反馈、教学设计和课堂观察等方面。2000年至今，日本政府开始鼓励学校和教育机构制定自己的评价标准和方法，注重个性化评价和持续发展。同时，政府和第三方机构也开始参与到教师评价中来，对教师进行审核监督，以确保评价的公正性和客观性。总体来看，日本的教师评价经历了从单一到多元、从统一到个性化、从内部到外部的发展过程。评价方法也从简单的考试成绩到多维度的评价方法，包括学生和家长的意见反馈、同事和上级的评价、教学设计和课堂观察等。这些变化和发展，都提高了教师评价的公正性和准确性，也更好地促进了教师的持续发展和教育质量的提高。

日本的教师评价主要分为两类：一类是学校内部的评价。其评价内容包括教学效果、教育观念、工作态度等方面，评价方式多种多样，包括学生和家长的意见反馈、同事和上级的评价、课堂观察等。学校内部的评价可以帮助教师了解自己的工作情况，并进行改进。另一类是政府或第三方机构的评价。日本政府通过对教师评价，了解教师的教学质量和工作水平，评价结果会用于教师晋升和薪酬等方面，第三方机构也会对教师进行评价，其评价标准和方式多样，例如，对教师的教学设计、课堂教学、教学效果等方面进行评价。

（二）特点与启示

日本的教师评价的特点：第一，重视学生的评价。在日本的教师评价体系中，学生的评价是非常重要的。学生可以使用问卷调查等方式向教师提供反馈，评价教师的教学效果和教育质量。这种评价方式可以让教师更加了解学生的需求和意见，从而提高教学效果。第二，强调同行评价。日本的教师评价体系也非常注重同行评价，教师可以参与同行评估，对其他教师的教学进行评价和反馈，以提升教学质量和教育水平。第三，注重个人职业发展计划。日本的教师评价体系中，个人职业发展计划也是一种重要的评价方式。教师可以制订个人职业发展计划，规划自己的职业发展,提高教学水平。第四,注重教育督导评价。在日本的教师评价体系中,教育督导评价也扮演着重要的角色。教育督导员会定期对教师的教育和教学质量进行评估,提供改进建议和指导。第五,注重教师专业素养。日本的教师评价体系和日本教育的理念相似,强调教师的专业素养和职业道德,注重教师的专业能力和教学效果,以提高学生的学习和发展水平。

日本的教师评价体系给我国的启示:第一,在我国的教师评价体系构建中,可以充分借鉴实施多元化评价、个性化评价、学生评价、自我评价、第三方评价等多种方式,通过学生、家长、同事、企业、领导、上级等多方评价,采用课堂观察、资料检查等多个环节,全面了解教师的教学能力和工作表现,这对于提高评价的准确性和公正性具有重要意义。第二,教师可以通过反思自己的教学方法和成果,发现自己的优点和不足,制订相应的改进计划,以提高自己的教学水平、工作表现、专业素养和职业道德水平。第三,政府和第三方机构也可参与到教师评价中,对评价结果的公正性和客观性进行监督和审核,从而提高评价的科学性和有效性,促进教育的不断发展。

第三节 产业学院的教师评价构建策略

一、产业学院的教师评价特点

(一)评价机构"四参与"

产业学院的教师评价体系应该涵盖行业协会、企业、学校和学生四主体,行企了解并指导人才培养的全过程,学生享有对所接受教育的知情权,学校的作用是在行企与学生之间构建紧密联系。对此,可以建立产教融合联合体,由行业企业、学校和学生代表参加,对教师队伍情况严格把关,由行、企、校、生四方共同参与到教师评价之中。

(二)评价体系"三共建"

产教融合的教师教学质量评价应该由产教双方共建教学质量标准体系、教学质量评价标准体系和教学质量保证体系。教学质量标准体系要求产教双方对教学条件、专业设置、课程体系开发等进行科学规划,共同制定人才培养标准,确保人才培养目标与行企的需求相符合。教学质量评价标准体系要求产教双方依据行企对人才培养的需求,共同制定各教学环节的实施方案、质量评价标准和反馈方式等,将教学过程评价与结果评价、单一评价指标与综合评价指标有机结合,采用产教双向评价的方式,重视评价指标与教学过程的紧密结合。教学质量保证体系要求产教双方建立岗位互聘机制,建立产教融合共同体,对教学组织、生产过程和能力考核等进行指导与管理,提高教师教学质量。

(三)评价标准"两结合"

产业学院教师评价要求职业院校将评价由校内延伸到校外,结合行企对职业能力的考核标准,构建"过程与结果相结合,校内与校外相结合"的双结合运行机制。校内重点让学生参与教师评价,这可以帮助教师更好地了解自己的优势和不足,进而改进自己的教学方法。校外邀请企业、行业协会等外部机构对教师进行评价,以提高教师的专业水平和实际应用能力。重点评价教师的教学质量、科研能力、社会服务、师德师风等,全面评价教师综合能力。

(四)运行机制"一平台"

产业学院的教师评价运行机制应当充分运用现代信息技术构建人才培养指标大数据平台,将各项指标数据化,借助大数据平台进行产教融合自我评估评价,进行数据分析,撰写课程改革、专业建设、实践教学、师资团队建设等分析报告,为开展教育活动提供有力抓手。[①] 借助该数据平台,还可完成教学信息发布、师生互动、学生实习管理、教学质量评价等工作,实时监控教学质量。在大数据平台基础上进行教学活动和评价,促进专业建设和发展,使教学质量管理朝着信息化、现代化的方向发展。

(五)评价模式综合化

综合评价模式是一种综合多个方面对教师进行评价的方法。在产业学院,可以通过综合评价模式来全面、客观、科学地评价教师的综合能力和专业水平。综合评价应该包括教学质量、科研能力、社会服务、师德师风等多个方面的指标,以全面评价教师的综合能力。根据不同的工作职责和岗位要求,合理分配各项指标的权重,确保评价结果的公正性和客观性。评价周期应该较长,以确保评价结果的可靠性和有效性,并且要与产业发展的周期相适应。评价方式可包括自评、同

---

① 张燕琴,潘利强,王书荣,等.校企"二元制"培养模式下教学质量评价体系的构建[J].湖北开放职业学院学报,2020,33(8):48-49.

行评价和第三方评价等多种方式,以确保评价的客观性和准确性。建立激励机制,对表现出色的教师给予奖励,提高教师的工作积极性和工作动力,鼓励教师积极参与产教融合活动,提高教学水平和专业能力。将评价结果及时反馈给教师,让教师了解自己在各项指标上的表现和不足,帮助教师改进自己的教学方法和提高工作质量。

二、产业学院的教师评价程序

(一)构建教师评价框架

建立一个系统的、连贯的教师评价框架,从师德师风、教育教学、学生工作、教科研成果、社会服务等方面对教师进行综合评价。评价方法要适应教师职业生涯的不同阶段,建立与专业学习和职业发展挂钩的连续评价机制。

(二)建立形成性评价

在教学过程中对教师的教学行为和学生的学习效果进行持续的观察、记录和反馈,以促进教师和学生的共同进步。这是一种以发展为目的的教育评价方法,定期形成性评价可产生有意义的报告,对职业发展提出建议。这种评价更有可能赢得被评价教师的信任,教师更容易开展自我反思,并在访谈中表达他们的感受和关切,而不必担心潜在的威胁。

(三)制定发展性评价

以教师专业发展为目标,通过对教师的自我评价、同行评价、学生评价、校外专家评价等多元化的信息收集和分析,为教师提供个性化的指导和支持,激发教师的内在动机和创新能力。在教师职业生涯的关键阶段对教师进行发展性评价,将优秀教师的晋升原则与职业机会联系起来,提高评价的应用能力,使评价结果成为认可和奖励优秀教师的依据。这种制度可以将教师评价结果和职业发展之间建立直接联系,产生良好效果。

(四)形成性评价和发展性评价有机结合

形成性评价和发展性评价的结合是一种新的教师评价方法,它既关注教师的教学过程,又关注教师的专业发展。在教学过程中,教师通过对自己的教学行为和学生的学习效果进行持续的观察、记录和反馈,以促进教师和学生的共同进步。

在教学结束后,教师对自己的教学实践进行自我评价,同时,接受同行、学生、校外专家等多元化的评价信息,以了解自己的优势和不足,制订个性化的专业发展计划。

三、产业学院的教师评价策略

(一)提高学校、企业和教师各方的参与度

评价的有效性主要取决于评价者是否具备根据既定标准对教师进行可靠评价的知识和技能,还取决于教师是否准备好利用评价结果来提高他们的绩效。为此,所有参与教师评价的人都应得到充分的信息和培训,以便这一过程得到充分实施。

教师评价包括教师、学生、家长、同行、专家、企业等多方面,建立清晰的评价机制和流程,确保评价的公正性和有效性。同时,要提高教师参与度,让教师积极地配合评价工作。教师自评可以帮助教师更好地了解自己的优势和不足,进而改进自己的教学方法;学生评价可以帮助教师更好地了解自己在学生心目中的形象和优劣,进而调整自己的教学方法;行业企业专家评价可以了解教师在专业水平和实际应用方面的表现,提供专业的建议和指导。

(二)提高教师从评价中获取收益的能力

教师评价不仅仅是对教师的评判,也是教师发展和提高的机会。提高教师从评价中获取收益的能力,可以帮助教师更好地提高教学质量和专业水平。建立开放的评价机制,让教师可以自由地表达自己的想法和意见;同时,也可以更好地理解评价标准和评价过程,从而获得更多的启示和收益。及时将评价结果和建议反馈给教师,让教师了解自己的优势和不足,以便改进自己的教学方法和提高工作质量。针对评价结果和建议,提供相应的培训和指导,帮助教师提高专业能力和实践水平。鼓励教师不断学习和提高,建立教师学习档案,记录教师的学习历程和成长经历,以便更好地助力教师的发展。奖励和表彰优秀教师,可以鼓励教师积极参与评价和提高工作质量,同时,也可以提高教师的工作积极性和工作动力。建立教师交流平台,让教师可以互相沟通和交流,分享经验和心得,提高专业水平和实践能力。

(三)强化学校领导定期进行教师评价的作用

让学校管理层进行教师评价有很多好处,因为他们熟悉教师工作的环境,了

解学校的需求，并有能力迅速提供反馈。学校领导可以通过教师评价，了解教师的工作表现和发展需求，从而提供相应的培训和指导，帮助教师提高专业能力和实践水平；可以通过教师评价，促进教师之间的沟通和交流，让教师学习和借鉴彼此的优点和经验，提高工作质量和效率；可以通过教师评价，了解教师的教学水平和效果，从而提供相应的帮助和支持，促进教学质量的提高；可以通过教师评价，建立相应的激励机制，奖励表现优秀的教师，促进教师的积极性和工作动力，同时也可以提高教师对学校的归属感和忠诚度；可以通过教师评价，了解教师对学校管理的反馈和建议，从而改进学校管理，提高学校的绩效和竞争力。

（四）建立同行评价机制

教师经常从其他教师那里学到最好的东西，同行评价主要用于达成改进的目的也就不足为奇。建立同行教师评价机制可以帮助教师更好地互相学习，提高教师的教学质量和专业水平。建立适合学校实际的评价标准和流程，以保证评价的公正性和有效性。组建由教师自愿组成的评价小组，让评价小组成员能够互相学习和交流。评价小组成员可以互相进行教学观摩，了解彼此的教学方法和经验，从而提高自己的教学水平，达到更好的效果。评价小组成员可以互相进行教学反思，对彼此的教学进行评价和反馈，从而发现自己的优势和不足，及时改进自己的教学方法。通过不断改进和完善同行教师评价机制，可以定期进行评估和调整，以保证机制的有效性和可持续性。

（五）教师评价制度的建立

为了制定教师评价制度，学校与企业必须相互合作，这样才能确保制度建立的科学性、规范性和客观性，提高教师的教学质量和专业能力。校企多方共建教师评价制度可以充分发挥企业资源和专业知识的优势，学校可邀请企业专家和管理人员参与教师评价，企业可提供教师培训和专业知识支持，为教师评价提供更加科学、规范的条件；校企共同制定教师评价标准，明确评价的内容和标准，确保评价的公正性和客观性；校企共同开发评价工具，如问卷调查、教学观摩、教学反思等，确保教师自我评价和同行评价的全面性；校企共同开展评价培训，让教师了解评价流程和标准，提高评价意识和能力；校企共同组织教师交流活动，让教师互相学习和分享经验，提高教学水平和效果；校企共建激励机制，根据教师评价结果给予相应的奖励和表彰，激励教师积极参与评价和提高工作质量。

第四节　产业学院的教师评价实践

由于人才培养的特殊性,产业学院的教师评价涉及学校、行业企业、教师、学生、第三方等多个参与主体。基于此,教师评价体系基本内容的构建,需要从整体性、系统性的视角考虑评价体系的各个部分、各个层次和指标性质之间的差异性和相关性。教师的工作远不止与学生学习相关的教学活动,因此,教师评价的维度和指标也应该考虑那些与教学本身不太直接相关的职业责任,包括团队工作、职业发展、社会服务等。

一、教师评价的内容

(一) 师德师风

教师评价中的师德师风是评价教师工作表现的一个重要方面,它主要评价教师是否遵守职业道德,是否积极向上、乐于奉献等方面。师德是教师职业道德的核心内容,包括诚实守信、勤奋敬业、爱岗敬业、竭诚服务、为人师表等。通过对教师师德的评价,可以了解教师是否遵守职业道德,是否具备做优秀教师的基本素质。师风则是教师的教育风范,包括语言文明、仪表整洁、工作认真、责任心强、关心学生等方面。通过对教师师风的评价,可以了解教师的工作态度和工作效果,判断教师是否是学生心目中的好老师。在教师评价中,师德师风是重要的评价内容。通过多种方法和途径,对教师的师德师风进行评价和监督,及时纠正违反职业道德的行为,同时,激励优秀教师更加积极向上,不断提升自己的教育教学水平和工作表现。

(二) 教育教学

教学实践和学生学习的数据是专业表现的最密切信息来源。当老师在教室里与他们的学生互动时,教学的大多数关键方面被展示出来。因此,教师评价通常牢牢植根于课堂。教师评价中的教学评价是评价教师工作表现的一个重要方面。教学评价主要从工作量、教学效果、育人水平、教学能力、教研改革等方面进行评价。教学工作量主要评价工作量的饱满程度;教学效果主要评价教育教学的情况(含课堂教学、教学设计、教学资源、教学效果等情况);育人水平主要评价指导学生参加技能大赛、创新创业大赛等获奖的情况;教学能力主要评价参加教学能力比赛的情况;教研教改主要评价参加教育教学改革类项目的情况。在教师评价中,教育教学评价是非常重要的,对于教师的教育教学水平和工作表现都有重要的影响。评价教学应该从多个方面进行,多维度评价教师的教学水平和工作表现。

(三)专业与课程建设

在教师评价中,专业与课程建设评价维度是评价教师工作表现的一个重要方面。它主要评价教师是否具有专业素养,是否能够合理制订和实施教学计划,是否能够根据学生的实际情况进行课程设计和调整。专业评价包括专业规划与人才培养方案,即考查教师是否掌握社会产业发展需求,能否开展专业规划与人才培养方案的制定,能否根据产业行业发展,及时将新技术、新工艺、新规范纳入教学标准和教学内容,强化学生实习实训,或结合时代发展对所担任的课程教学标准进行制定或修订完善;能否在学习通、蓝墨云等学校指定的信息平台上建有在线开放课程,且 PPT 教案、教学进度表、作业发布及批改情况、各类在线资源(微课、微视频)等较为丰富,有较大的学生浏览量和师生交流记录;能否合理选用或编写规范的教材,能否主持、主笔或主研参与校级及以上立项的教育教学建设项目(如基地、一流专业、创新行动、现代学徒制、1+X 证书等建设性项目)。

(四)双师素质

双师素质已成为评价教师综合能力的重要维度。双师素质评价主要从以下几个方面进行:第一,评价教师是否具备学科知识和教育教学能力,是否能运用教育教学理论和方法,开展教育教学活动,并能够根据学生的实际情况进行教学设计和实践;第二,评价教师是否具备较高的综合素质和职业道德,包括个人修养、职业操守、情感态度、责任意识,是否能够为学生树立榜样,成为学生学习、生活中的良师益友;第三,评价教师是否具备学科带头人和教育领军人才的素质和能力,是否能够在学科领域中具有较强的影响力,是否能够引领学科发展和改革;第四,评价教师是否具备双师素质。在教师评价中,双师素质评价维度对教师的教育教学水平和工作表现具有重要影响。教师应该注重双师素质的提升,不断提高自身的学科知识和教育教学能力,同时注重个人修养和职业道德的培养,成为学生心目中的好老师、好朋友、好榜样。

(五)科学研究

科学研究评价维度是评价教师工作表现的一个重要方面。它主要评价教师是否能够积极参与科学研究,是否能够在学科领域中有所建树,是否能够将科学研究成果应用于教育教学实践中;是否能够在学科领域中有所建树,是否能够发表高水平的学术论文、著作,获得知识产权,获得重要的科研项目和成果;是否能够参与科研平台建设,是否能够与国内外知名专家进行学术交流;是否能够将科学研究成果应用于教育教学实践中,是否能够提高学生的学习效果和素质。科学研究对教师的教育教学水平和工作表现都有重要的影响。教师应该注重科学研究能力的提升,积极参与学科研究活动,不断提升自己的学术水平和教育教学能力。

(六)社会服务

教师评价中的社会服务是指教师在教学实践中,积极履行教育职责,为学生和社会作贡献的过程。它也是评价教师综合素质的一个重要方面。教师的社会服务包括以下几个方面:第一,技术服务。评价教师是否通过横向项目、技术服务、技术转让等为企事业单位提供技术服务,到位科技服务资金,且获得学校相应科研奖励。第二,决策咨询。评价教师是否能为市级以上提供具有重大影响的调研报告、决策咨询建议等,被有关主要领导批示,且获得学校相应科研奖励。第三,社会培训技术咨询。评价教师是否受学院安排,担任企事业单位人员培训教学等,或受学校推荐,外出开展宣讲或专业讲座服务等。第四,社区服务。评价教师本年内根据学校安排,到有关社区开展志愿服务、培训、指导、活动等相关服务情况。第五,精准扶贫。评价教师参与学校精准扶贫、乡村振兴等活动情况等。在教师评价中,社会服务评价维度是非常重要的,它直接反映了教师在教育教学实践中的社会责任和贡献。教师应该注重社会服务能力的提升,积极履行教育职责,为学生和社会作出贡献,成为教育领域的杰出代表。

二、产业学院的教师评价标准

表 8—1

序号	一级指标	二级指标	观测点及其考核量化标准
1		师德师风	1. 遵守《师德师风行为准则》,无师德失范行为,得满分;2. 出现教学事故:三级−3分/次,二级−5分/次,一级−15分/次;3. 被学校通报批评1次−1分,警告处分−2分/次,严重警告处分−4分/次,严重警告处分−6分/次,记过及以上处分−15分/次

续表 8-1

序号	一级指标	二级指标	观测点及其考核量化标准
2	教育教学	1. 工作量	担任教学、班导师或兼职行政管理等工作,按平均周课时计算工作量得分:0.5分/节
		2. 教学质量	教学质量综合评价(含领导评价、同行评价、校企督导评价、学生评价)(其中:学生评价50%,校企督导评价30%,领导评价和同行评价共20%)排名按以下标准计分。排名前30%以内:5分;30%~50%以内:3.5分;50%~70%以内:2.5分;70%~90%以内:1.5分;后90%:1分
		3. 育人效果	指导学生参加技能大赛、创新创业大赛等获奖: 1. 在校内学生相关比赛中担任组织任务或评委工作:1分;2. 指导学生参加省级大赛获奖:三等奖1.5分,二等奖2分,一等奖2.5分;3. 指导学生参加全国大赛获奖:三等奖3分,二等奖3.5分,一等奖4分;4. 指导学生参加国际赛事获奖:铜奖5分,银奖6分,金奖8分
		4. 教学能力	不断提高教学能力,参加有关教学能力比赛: 参加教学能力大赛:校级三等奖2.5分,二等奖3分,一等奖3.5分;省级三等奖3.5分,二等奖4.5分,一等奖5分;国家级三等奖6分,二等奖7分,一等奖8分
		5. 教研教改	主持或参研校级以上教研教改项目立项在研或结题: 1. 校级重点2分,一般1分;2. 省级重点4分,一般3分;3. 国家级重点6分,一般5分
3	专业与课程建设	1. 专业规划与人才培养方案	1. 主持或主笔专业建设规划或专业人才培养方案或公共课课程建设规划的起草(新专业)或修订完善,被评为:合格3.5分,良好4.5分,优秀5分;2. 参与专业建设规划或人才培养方案或公共课课程建设规划的起草、修订完善工作,并作出实际贡献,被评为:合格2分,良好2.5分,优秀3分
		2. 课程标准	根据产业行业发展,及时将新技术、新工艺、新规范纳入教学标准和教学内容,强化学生的实习实训,或结合时代发展对所担任的课程教学标准进行制定或修订完善,被评为优秀5分,合格3分

续表 8-1

序号	一级指标	二级指标	观测点及其考核量化标准
3	专业与课程建设	3. 教学资源	1. 在学习通、蓝墨云等学校指定的信息平台上建有在线开放课程,且PPT教案、教学进度表、作业发布及批改情况、各类在线资源(微课、微视频)等较为丰富,有较大的学生浏览量和师生交流纪录:2分;2. 获精品课程:校级2分,省级4分,国家级5分
		4. 教材建设	1. 所任课程无教材,无教学方案:0分;2. 合理选用省级规划教材1分,国家级规划教材2分;3. 经学校立项后独著、主编且出版教材,经学校立项的结合产业行业,开发活页式、工作手册式教材3分,获国家规划教材4分
		5. 建设项目	主持、主笔或主研参与校级及以上立项的教育教学建设行项目(如基地、一流专业、创新行动、现代学徒制、1+X证书等建设性项目):校级2分/项,市级3分/项,省级4分/项,国家级6分/项
4	双师素质	1. 实践锻炼	到企事业单位、社区服务或乡村扶贫等实践锻炼: 1. 实践锻炼时间在1～2个月以内:1分;2. 实践锻炼时间超过2个月:2分
		2. 进修培训	本年内有参加校级及以上进修培训,且合格的: 1. 校级培训0.5分/次;2. 省级培训1分/次;3. 全国培训1.5分/次;4. 出国培训2分/次
		3. 双师素质	同时具有高职院校教师资格证和其他职业(执业)资格证:2分
		4. 荣誉表彰	本年内获得校级及以上荣誉表彰: 校级表彰:0.5分/项;市级表彰:1分/项;省级表彰:2分/项;国家级表彰:5分/项
5	科学研究	1. 科研项目	本年内具有科研项目立项或结题,校级2分/项;市级3分/项;省级4分/项;国家级6分/项
		2. 学术专著	承担某一学术著作的独著、主编,4分/项

续表 8-1

序号	一级指标	二级指标	观测点及其考核量化标准
5	科学研究	3. 论文发表	独著、第一作者发表学术论文,且获得相应科研奖励: 1. 一般公开刊物 1 分/项;2. 北大中文核心期刊,2 分/项
		4. 知识产权	以学校为第一专利权人,获得以下知识产权,在发明人中有相应排序,且获得学校相应科研奖励: 1. 国际发明专利、国家发明专利 3 分/项;2. 实用新型专利、外观设计专利、软件著作权、集成电路布图设计、商标权 1 分/项
		5. 科研平台	申报、立项建设或通过验收市厅级及以上科研基地、科研团队、重点实验室等,1. 市厅级 2 分/项;2. 省部级 4 分/项;3. 国家级 6 分/项
		6. 成果获奖	教学成果、科研成果获得市级以上等级奖(含专利奖): 1. 市级:特等奖 4 分、一等奖 3 分、二等奖 2 分;2. 省级:特等奖 6 分、一等奖 5 分、二等奖 4 分;3. 国家级:特等奖 8 分、一等奖 7 分、二等奖 6 分
6	服务社会	1. 技术服务	本年内通过横向项目、技术服务、技术转让等为企事业单位提供技术服务,到位科技服务资金每 10 万元 1 分
		2. 决策咨询	为市级以上政府部门提供具有重大影响的调研报告、决策咨询建议等,被有关主要领导批示,市级 2 分/项;省级 3 分/项;国家级 4 分/项
		3. 社会培训技术咨询	1. 担任企事业单位人员培训教学等,外出开展继续教育宣讲或专业讲座服务:1 分/次;2. 受聘市级及以上有关部门、行业协会评审专家、业务咨询服务专家(以文件或聘书为准):1 分
		4. 社区服务	参加相关志愿服务等 2 次以上,且未被通报批评的:2 分
		5. 精准扶贫	完成学校安排的精准扶贫任务等:2 分

三、教师评价结果的应用

对教师的任何评价只有在评价结果得到有效利用的情况下才会有效。这意味着将评价信息反馈给那些提供教育服务的人(如教师、学校领导)尤为重要。教师评价结果可以帮助学校更好地了解教师的教学质量和专业能力,并及时发现和解决问题,提高教师的工作效率和学生的学习效果。

（一）提供评价反馈

评价反馈是教师评价的重要组成部分，通过给教师及时准确的反馈，帮助教师了解自己的不足和优点，从而改进教学方法，提高教学质量和效果。评价反馈应该是及时的，一般在教师评价完成后的一个月内完成。反馈内容包括教师的优点和不足之处，以及在教学中需要改进的方面。同时，反馈应该具有针对性，通过对教师个性化的反馈，帮助教师更好地了解自己，提高自我认知和自我管理能力。评价反馈的形式可以是面谈、书面反馈或者其他适当的形式。面谈可以让教师和评价人员进行深入交流，更好地理解评价结果和反馈内容。书面反馈可以让教师更加系统地了解评价结果，同时也方便教师在之后的教学中参考。评价反馈需要注意：反馈内容应该客观、准确、具体；反馈应该遵循保密原则，保护教师的隐私和合法权益；反馈应该提供具体的改进建议，具有可操作性，能够帮助教师改进教学方法和效果。通过教师评价提供评价反馈，可以帮助教师更好地认识自己，提高教学质量和效果，同时也为学校的教学质量提供有力保障。

（二）制订教师改进计划

教师评价的目的是发现教师在教学中存在的问题，及时提供有针对性的改进建议和优化方案，制订改进计划，包括：第一，通过评价结果，确定教师在教学目标和内容方面存在的问题和不足，制定针对性改进措施，包括重新审视教学目标、优化课程设置和设计等。第二，根据评价结果，制订针对性的教学方法和手段改进计划，包括改进教学技能、尝试使用新的教学手段和工具、增加教学资源等。第三，通过评价结果，确定教师在师生互动和沟通方面存在的问题和不足，制定相应的改进措施，包括尝试新的师生互动方式、改进课堂管理等。第四，制订教师教学反思和自我管理计划，帮助教师定期反思自己的教学方法和效果，及时调整教学策略和方案，提高自我管理能力，改进和提高教学质量和效果，促进教师个人的成长和发展。

（三）制定奖惩措施

教师评价可以作为制定奖惩措施的参考依据，但不能完全凭评价结果进行奖惩，更不能将教师评价作为惩罚工具。教师评价的目的是帮助教师了解自己在教学中的优势和不足，提供改进建议，促进教师的专业成长和发展，评价结果应该作为教师职业发展的参考。如果教师评价结果体现出教师在教学中存在的问题，学校可以采取有针对性的改进措施，例如为教师提供相关的培训、研讨或指导，帮助教师提高教学水平和能力。如果教师在教学中存在不严重的违纪行为或工作失误,学校可以采取适当的纠正措施。将奖惩措施与教师的评价结果联系起来,综合考虑教师的表现,对表现优秀的教师进行奖励和表彰,对表现不佳的教师进行纠正和辅导。

(四)优化教学资源配置

教师评价结果可以有效地帮助学校了解教师在教学中的优势和不足,并针对不足之处采取相应的改进措施。优化教学资源的配置即是其中的一个方面。优化教学资源的配置,可以将学校有限的资源更好地分配给需要的地方,提高教学效果和教学质量。例如根据评价结果给予优秀教师更多的教学时间、更优质的教学设备、更丰富的教学资源等,以帮助他们更好地发挥自己的教学能力;针对教学能力不足的教师,学校可以加强相关的培训和指导,提高其教育教学能力,让他们更好地适应和掌握教学内容和方法。根据教师评价结果,调整课程的难度和深度,安排教学时间和教学计划,以适应学生的学习需求。根据评价结果,了解教师对于教学设备和场地的需求,给予更多的支持和投入,提高教师的教学效果,让学校的教育教学工作更加高效和有成效。

(五)改进教师评价标准和流程

教师评价在一定程度上反映了学校和教育管理部门对教师工作的态度和认识。然而,如果评价标准和流程不合理或存在缺陷,可能会影响到评价结果的准确性和公正性,从而降低教师评价的有效性。因此,教师评价应该是一个不断完善和改进的过程。根据教师评价结果,可以探讨评价标准和流程的问题,进行改进和调整。评价标准应该明确、具体、可操作性强,能够真实反映教师的教学水平和综合素质。如果评价标准存在模糊、不清晰或无法实现的问题,学校可以通过教师反馈和探讨等方式进行改进和修订。评价流程应该透明、公开和公正,能够让所有被评价的教师都有同等的机会和权利。如果评价流程存在测评标准不一致、评价流程不公开或评价结果不公正的问题,学校可以通过强化流程监督和规范评价流程等方式进行改进。形成评价文化,评价文化的形成对于评价工作的有效性和长期发展非常重要。学校可以通过组织各种形式的评价培训、评价讨论和评价交流活动等方式,培养全体教师的评价意识和参与评价的积极性,形成良好的评价文化。总之,教师评价不是一个静态的过程,需要不断地进行改进和完善。通过教师评价的改进和优化,可以提高评价的准确性和公正性,促进教师的专业发展和提高教育教学质量。

（六）确定职业发展

教师评价可以帮助教师了解自身在教学工作中的优势和不足，促进教师自我反思和自我提高，从而推动教师的职业发展。通过评价结果，教师可以了解自己在教育教学工作中的表现和不足之处，发现自身存在的问题和不足，有针对性地进行自我反思和自我提高。评价结果可以让教师了解自己在教学中的优势和劣势，从而为教师确定未来的职业发展方向提供参考。如果评价结果表明教师的某些教学能力较弱，可以针对性地对其进行职业培训，以提升其教学水平。教师评价结果可以反映教师的教学水平和综合素质，如果教师表现出色，将有可能被提拔为骨干教师、学科带头人等，甚至能够获得更高的职称和薪资待遇，为教师提供职业晋升和提高薪资的机会。总之，教师评价对于教师职业发展具有重要的作用，评价结果能帮助教师了解自身的优势和不足，为教师提供职业发展的方向和路径，提供晋升和薪资提高的机会，激发教师的积极性和创造性，推动教师的职业发展。

第九章 产业学院的学生学习评价体系构建

第一节 产业学院的学生学习评价概况

《国务院关于加快发展现代职业教育的决定》《现代职业教育体系建设规划》《职业教育法》等文件和法律指出,现代职业教育是面向经济社会发展和生产服务一线,培养高素质劳动者和技术技能人才并促进全体劳动者可持续职业发展的教育类型,高职教育在现代职业教育体系建设中发挥着重要的中坚和纽带作用。随着产教融合的深入开展,我国社会形态的日益成熟以及产业结构的转型升级,对以就业为导向、以培养学生专业技能为主要目标的高等职业教育人才培养规格提出了新的更高的要求,鼓励和支持社会各界特别是企业积极支持职业教育,着力培养高素质技术技能人才。这些改革方案明确了职业教育发展中的几个重大问题:第一是为谁培养人,为国家培养适应区域产业经济社会发展的高素质技术技能人才;第二是怎么培养人,通过产教融合发挥学校、企业的育人主体作用来育人;第三是培养什么人,培养职业素养高、技术优、技能强的复合型、应用型人才。也就是说,根据就业和产业发展的需求,通过产教融合,培养满足国家市场需求、产业发展需求、能够支撑经济现代化高质量发展的高素质技术技能人才。

高职学生学习评价是影响高职院校走内涵式可持续发展道路的重要因素。随着高职院校"教学做合一""任务驱动、项目导向"的教学模式改革工作的推进,学生在学习过程中的行为呈现多样化,以分数为核心的传统评价体系已不能满足要求。学生学习评价的改革,能够促进学生综合职业素质的培养,引起全社会高度关注。

由于职业教育与产业间目标的差异性,产业学院中的产教融合不同于产业融合,它不会融为一体,也不会产生新的产业,而只是职业教育与产业相互渗透、相互支持,是一种深度合作。在职业教育的具体实践中,产业学院是实施产教融合的重要形式。

为了适应经济发展新常态和技术技能人才成长成才需要,推动职业教育与产业紧密衔接,完善协同育人机制,在产业学院建设背景下建立新型的学生评价体系非常关键,不仅可以加强行业指导、评价和服务,发挥企业重要办学主体作用,推进行业企业参与人才培养全过程,而且可以实现校企协同育人,确保达到高职教育人才培养质量的要求。

第二节 德美英学生评价发展情况

一、德国产业学院的学生评价

(一)发展概况

德国的产业学院(Duale Hochschule)是一种结合理论学习和实践工作的高等教育模式,类似于产教融合。在这种模式下,学生在学校学习理论知识的同时,也在企业中进行实习或工作,以提升实际工作能力和应用能力。因此,德国的产业学院的学生评价通常会注重以下几个方面:第一是实践能力,即学生在企业实习或工作期间的表现,包括技能掌握程度、解决问题的能力、团队合作能力等;第二是专业知识,即学生在学校的专业知识学习表现,包括课程考试成绩、论文成绩等;第三是职业素养,即学生的职业态度、沟通能力、领导能力等方面的表现;第四是毕业生的就业情况,即学生毕业后的就业率、就业质量和就业领域等。德国产业学院对学生的评价比较全面,既注重专业知识学习,也注重实践能力和职业素养,有助于培养学生全面发展的能力,使其更好地适应未来的职业发展。

(二)发展历程

德国的产业学院对学生的评价体系建设经历了以下几个主要阶段:

1. 初期阶段

产业学院模式刚刚引入德国教育体系时,评价体系相对简单,主要依靠传统的学术成绩评定和学生反馈,学校和企业合作较为松散,评价标准和方法也较为单一。这主要体现在:第一,评价标准过于简单。这一阶段的评价体系比较简单,主要依靠传统的学术成绩评定和学生反馈,评价主要集中在课堂表现、考试成绩和作业完成情况等方面,缺乏对学生的实践能力和职业素养的评价。第二,校企评价不够紧密。在这一阶段,学校和企业处于初步合作阶段,合作模式较松散,评价标准和方法缺乏统一规范,学校和企业之间的信息共享和数据交换不够密切,评价体系缺乏针对性和实效性。第三,多维度评价较欠缺。这一阶段的评价体系过于依赖学术成绩和考试表现,缺乏对学生实际工作能力、团队合作能力、沟通能力等方面的全面评价,对学生的综合素质和职业发展潜力评价较为薄弱。第四,评价体系系统性不够。这一阶段的评价体系缺少系统性和科学性,尚无明确的评价标准、评价方法和评价工具。评价过程不够规范化,导致评价结果的准确性和可靠性有待提高。在初期阶段,德国产业学院的学生评价体系还需要不断探索和完善。

2. 探索阶段

随着产业学院模式的不断发展和壮大,学校和企业开始探索更加全面、具体的评价体系,逐渐引入了实习评价、工作业绩评价、职业素养评价等多维度评价指标,使评价更加贴近实际工作需求和市场需求。在这一阶段,学生评价的特征主要有:第一,引入实习评价。产业学院逐渐意识到学生的实际实习经历对于其职业发展的重要性,开始引入实习评价作为评价体系的重要组成部分。通过实习评价,可以全面评估学生在实践工作中的表现和能力,更好地衡量其实际工作能力。第二,引入多维度评价指标。产业学院开始探索多维度评价指标,包括工作业绩评价、职业素养评价、沟通能力评价等,通过这些多维度的评价指标,可以全面评估学生的综合素质和能力,更好地指导其职业发展。第三是校企合作逐步深化。学校与企业之间的合作关系越来越紧密,学校开始与企业共同制定评价标准,建立更加贴近市场需求和实际工作要求的评价体系,加强与企业的沟通合作,更好地把握行业动态,提高评价体系的准确性和有效性。第四,探索新的评价方法。如360度评价、项目评价等。这些新的评价方法可以更好地反映学生在各方面的表现,促进学生的全面发展。

3. 深化阶段

随着学校和企业合作关系的不断深化,评价体系也得到进一步完善和优化,评价体系更加系统化、科学化,其中包括评价标准、评价方法、评价工具等方面的规范化设计,并加强了学校与企业之间的信息共享和数据交换,以提高评价的准确性和有效性。在这一阶段,学生评价的特征主要有:第一,与企业合作更加紧密。产业学院与企业之间的合作关系更加紧密,已建立起长期稳定的合作机制,共同制定评价标准和评价方法,确保评价体系能够更好地反映实际工作需求和行业标准。第二,引入行业专家参与评价。产业学院邀请行业专家参与评价体系的建设和评价过程,确保评价标准和方法符合行业实际情况和要求,专业人士的参与可以提高评价体系的专业性和针对性。第三,强调实践导向。产业学院的评价体系更加注重学生的实际工作能力和实践经验,引入更多的实践项目和案例分析作为评价依据,学生在实际工作中的表现和成果成为评价的重要指标。第四,引入多元化评价方法。评价体系引入更多的多元化评价方法,包括面试评估、项目评价、综合评估等,以全面评估学生的综合素质和能力。评价方式更加灵活多样,能更好地反映学生的真实水平。在这一阶段,德国产业学院的学生评价注重与企业合作、实践导向和多元化评价方法的应用,为学生提供了更加贴近实际工作需求和行业标准的评价体系,更好地服务于学生的综合素质和能力的培养,促进学生的职业发展,提升其就业竞争力。

4. 完善阶段

评价体系建设是一个持续不断的过程,德国产业学院不断完善和优化评价体系,以适应不断变化的市场需求和教育发展,引入新的评价指标和方法,探索更加科学、客观的评价方式,以确保评价体系的有效性和可持续性。在这一阶段,学生评价的主要特点是:第一,持续改进评价标准。产业学院不断审视和调整评价标准,确保评价体系与行业发展和学生需求保持一致,学校定期进行评价体系评估和改进,提高评价的准确性和有效性。第二,强调个性化评价。评价体系趋向个性化,根据学生的不同特点和需求制定个性化的评价方案,注重发掘学生的潜力和优势,为其提供个性化的评价和指导,促进学生的个人发展和成长。第三,加强反馈机制,评价强调建立有效的反馈机制,及时向学生提供评价结果和建议,帮助学生认识自身的优势和劣势,指导其改进和进步。学校与学生之间建立开放的沟通渠道,促进双向反馈和交流。第四,鼓励自主学习和发展。评价体系鼓励学生进行自主学习和自我评价,培养学生的自主学习能力和自我反思能力,引导学生建立自我评价意识,帮助他们不断提高自我认知和提升自身能力。在这一阶段,德国的学生评价体系建设强调个性化评价和学生发展,帮助学生更好地实现个人目标和职业发展,更加注重学生的个人特点和需求,为其提供更具针对性和个性化的评价和指导,促进学生的全面发展和成长。

(三) 特点与启示

1. 德国产业学院的学生评价的特点

第一,实践导向。德国产业学院的学生评价体系不仅仅是对学生学术成绩的评估,更注重学生在实际工作中的表现,强调实际工作能力、实践经验以及学生在实际工作中的成果。评价标准和方法与实际工作需求和行业标准相结合,确保能够帮助学生更好地适应职业发展和就业要求,具体体现在:(1) 实践项目评估。学生在校期间参与实践项目或实习,学院会对学生在实践项目中的表现进行评估。这种评估能更准确地反映学生在实际工作环境中的能力和表现,为学生提供更实际的反馈和指导。(2) 实践能力考核。学院会通过实际操作考核、行业实习评价等方式来评估学生的实践能力,这种考核更能有效地评价学生在实践中所展现出的专业技能和实际应用能力。(3)行业导师评价。学院会邀请行业内的专业人士参与学生评价,他们会结合自己的行业经验和专业知识来评价学生的实践能力和潜力。这种评价方式有助于学生更好地适应行业实际需求。(4)实践反馈机制。产业学院建立实践反馈机制,及时向学生提供实践成果和表现的反馈,帮助学生认识自身的优势和不足,指导学生在实践中不断改进和提升自己的能力。实践导向的评价体系有助于培养学生的实践能力和专业素质,提升其在职业发展中的竞争力。

第二,多元化评价方法。德国产业学院学生评价体系构建注重多元化评价方法,包括考试、作业、项目评价、实习报告、面试等多种形式,能全面评估学生的知识、技能、能力和潜力,帮助学生全面发展,主要体现在:(1)考试评价。学生的学习成绩是其中一个重要的评价指标,考试评价可以客观地评估学生对知识的掌握程度和理解能力。(2)作业评价。学生完成的各种作业也是评价学生综合能力的重要依据,作业评价可以反映学生在学术能力、解决问题能力、团队合作能力等方面的表现。(3)项目评价。学院常常组织学生参与各类项目实践,通过对学生在项目中的表现和成果进行评价,可以评估学生的项目管理能力、创新能力和实践能力。(4)实习评价。学生参与实习是其职业发展的重要一环,可以评估学生在实际工作中的表现和适应能力,为学生未来就业提供重要参考。(5)口头表达评价。学生在演讲、陈述、辩论等活动中的表现也是评价学生能力的重要指标,口头表达评价可以反映学生的表达能力、沟通能力和自信心。(6)实际操作评价。针对某些专业,产业学院会进行实际操作考核,评估学生的实际操作能力和技能水平。这种多元化的评价方法有助于照顾学生不同的学习风格和能力特点,提高评价的准确性和针对性,为学生提供更有效的评价和指导。

第三,行业专家参与。在学生评价体系构建过程中邀请行业专家参与,确保评价标准和方法符合实际工作情况和行业要求。行业专家的参与能够提高评价体系的专业性和针对性,帮助学生更好地适应行业发展和就业需求,提升学生的就业竞争力,主要体现在:(1)行业导师评价。学院邀请具有丰富行业经验和专业知识的企业专家担任学生的导师或评审委员会成员,参与学生的绩效评价,导师会根据自己的实践经验和行业标准,评估学生在实践项目中的表现和能力,提供有针对性的反馈和指导。(2)实习评价。学院与各行业企业建立合作关系,安排学生进行实习或工作,企业专家会对学生在实习期间的表现和工作成果进行评价,反馈学生在实际工作中的实际能力和潜力,为学生提供职业发展建议。(3)行业项目评价。学院与行业合作开展各类项目实践,邀请行业企业专家参与项目评审和评价,企业专家能够从行业实践的角度出发,评估学生项目的实际价值和质量,帮助学生更好地理解行业需求和标准。(4)就业导向评价。产业学院与就业企业建立紧密联系,邀请企业专家参与学生就业导向评价,帮助学生提升就业竞争力。企业专家根据企业实际用人需求,评估学生的综合素质和适应能力,为学生提供就业意见和指导。行业企业专家的参与,让学生评价体系能够更贴近实际行业需求和标准,为学生提供更加实用、具有针对性的评价和指导,帮助学生更好地适应行业发展趋势,提升其就业竞争力,拓展职业发展前景。

第四,持续改进和反馈。德国产业学院学生评价体系的构建注重持续改进和反馈,定期进行评估和调整。建立有效的反馈机制,及时向学生提供评价结果和建议,帮助学生认识自身的优势和劣势,指导其改进和进步,确保评价体系能够不断适应行业需求和学生发展的变化,主要体现在:(1)建立学生反馈机制。学院建立学生反馈机制,定期收集学生对评价体系的意见和建议,了解他们的需求和期望,帮助学院不断改进评价标准和方法,提高评价体系的准确性和公正性。(2)加强教师评估和培训。产业学院加强对教师的评估和培训,确保他们能够正确理解和应用评价标准,有效指导学生的学习和发展,帮助学院及时调整和改进评价体系,提高评价的有效性和可靠性。(3)引入行业专家意见。学院与行业企业建立合作关系,邀请行业专家参与评价体系的建设和改进,帮助学院更好地了解行业需求和趋势,调整评价标准和方法,确保评价体系与行业实践相符。(4)定期评估和调整。产业学院定期对评价体系进行评估和调整,根据学生和教师的反馈以及行业需求的变化,及时更新评价标准和方法,确保其始终保持有效性和适应性,为学生提供更好的学习和发展支持。通过持续改进和反馈机制,德国产业学院学生评价体系不断提升其质量和有效性,为学生提供更加准确、公正和有针对性的评价和指导,帮助他们实现个人发展和职业目标。

第五,个性化评价。德国产业学院学生评价体系构建注重个性化评价,通过充分考虑学生的个体特点、能力和发展需求,制定个性化评价方案,注重发掘学生的潜力和优势,为其提供个性化的评价和指导,促进学生的个人发展和成长,主要体现在:(1)多维度评价。评价体系考虑多种评价指标,包括学术表现、实习经历、项目成果、社会参与等,针对不同学生的特点和发展方向,量身定制评价指标,确保评价的全面性和准确性。(2)个性化反馈。评价不仅仅是给出分数,更重要的是提供个性化的反馈和指导,教师和行业专家针对学生的具体表现和需求,提供针对性建议和指导,帮助学生发现自身优势和不足,制定个性化的学习和发展计划。(3)弹性评价方式。评价体系灵活多样,允许学生选择适合自己的评价方式和时间,如学生可以选择参与不同类型的实践项目或实习经历,根据自己的兴趣和擅长领域进行评价,帮助他们发挥潜力和提升能力。(4)持续跟踪评价。对评价体系进行持续跟踪,关注学生的发展轨迹和变化,及时调整评价标准和方法,通过不断反馈和评估,为学生提供持续的个性化评价和支持,帮助他们实现个人目标和职业发展。通过个性化评价,能够更好地满足学生的个体需求和发展路径,帮助他们充分发挥自身潜力,提升专业能力和竞争力,实现个人成长和职业成功。

2. 德国产业学院的学生评价对我国的启示

第一,引入多维度评价,帮助学生全面发展。德国产业学院学生评价体系注重多维度评价,不仅关注学术成绩,还关注实习经历、项目成果、社会参与等方面。这种多元评价方式能够更全面地了解学生的综合能力和发展状况,为他们提供更个性化的评价和指导。我国可以借鉴这种做法,更全面地了解学生的综合能力。(1)在评价体系中引入多样化的评价指标,可以更全面地了解学生的能力和发展情况,不仅仅局限于成绩,还包括实习经历、项目成果、社会参与等方面,能更好地反映学生的综合能力和个性特点,为学生提供更准确的评价和指导。(2)引入多维度评价,可以更好地帮助学生发现和发展自身的特长和潜力,促进其个性化发展。通过对不同维度的评价,可以更好地了解学生的兴趣、特长和需求,为其提供个性化的发展路径和支持。(3)引入多维度评价,可以减少单一指标评价带来的片面性和主观性,提升评价的客观性和公正性。通过多维度评价,从不同角度全面评价学生,避免片面评价,确保评价结果更加客观和公正。(4)引入多维度评价,可以促进学生在不同领域的发展,增强其综合能力和适应能力。通过多维度评价,积极鼓励学生参与多样化的活动和项目,培养其综合能力和创新精神,为其未来的发展奠定坚实基础,促进学生个性化发展和综合能力的提升。

第二,注重个性化评价,帮助学生更好地发挥潜力。德国产业学院学生评价体系注重个性化评价,根据学生的特点和需求提供个性化的评价和指导。对于我国教育体制而言,也应该重视每个学生的个体差异,为其量身定制评价计划,帮助其更好地发挥自身潜力。(1)为学生制定个性化的学习和发展计划,根据学生的能力、兴趣和职业目标进行调整,学生可以根据自己的情况选择不同的学习路径和重点,确保每个人都能得到最适合自己的教育体验。(2)教师根据学生的具体情况采用不同的教学方法和技术,如小组讨论、案例分析、项目式学习等,以激发学生的兴趣和参与度;积极鼓励学生自主学习,培养批判性思维和解决问题的能力;除了传统的考试和测验外,还采用项目作业、实习报告、技能展示等多种评价方式,全面考查学生的能力和发展潜力,强调过程评价,关注学生在整个学习过程中的进步和成长。(3)为学生提供职业规划和咨询,帮助学生明确个人职业目标和发展路径。通过校企合作,为学生提供实习机会,让他们在实际工作中学习和发展;通过技能认证考试等方式对学生掌握的知识和技能进行正式评估,定期提供反馈,帮助学生了解自己的强项和需要改进的地方,鼓励他们不断进步。(4)为学生提供心理咨询和社会支持服务,帮助他们在面对挑战时保持积极的心态,建立支持性的学习社区,鼓励学生之间的相互帮助和合作等。通过个性化评价,可以有效地支持每一位学生的发展,帮助他们更好地发挥潜力,为未来的职业生涯作好准备。

第三,建立持续改进和反馈机制,提高评价的适应性。德国产业学院学生评价体系的构建注重持续改进和反馈机制,通过学生、教师和行业专家的参与,不断调整和完善评价体系,这种机制能够确保评价体系的准确性和有效性。我国也应该建立起持续改进和反馈机制,倾听各方意见,及时调整评价体系,提高其质量和适应性,主要举措有:(1)德国产业学院学生评价体系注重学生的参与和反馈,鼓励学生对评价体系提出建议和意见,帮助评价体系更贴近学生的需求和实际情况,提高评价的有效性和准确性。(2)德国产业学院不断改进评价体系,根据学生反馈和实际情况进行调整和改进,使评价体系更适应变化的需求和趋势,提高评价的有效性和可靠性。(3)德国产业学院学生评价体系注重评价结果的实用性和实效性,确保评价结果能够为学生提供有效的指导和帮助,使评价体系更具有指导性,帮助学生更好地发展和成长。(4)德国产业学院学生评价体系还注重数据分析和反馈机制,通过数据分析和反馈,及时发现问题和改进空间,提高评价的准确性和可靠性。这种做法可以帮助评价体系更科学、有效地进行评价。借鉴德国产业学院学生评价体系注重持续改进和反馈的做法,可以帮助我国建立更灵活、实用和科学的评价体系,提高评价的质量,促进学生的个性化发展和成长。

第四,注重教师评估和培训,为学生提供更好的评价和指导。德国产业学院注重对教师进行评估和培训,确保其正确理解和应用评价标准,有效指导学生。具体做法有:(1)德国产业学院学生评价体系注重对教师的评估和反馈,通过学生的评价和反馈来了解教师的教学质量和效果,可以帮助学校更好地评估和监督教师的教学表现,提高教学质量和效果。(2)德国产业学院重视为教师提供培训和支持,帮助他们提升教学能力和水平,为学生提供更好的教育教学服务。(3)德国产业学院学生评价体系注重教师的发展和成长,产业学院建立了一套完善的教师发展机制,激励教师不断提升自身的教学能力和水平,为学生提供更优质的教育服务。(4)德国产业学院鼓励教师与学生之间的互动和沟通,促进双方之间的良好合作关系,可以增强教学效果,提高学生的学习积极性和成绩。德国产业学院学生评价体系注重教师评估和培训的做法对我国的学生评价体系建设具有重要的启示,我国应该借鉴,这样可以帮助我国建立更完善、科学和有效的教师评价体系,提升教学质量和效果,为学生提供更好的指导,促进学生成长和发展。

二、美国产业学院的学生评价

(一)发展概况

美国的产业学院是培养学生具备实际工作技能和知识的教育机构。产业学院通常与行业合作,提供与特定行业相关的课程和培训,以帮助学生更好地适应职业发展需求,其学习内容通常涵盖技术、商业、管理、工程等领域,旨在培养学生在特定行业或领域中的职业能力和素质。美国产业学院的学生评价通常是一个综合性的过程,旨在评估学生的学术表现、技能水平、职业素养和综合能力。其学生评价主要包括学术成绩评价、实习评价、项目评价、参与度评价和学生反馈等,全面评估学生的学习情况和能力,帮助学生全面发展和提升竞争力。(1)学术成绩评价。学术成绩是评价学生学习情况的重要指标之一,学生在课堂上的表现、考试成绩、作业质量等都会作为评价学生学术成绩的参考依据。(2)实习评价。许多产业学院会提供实习机会,学生在实习期间的表现和实践能力会被评价,实习评价可以帮助学生将理论知识应用到实际工作中,并提升他们的职业素养和实践能力。(3)项目评价。学生在产业学院通常会完成一些项目或者实践任务,通过这些项目来展示自己的技能和创新能力,项目评价可以帮助评估学生解决问题的能力和团队合作能力。(4)参与度评价。学生在学校的参与度和积极性也是一个重要的评价指标,学生是否积极参与课堂讨论、课外活动、社团组织等,会反映出他们的学习态度和综合素质。(5)学生反馈。学校通常会定期进行学生满意度调查,收集学生的反馈意见和建议,学生的反馈可以帮助学校提高教学质量和管理水平,提供更好的学习体验。

(二)发展历程

1. 初期阶段

20世纪初期,美国最早的产业学院主要以手工业和技工教育为主,学生评价主要基于实习表现和实际技能的掌握情况,评价通常由教师和行业导师共同参与。20世纪初期,美国产业学院的学生评价体系构建主要侧重于学生在实践技能和工作能力方面的表现,旨在为工业和商业领域培养技术工人和专业人才。因此,学生评价主要集中在技能评价、实习表现、行业导师评价、教师评价等方面。

(1) 技能评价。它是对学生在实际工作中所展现出的技能和能力的评价,包括对机械操作、电子设备维修、焊接技术等实际工作技能的掌握情况等。(2) 实习表现。它是对学生在实习工作中的责任感、团队合作能力、解决问题能力等方面表现的考量,这也是评价学生的一个重要指标。(3) 行业导师评价。产业学院通常会与行业合作,由行业导师参与学生评价,行业导师会根据学生在实际工作中的表现,提供专业的评价和反馈。(4) 教师评价。教师对学生的学习情况进行评价,包括学习态度、学习能力、课堂表现等方面。20世纪初期,美国产业学院的学生评价体系主要侧重于学生在实践技能和工作能力方面的表现,旨在培养学生具备实际工作所需的技能和素质,评价体系相对简单,重点放在学生的实际工作表现上,以确保学生能够顺利地进入行业并胜任工作。

2. 发展阶段

20世纪中叶,美国产业学院的学生评价体系开始逐渐多元化和完善,不再仅仅侧重于学生在实践技能和工作能力方面的表现,而是逐渐引入更多元化的评价标准和方法,如学术成绩评价、参与度评价等,以全面评估学生的表现和能力。这一时期的学生评价主要侧重于以下方面:(1) 成绩评价。随着产业学院的发展,课程逐渐增加,成绩成为评价学生的重要标准之一,学生在基础学科和专业课程中的表现被纳入评估范围。(2) 参与度评价。学生在校园和社区活动中的参与度和表现成为评价的重要方面,学生的领导能力、团队合作能力、社交能力等方面开始得到关注。(3) 教师评价和同学评价。教师和同学对学生的学习态度、人际关系、团队合作等方面进行评价,提供更全面的反馈。(4) 实习评价和项目评价。实习和项目是产业学院学习的重要组成部分,学生在实习和项目中的表现也被纳入评价范围,学生在实践中的表现、解决问题能力、创新能力等方面成为评价的重点。在这一时期,美国产业学院的学生评价体系逐渐多元化和完善,评价标准和方法开始更加系统化和科学化,旨在全面评估学生的能力和表现,更好地培养学生成为具备综合素质和才能的专业人才。

3. 成熟阶段

20世纪末至21世纪初。美国产业学院的学生评价体系进一步发展和完善,以适应当时社会和产业的需要。学生评价体系不仅侧重学生的实践技能和学术表现,还更注重学生的综合素质和能力发展,主要体现在:在这一时期,学生评价不再局限于单一的指标,而是综合考虑学生在学术、实践、社交、领导等方面的表现,综合素质和能力发展被纳入评价范围;强调学生的学习成果和学习效果,学生的学习目标、学习进步、学习能力等方面成为评价的重点;鼓励学生创新和创业能力的发展,评价体系开始考量学生在创新项目和创业实践中的表现,学生的创新思维、创业精神、项目管理能力等方面成为评价的重要指标;关注学生的职业发展和就业能力,学生的职业规划、职业技能、职业素养等方面被纳入评价范围,以提升学生的就业竞争力。在这一阶段,美国产业学院的学生评价体系趋向综合化和多元化发展,全面地评估学生的能力和发展,帮助学生实现个人成长和职业发展目标,同时,学生评价体系在不断完善和更新,积极培养更具备综合素质和才能的专业人才。

4. 完善阶段

当代美国产业学院的学生评价体系构建在综合考虑学生学术表现、实践能力、综合素质和职业发展等方面的基础上,逐步完善和发展。具体体现在:(1)教学效果评价方面。强调评估教学对学生成果的影响,评价体系关注学生学习成果和学习效果的达成程度,教学质量评估、学生成绩评价等被纳入评价体系,以提升教学效果和学习成果。(2)实践能力评价方面。注重评估学生在实践项目、实习和工作中的表现,评价体系关注学生的实践能力和实践经验积累,学生在实践中的表现、问题解决能力、团队合作能力等方面成为评价的重要指标。(3)综合素质评价方面。综合考虑学生的学术能力、实践能力、团队合作能力、领导能力、创新能力、沟通能力等综合素质和能力,注重培养学生的综合素质,注重个性发展。(4)职业发展评价方面。关注学生的职业规划、职业技能和职业素养发展,着重考量学生的职业发展和就业能力,学生的职业规划、职业技能及素养、职业拓展等方面被纳入评价范围。(5)学生参与度评价方面。评价学生在校园和社区活动中的参与度和表现,更关注学生的领导能力、社会责任感、社交能力等方面,学生的社会参与和个人发展被纳入评价考量。当代美国产业学院的学生评价体系构建更注重全面评估学生的能力和发展,旨在培养出适应当代社会和产业的需求,具备综合素质和才能的专业人才,帮助学生实现个人成长和职业发展目标。随着就业市场需求的不断变化和教育技术的不断创新,产业学院学生评价体系的发展方向也在不断调整和优化,以更好地服务于学生的成长和职业发展。

(三) 特点与启示

1. 美国产业学院的学生评价的特点

第一,多元化评价方法。美国产业学院的学生评价采用多种评价方法,包括考试、论文、项目作业、实习报告、口头演讲、团队项目等,全面评估学生的学术成绩、实践能力和综合素质。(1)美国产业学院一般采用多种评价方法,包括考试、论文、项目作业、实习报告、口头演讲、团队项目等,以全面评估学生在不同领域的学术表现和能力。(2)美国产业学院的学生评价不仅仅来自老师,还包括同学、行业导师、企业实习单位等多方评价,这种多方评价可以更全面地了解学生的表现和发展情况。(3)美国产业学院的学生评价注重个性化评价,允许学生根据自己的兴趣、特长和目标选择适合自己的评价方式,以促进学生个性发展和自我实现。(4)美国产业学院的学生评价强调实践教学和实习经验的重要性,因此,评价体系会重点考查学生在实践项目、实习和工作中的表现,以衡量学生的实际工作能力和职业发展潜力。(5)美国产业学院的学生评价体系具有持续反馈和改进机制,产业学院会根据评价结果及时给予学生反馈,帮助他们发现自身的不足并进行改进,也定期对评价体系进行评估和调整,确保评价方式和标准的有效性和公正性。多元化的学生评价体系既可全面评估学生的学术表现、实践能力和综合素质,同时也关注个性化发展和持续改进,以帮助学生更好地实现自我发展和职业目标。

第二,重视学生参与。美国产业学院的学生评价体系注重评价学生的参与度和主动性,包括参与课堂讨论、学术活动、实践项目、社会服务等方面,以激发学生的学习兴趣和积极性。主要再现在:(1)课堂参与。学生在课堂上积极参与讨论、提出问题、分享观点等,这些被视为重要的评价指标。老师会根据学生在课堂上的表现和贡献,评价他们的学习态度和学术表现。(2)项目参与。产业学院通常会安排学生参与各种项目活动,如团队项目、实习项目等,学生在项目中的角色和表现,包括领导能力、团队合作能力、解决问题能力等,也是评价的重要依据。(3)实践参与。实践教学在产业学院中占据重要地位,学生参与实践项目、实习经验等,是评价其实践能力和职业素养的重要途径。(4)社会参与。学生参与社会服务、义工活动等社会实践项目,也被视为评价学生综合素质和社会责任感的重要指标。(5)自主学习参与。产业学院倡导自主学习,鼓励学生积极参与学习计划的制订、学习资源的获取和学习进度的管理,学生自主学习的参与程度也被视为评价的重要方面。通过重视学生参与度,产业学院希望激发学生的学习兴趣和主动性,促进他们全面发展并具备终身学习的能力和自我管理能力。这种评价体系能够更全面地评估学生的整体素质和能力,为他们的个人发展和职业发展奠定良好基础。

第三,实践导向。美国产业学院的学生评价体系强调实践教学和实习经验的重要性,会重点考查学生在实践项目、实习和工作中的表现,以衡量学生的实践能力和职业发展潜力。主要表现在:(1)实践项目评价。学生在产业学院通常需要参与各种实践项目,如实习、实训、实践课程等,这些实践项目不仅是学习的一部分,也是评价学生实际工作能力和职业素养的重要途径,学生在实践项目中的表现和成果,会直接影响其评价结果。(2)实习评价。实习在产业学院中被视为非常重要的学习方式,学生在实习过程中将所学理论知识应用到实际工作中,锻炼专业技能和职业素养,实习单位和导师通常会对学生的工作表现进行评价,评估其在实践中的表现和能力。(3)项目作业评价。产业学院的课程通常涉及各种项目作业,如团队项目、研究项目、商业计划等,学生在项目作业中的表现,包括项目管理能力、团队合作能力、问题解决能力等,也是评价的重要依据。(4)行业导师评价。学生在产业学院通常会有机会接触到行业导师,他们通常是来自行业的专业人士,能够对学生在实践项目和实习中的表现进行评价和指导。行业导师的评价也是评价体系中的重要组成部分。通过强调实践导向,产业学院的学生评价体系能够更准确地评估学生的实际工作能力和职业素养,为他们未来的职业发展提供有力支持。实践导向的学生评价体系也能够激励学生更加努力地参与实践项目,提升自身能力并为未来职业作好准备。

第四,终身学习思维培养。美国产业学院的学生评价体系鼓励学生培养终身学习的意识和能力,包括自主学习、反思能力、解决问题能力、持续学习和适应变化的能力等方面,以促进学生不断提升和成长,具体为:(1)自主学习评价。鼓励学生自主学习,制订学习计划、探索学习资源、管理学习进度等,学生在自主学习过程中表现出的学习意愿、自主性和持续学习的能力,被视为评价的重要指标。(2)反思能力评价。学生要具备反思能力,对自己的学习历程、成果和经验进行深入反思和总结,通过反思不断提升自己的学习策略和方法,培养终身学习的思维模式。(3)探究精神评价。学生被要求具备探究精神,勇于探索未知、挑战常规,不断追求知识和技能的深度和广度,在学习过程中展现的求知欲和创新能力,这也是评价的重要方面。(4)跨学科学习评价。产业学院鼓励学生跨领域学习、融合知识,学生在跨学科学习中展现的学习能力和综合素质,也是评价的重要依据。通过注重培养终身学习思维,产业学院学生评价体系能够促进学生养成持续学习的习惯和态度,使之具备适应未来社会变化和职业需求的能力,终身学习思维的培养也能够激发学生的求知欲望,促使他们不断提升自己,为未来的职业和个人发展打下坚实基础。

第五,职业素养培养。美国产业学院的学生评价体系关注学生的职业素养和职业发展规划,包括领导能力、团队合作能力、沟通能力、创新能力、适应能力等方面,以培养具备职业竞争力的专业人才主要表现在:(1)专业技能评价。学生在产业学院通常需要掌握一定的专业技能,如市场营销、管理、财务等。学生在专业技能方面的掌握程度和应用能力,是评价其职业素养的重要指标。(2)沟通能力评价。产业学院强调培养学生的沟通能力,包括口头表达、书面沟通、团队合作等。学生在沟通能力方面的表现,也是评价其职业素养的重要依据。(3)领导能力评价。学生在产业学院通常有机会担任团队负责人或项目负责人,需要展现领导能力和团队合作能力,学生领导力的表现,也是评价其职业素养的重要组成部分。(4)职业道德评价。产业学院注重培养学生的职业道德,要求学生遵守职业操守、遵纪守法、诚实守信等。学生在职业道德方面的表现,也是评价其职业素养的重要考量。通过注重培养职业素养,产业学院学生评价体系能够全面评估学生的专业技能、沟通能力、领导能力和职业道德,为他们未来的职业发展提供有力支持,帮助他们更好地适应职场环境,提升自身竞争力。

第六,持续改进和反馈机制。美国产业学院的学生评价体系具有持续改进和反馈机制,产业学院会定期对评价体系进行评估和调整,以确保评价方式和标准能够与产业需求和学生发展需求保持一致。其一,产业学院会定期审查评价体系,根据学生和教师的反馈意见、行业需求和教育发展趋势,进行评价体系的持续改进和优化。通过不断地反思和改进,确保评价体系具有有效性、公平性和适用性。其二,产业学院会及时提供评价反馈给学生,让他们了解自己的学习表现、发现不足之处,并及时调整学习策略。学生可以通过反馈了解自己的学习状态和发展方向,促使他们持续改进和提升。其三,产业学院通常采用多元的评价方法,如考试、作业、项目、实习、口头报告等,综合考量学生的学习成绩、能力表现和综合素质。通过多元评价,学生可以全面了解自己的学习状况,促使他们在各方面进行持续改进。其四,产业学院通常鼓励学生参与评价体系的建设和改进,通过学生的参与和反馈意见,完善评价机制,提高其适用性和有效性。学生可以通过参与评价体系的建设,增强对评价体系的认同感和参与感。总之,通过注重持续改进和反馈机制,美国产业学院的学生评价体系能够不断提升其有效性和适用性,能够增强学生的学习动力和自我调整能力,促进学生持续改进和提升,帮助他们实现个人学习目标和职业发展目标。

2. 美国产业学院的学生评价对我国的启示

(1)建立多元化的评价体系,全面评估学生学习和能力水平。美国产业学院通常采用多元的评价方法,如考试、作业、项目、实习、口头报告等,综合考量学生的学习成绩、能力表现和综合素质。我国可以借鉴这种做法,建立多元化的评价体系,更全面地评估学生的学习情况和能力水平,主要体现在:第一,多元评价方法能够综合考量学生的学习成绩、能力表现和综合素质,有助于促进学生的全面发展。我国可以借鉴这种做法,建立多元评价体系,不仅注重学生的学习成绩,还要重视学生的综合素质和职业能力的培养。第二,鼓励个性发展,多元评价方法能够充分考虑学生的个性特点和发展需求,有助于激发学生的学习兴趣和潜力。我国可以引入多元评价方法,为学生提供更多选择和发展空间,促进他们个性化发展和成长。第三,促进终身学习。多元评价方法能够激发学生的学习动力,帮助他们树立终身学习的理念。我国可以借鉴这种做法,通过多元评价方法激发学生的学习兴趣和动力,促进他们在学习过程中持续进步和成长。第四,提高评价公平性。多元评价方法能够避免单一评价方法带来的偏颇和不公平现象,有助于提高评价的公平性和客观性。我国可以引入多元评价方法,减少学生评价中的主观性和片面性,提高学生评价体系的公正性和科学性。多元评价方法在美国产业学院的学生评价中的应用对我国提供了有益的启示,包括促进全面发展、鼓励个性发展、促进终身学习和提高评价公平性等方面。我国可以借鉴这些做法,建立多元评价体系,推动学生综合素质的提升和全面发展。

(2) 注重职业素养培养,帮助学生适应社会发展。美国产业学院的评价体系注重培养学生的职业素养,包括专业技能、沟通能力、领导能力和职业道德等,我国也应该注重培养学生的综合素质和职业素养,帮助他们适应现代社会的职业发展需求,主要表现在:其一,提倡实践能力培养。美国产业学院注重职业素养培养,培养学生的实践能力、领导能力和团队合作能力。我国可以借鉴这种做法,注重培养学生的实践能力和职业素养,帮助他们更好地适应职场需求和社会发展。其二,重视综合素质培养。美国产业学院的学生评价体系注重培养学生的综合素质,包括专业技能、沟通能力、领导能力和职业道德等方面。我国也应该注重培养学生的综合素质和职业素养,提高学生的综合竞争力和职业发展能力。其三,强化职业伦理意识。美国产业学院注重培养学生的职业伦理意识和社会责任感,倡导学生在职业发展过程中秉持正直、诚信和责任的态度。我国也应该加强对学生的职业伦理教育,培养学生正确的职业道德和价值观。其四,实践与理论结合。美国产业学院注重在职业素养培养中实践与理论相结合,通过实习、项目和实践活动培养学生的职业技能和实践能力。我国可以借鉴这种做法,加强实践教学环节,促进学生理论知识与实际操作的结合,提高学生的职业实践能力。

(3) 建立学生参与机制,提高评价体系的有效性。美国产业学院鼓励学生参与学生评价体系的建设和改进,增强学生的参与感和认同感。我国也应该重视学生的参与,建立学生参与学生评价体系建设的机制,提高学生评价体系的参与度和有效性,主要表现在:其一,提高学生参与评价的意识。美国产业学院鼓励学生参与评价体系的建设和改进,培养学生对自身学习和能力的反思和评价能力。我国应该加强对学生的评价意识教育,鼓励他们积极参与学习过程中的评价和反馈,提高自我认知和自我管理能力。其二,增强评价体系的透明性和公正性。美国产业学院注重建立公开透明、客观公正的评价体系,保障学生参与评价的公平性和合理性。我国也应该不断完善教育评价体系,提高评价的透明度和公正性,让学生参与评价的过程更加公开和公平。其三,激发学生的自主学习和创新能力。美国产业学院鼓励学生参与评价体系的建设和改进,促使学生在评价过程中思考和探索,激发他们的自主学习和创新能力。我国也应该倡导学生在学生评价过程中主动思考和反思,培养他们的自主学习和创新意识。其四,促进学生全面发展。美国产业学院鼓励学生参与评价体系的建设和改进,促进学生的全面发展,培养其综合素质和能力。我国也应该注重学生综合素质的评价和培养,帮助学生全面发展,提高其综合竞争力和职业发展能力,推动学生全面发展和提升教育质量。

(4) 建立健全改进和反馈机制,促进学生持续提升。美国产业学院的学生评价体系注重持续改进和反馈机制,定期审查评价体系,及时提供评价反馈给学生,鼓励学生参与评价体系的建设和改进。我国也应该借鉴,取长补短,主要体现在:其一,持续改进评价体系。美国产业学院注重学生评价的持续改进,不断调整和完善评价指标和标准,确保评价体系与学生实际需求和教育目标保持一致。我国也应该重视评价体系的持续改进,及时调整和优化评价机制,以适应教育发展的变化和学生的需求。其二,建立有效的反馈机制。美国产业学院建立了有效的反馈机制,提供实时的指导和支持,让学生能够及时了解自身表现和进步情况。我国也应该加强学生的反馈机制建设,为学生提供贴近实际的评价反馈,帮助他们更好地提高学习和发展。其三,鼓励学生参与评价改进。美国产业学院鼓励学生参与评价体系的改进,促使学生在评价过程中积极反思和提出建议,推动评价机制的不断完善。我国也应该倡导学生参与评价改进,鼓励他们提出意见和建议,促使评价体系更加科学和有效。其四,培养学生自我管理和自我提升能力。美国产业学院通过学生评价和反馈机制,培养学生自我管理和自我提升能力,激发其学习和发展潜力。我国也应该注重培养学生的自我管理和自我提升能力,让他们能够主动反思和改进,实现个人成长和发展。我国可以借鉴这些做法,加强学生评价体系的持续改进和反馈机制的建设,提高学生参与评价的效果和质量,推动学生学习和发展的持续进步。

三、英国产业学院的学生评价

英国的产业学院通常是指专门培养产业领域所需技能和知识的办学机构。这些产业学院往往与当地的产业和行业密切合作,为学生提供实践性强、与职业需求紧密结合的教育和培训机会,帮助他们在产业领域取得成功并为未来的职业发展作好准备。英国产业学院强调实践导向，注重培养学生的实际工作能力和积累实践经验，通常会组织实习、项目实践、实训等活动，让学生在真实的产业环境中学习和实践。同时，英国产业学院强调行业合作，通常与当地的产业和行业密切合作，与企业建立合作关系，为学生提供实习机会、就业指导和行业导师支持，帮助学生更好地在产业领域融入和发展。此外，英国产业学院还强调实用主义、质量优先，产业学院的课程设置和教学内容通常注重实用性和职业能力培养，帮助学生掌握真正需要的技能和知识，为未来的职业发展做好准备。产业学院通常拥有优质的师资队伍和教学资源，教学质量较高，学生成绩和毕业生就业率较为出色。

英国产业学院的学生评价体系是一个多方位、综合性的评价系统，涵盖了学术表现、实践能力、个人发展、教师评价和学生服务评价等多个方面。通过不断收集学生的反馈意见和建议，学校可以及时调整和改进教育教学工作，为学生提供更好的学习和发展支持。例如：(1) 学术表现评价。学校会对学生的学术表现进行评价，包括考试成绩、作业质量、参与课堂讨论等。这些评价可以帮助学校了解学生的学习情况和成绩水平，为学生提供个性化的学术支持和指导。(2) 实践能力评价。产业学院通常注重培养学生的实践能力和职业素养，会对学生在实习、项目实践、实训等方面的表现进行评价。通过实践能力评价，学校可以评估学生的实际工作能力和适应能力。(3) 个人发展评价。产业学院也会关注学生的个人发展和综合素质，包括领导能力、团队合作能力、沟通能力等方面，通过个人发展评价帮助学生发现自身优势和不足，提供个性化的发展指导和支持。(4) 教师评价。学生对教师的评价也是评价体系的重要组成部分。学生会就教师的教学方法、态度、辅导质量等方面提出评价意见，帮助学校评估和改进教师的教学质量。(5) 学生服务评价。产业学院提供的各种学生服务也会得到学生的评价，包括图书馆服务、就业指导、校园活动等，学生的反馈意见可以帮助学校改进学生服务质量，提高学生满意度。

（一）发展历程

英国产业学院的学生评价体系的发展是一个逐步完善、不断改进的过程，旨在为学生提供更全面、科学、个性化的评价和支持，帮助他们实现自身潜力的最大发展并为未来的职业成功作好准备。通常可以划分为以下几个阶段：

1. 初级阶段

在这个阶段，学生评价体系刚刚建立，通常会主要依靠传统的考试成绩和教师评价来评估学生的学术表现，学生的综合素质和个人发展往往没有得到充分关注,学生评价体系的构建还比较简单和单一。这个阶段的学生评价方式主要体现在以下方面:其一,采用传统评价方式。教师会根据学生在考试中的表现给予评价,这种评价方法主要关注学生的学术成绩,忽视了学生其他方面的综合能力和个人发展。其二,以教师评价为主。教师根据课堂表现、作业完成情况和参与度等因素对学生进行评价。这种学生评价体系缺乏客观性和全面性,容易出现主观偏见。其三,评价缺乏个性化支持。由于评价方法相对单一和传统,学生往往难以得到个性化的支持和指导,无法全面发展自身的潜力和能力。其四,学校反馈和支持机制不够完善。在这一阶段,学校的反馈和支持机制相对不够完善,学生在学术表现和个人发展方面的问题往往难以被及时发现和解决。随着教育理念的不断更新和社会需求的变化,英国产业学院的学生评价体系逐步发展和完善,更加关注学生综合素质和个人发展,为学生的成长和职业发展提供更有效的支持和指导。

2. 拓展阶段

这一阶段的学生评价开始向多方面发展,除了学术表现外,还重视实践能力、个人发展、教师评价和学生服务评价等方面,主要体现在以下方面:其一,多元化评价指标方面。这一阶段的学生评价体系开始建立多元化的评价指标和体系,包括学术成绩、实践能力、综合素质、个人发展等方面,产业学院开始关注学生在不同领域的表现,为学生提供全面的评价。其二,教师和同学评价方面。除了学生自身的表现外,教师和同学的评价也被纳入评价体系中,教师可以从不同角度评价学生的表现,同学之间也可以相互评价和反馈,增强评价的客观性和准确性。其三,个性化支持方面。产业学院开始注重为学生提供个性化的支持和指导,根据学生的评价结果和需求,为他们制订个性化的发展计划和学习路径,帮助他们实现自身的发展目标。其四,反馈和改进机制。这一阶段,产业学院建立了较为完善的反馈和改进机制,及时收集学生和教师的反馈意见,对评价体系进行调整和优化,确保评价体系能够有效地反映学生的学习和发展情况。总之,在拓展阶段,英国产业学院的学生评价体系开始向多方面发展,逐步完善和深化,为学生提供更全面、科学、个性化的评价和支持,帮助他们实现自身潜力的最大发展,为未来的职业发展作好准备。

3. 完善阶段

在这一阶段,英国产业学院的学生评价体系综合考虑学生的学术成绩、实践能力、综合素质、个人发展和社会责任等多方面因素。产业学院建立了科学、全面、个性化的评价标准,学生评价体系逐步完善和深化,拥有了更加科学和客观的指标体系,利用先进的技术手段进行评价数据的收集和分析,提高了评价体系的效率和准确性,注重对评价结果的分析和利用,为学生提供个性化的支持和指导等。具体体现在以下方面:其一,采用多维度评价方式。这一阶段的学生评价体系涵盖了多个维度,包括学术表现、实践能力、综合素质、个人发展和社会责任等方面,学生的表现将被全面评估,这有助于全面了解学生的潜力和发展方向。其二,个性化评价和支持。这一时期的评价体系为每位学生提供个性化的评价和支持,根据学生的特点和需求,制订个性化的发展计划和学习路径,帮助学生实现自身的发展目标。其三,全面反馈和改进机制。在这一时期,产业学院建立了全面的反馈和改进机制,定期收集学生和教师的意见和反馈,及时调整和优化评价体系,确保评价体系的有效性和准确性。其四,强调社会责任和职业发展。这一时期的学生评价体系不仅关注学生的学术表现和综合素质,更注重培养学生的社会责任感和职业发展能力,帮助他们更好地适应未来职业发展的需求。在完善阶段,英国产业学院学生评价体系已经较为科学和成熟,能够全面反映学生的学习和发展情况,为学生提供更有效的评价和支持。

4. 持续改进阶段

在这一时期,英国产业学院的学生评价体系不断进行改进,根据学生与教师的反馈意见和社会需求不断调整和优化评价体系,确保评价体系能够有效地反映学生的学习和发展情况,为学生的成长和职业发展提供有效支持。主要体现在以下方面:第一,整合新的评价方式。产业学院持续关注教育领域的最新发展和趋势,不断整合新的评价方式和工具,如项目作业、实习评价、在线测评等,丰富评价体系的内容和形式,提高评价的准确性和客观性。第二,强化技术支持。产业学院加大对评价技术和工具的投入,使用先进的技术手段,如数据分析、人工智能等,提高评价体系的效率和质量,为学生提供更精准和有效的评价和支持。第三,持续培训和反馈机制。产业学院进一步加强教师和评价人员的培训和能力建设,提高他们的评价水平和专业素养,建立持续反馈机制,收集学生和教师的意见和建议,及时调整评价体系,确保评价体系的有效性和可持续发展。第四,强调学生参与和自主学习。这一阶段的学生评价体系强调学生参与和自主学习的重要性,鼓励学生主动参与评价过程,反思自身学习和发展,并根据评价结果调整学习策略和目标,实现自主学习和持续改进。在持续改进阶段,英国产业学院的学生评价体系不断改进和完善,提供更科学、全面和个性化的评价和支持,帮助学生实现个人潜力的最大发展,同时产业学院也将不断适应教育领域的变化和挑战,保持评价体系的前沿性和领先性。

（二）特点与启示

1. 英国产业学院的学生评价的特点

第一，多维度评价。英国产业学院的学生评价往往采用多维度评价，评价不仅仅关注学生的学术表现，还综合考虑了学生的实践能力、综合素质、个人发展以及社会责任等方面，以全面了解学生的整体发展情况，帮助他们实现全面发展和提升。具体而言，多维度评价包括以下几个方面：其一，学术表现方面。它主要评估学生在学术方面的表现，包括课堂学习、考试成绩、论文作业等。其二，实践能力方面。它主要评估学生在实践中的表现，包括实习报告、项目作业、实践经验等。其三，综合素质方面。它主要评估学生的综合素质，包括领导能力、团队合作能力、沟通能力等。其四，个人发展方面。它主要评估学生的个人发展情况，包括自我认知、自我管理、职业规划等；其五，社会责任方面。它主要评估学生在社会责任方面的表现，包括社会实践、志愿服务、公益活动等。通过多维度评价，可以更全面、客观地评估学生的表现，为他们提供个性化的发展建议和支持，促进学生全面发展，使之具备多方面的能力和素质，在学术和职业发展上取得更好的成绩，以适应未来的职业挑战。

第二，个性化评价。英国产业学院的学生评价体系会为每位学生提供个性化的评价和支持，根据学生的特点、需求和发展目标制定相应的评价标准、评价方式和评价内容，帮助学生实现个人潜力的最大发展，促进他们的个性化学习和发展。具体而言，包括以下几个方面：其一，个性化评价标准。根据学生的特点和目标制定个性化的评价标准，明确评价的重点和内容，确保评价的公正和客观性。其二，个性化评价方式。采用不同的评价方式，如考试、作业、项目、实习报告等，根据学生的学习风格和能力进行选择，确保评价方式与学生个性相匹配。其三，个性化评价内容。评价内容涵盖学术表现、实践能力、综合素质、个人发展等多个方面，根据学生的需求和目标进行针对性评价，帮助他们全面发展。其四，个性化发展计划。根据评价结果制定个性化的发展计划和学习路径，为学生提供个性化的指导和支持，帮助他们实现个人潜力的最大发展。通过个性化评价，英国产业学院可以更好地了解每位学生的特点和需求，为他们提供个性化的发展建议和支持，促进学生自主学习和自我发展，培养他们具备个性化的能力和素质。

第三，强调综合素质和实践能力。英国产业学院的学生评价强调实践能力，评价不仅仅关注学生的学术表现，还重视学生在综合素质和实践能力方面的表现，旨在让学生全面发展，提高他们在实际工作中的应用能力和综合素质。具体来说，综合素质评价会考查学生的领导能力、团队合作能力、沟通能力、创新能力等,以全面衡量学生的综合素质水平。实践能力评价则会关注学生在实际项目中的表现、实习经历、实践能力的发展情况等,以确保学生具备了实际工作所需的技能和能力。通过强调综合素质和实践能力的评价,英国产业学院可以更全面地评估学生的能力和素质,帮助他们在学术和职业发展上取得更好的成就,同时,也有助于培养学生的综合能力和实践能力,使他们在未来的职业生涯中具备竞争力和应对能力。

第四,建立反馈机制。英国产业学院的学生评价体系强调实时反馈机制,及时收集学生的学习情况和表现,为学生提供及时的反馈和指导,帮助他们不断改进和提升,优化教学质量和服务水平。反馈机制包括以下几个方面:其一,学生调查。产业学院会定期进行学生调查,收集学生对教学质量、课程设置、学习环境等方面的意见和建议,以便及时了解学生的需求和意见。其二,口头反馈。教师会定期与学生进行面对面的交流和沟通,听取他们的意见和建议,帮助学生解决问题和困难,促进学生的学习和发展。其三,评价报告。产业学院会根据学生的评价和反馈,制定评价报告,总结评价结果和改进建议,为学校改进和提升教学质量提供参考和支持。其四,行动计划。产业学院会根据评价报告制订具体的行动计划,针对学生反馈的问题和建议进行改进和优化,提高教学质量和服务水平。通过反馈机制,英国产业学院不断改进和提升教学质量和服务水平,满足学生的需求和期望,提高学生的满意度和学习成效,促进学生反馈意识的培养,增强学生对学校管理和发展的参与度和归属感。

第五,坚持持续改进机制。英国产业学院的学生评价体系坚持持续改进机制,不断更新评价方式和工具,适应不断变化的教育环境和社会需求,确保评价体系的有效性和可持续发展。产业学院不仅仅关注学生评价的结果,更重要的是将学生的反馈作为改进的动力,不断提升教学质量和服务水平,在收集到反馈后,产业学院会制订具体改进计划和措施。持续改进过程包括以下几个方面:其一,分析反馈。产业学院会定期收集学生的反馈和评价,包括学生调查、口头反馈、评价报告等方式,然后对学生的反馈进行认真分析和总结,了解学生的需求和意见,找出存在的问题和改进的方向。其二,制订改进计划。产业学院会针对学生提出的问题和建议进行分析,制订具体的改进计划和措施进行优化,明确改进目标和时间表,确保改进措施的实施和效果。其三,实施改进措施。产业学院会全面实施改进计划,包括教学方法、课程设置、学习环境、服务水平等方面的改进,以提高学生的学习体验和满意度。其四,监测和评估。产业学院会定期监测和评估改进效果,收集学生的反馈和意见,不断调整和优化改进措施,确保持续改进的效果。通过持续改进,英国产业学院能够不断提升教学质量和服务水平,满足学生的需求和期望,促进学生的学习和发展,同时,也有助于建立学生和学院之间的良好关系,增强产业学院的竞争力和吸引力。

2. 英国产业学院的学生评价对我国的启示

第一,注重学生参与评价与反馈的过程。英国产业学院的学生评价体系非常注重学生参与,鼓励学生积极参与评价与反馈的过程。这种做法有助于培养学生的自主性和责任感,提高他们对教学质量和服务水平的关注度,主要方式有:(1)自我评价。鼓励学生对自己的学习过程和成果进行反思和评价,帮助学生识别自己的优势和需要改进的地方,从而设定个人学习目标。(2)同伴评价。让学生参与到同伴的评价过程中,互相给予反馈,不仅可以提高学生的批判性思维能力,还能增强他们的沟通技巧和团队合作精神。(3)教师评价反馈。教师提供具体的、建设性的评价反馈意见,帮助学生了解自己的表现如何以及如何改进。该反馈不仅仅是成绩或等级,更重要的是指导性的建议,旨在帮助学生进步。(4)家长参与。家长也被鼓励参与到孩子的学习过程中,比如参加家长会、了解孩子的学习计划等,定期收到关于孩子在学校表现的信息,包括正式的成绩报告和个人发展方面的反馈,帮助孩子学习成长。(5)持续性反馈。学习反馈不仅仅是在学期末或学年末才给出,而是贯穿整个学习过程。持续性的反馈可以帮助学生及时调整学习策略,不断进步。通过这些举措,英国的学生评价体系能够更好地促进学生的自我发展和成长,同时,也增强了师生之间的互动与合作。这对于我国的学生评价体系来说,是非常有价值的参考和启示。在我国,学校也可以引导学生参与学校管理和发展,建立起更加民主、开放的学生评价体系。

第二,注重持续改进,不断调整和优化教学和服务。英国产业学院的学生评价体系强调持续改进,将学生的反馈作为改进的动力。这种评价体系的特点在于它不仅仅关注学生当前的表现,更重视学生在整个学习过程中的成长和发展,主要举措有:(1)个性化学习计划。通过定期评估学生的学习进度,制定个性化学习计划,包括学习目标、技能发展路径等,确保每位学生都能获得最适合自己的教育体验。(2)过程性评价。通过项目作业、实习表现、技能测试等多种形式来评估学生的学习进展,强调对学生学习过程的连续性评价,而不仅仅是评价最终成果。(3)职业导向评价。与行业合作伙伴合作制定评价标准,紧密围绕学生未来就业所需的职业技能和知识确定评价内容,确保评价内容符合行业实际需求。(4)持续反馈机制。教师、导师以及行业专家定期向学生提供具体、有针对性的反馈,学生也可通过自我评价和同伴评价获取反馈信息,促进自我反思和改进。

(5)多方参与。家长、教师、行业专家甚至学生本人都参与到评价过程中,这种多方参与有助于确保评价结果的客观性和全面性。(6)灵活调整。根据评价结果和反馈信息,灵活调整教学方法和课程内容,保证教学活动能够及时反映行业变化和技术进步。(7)终身学习。鼓励学生树立终身学习的理念,将评价视为一个持续的过程,即使毕业后也能根据评价结果和个人发展目标继续提升自己。通过这样的评价体系,英国的产业学院能够有效地助力学生的专业技能发展和职业准备,同时,也为学生提供了宝贵的反馈机制,帮助他们不断改进和完善自己。这种模式对于我国的职业教育和培训领域来说,具有很高的借鉴价值。持续改进的理念可以帮助学校更好地适应社会发展和学生需求的变化,提升教育质量和竞争力。

第三,建立多元化的评价方式,客观地评估教学效果和服务质量。英国产业学院的学生评价体系采用多元化的评价方式,这种多元化评价不仅能够全面地评估学生的能力和发展潜力,还能激发学生的学习兴趣和积极性。评价方式主要有:(1)形成性评价。在学习过程中对学生的知识掌握情况、技能发展水平进行持续性评估,通过定期的小测验、项目作业、实验报告等形式,教师可以了解学生的学习进展,并及时提供反馈和指导。这种评价方式有助于学生及时发现并改正错误,从而更好地掌握所学内容。(2)终结性评价。通常是在某一学习阶段结束时对学生整体学习成果的总结性评估,如学期末考试、最终项目展示等。这类评价能够全面地评估学生在一个较长的学习周期内的综合能力。(3)自我评价。鼓励学生对自己的学习过程和成果进行反思和评价,学生可以通过写学习日志、制作个人学习报告等方式来进行自我评价,有助于培养学生的自我反思能力和自主学习习惯。(4)同伴评价。它是指学生相互之间进行评价。在小组项目中,成员之间互相评价对方的工作贡献和团队合作能力等,这不仅可以提高学生的人际交往技巧,还能增强他们的批判性思维能力。(5)行业专家评价。邀请来自相关行业的专家参与学生作品或项目的评审,比如在设计、工程等领域,学生的作品或解决方案可以由行业专家进行评价。这种方式不仅能够让学生了解到行业最前沿的需求和标准,还能增加他们的实践经验和行业认知。(6)实践考核。通过模拟真实工作场景的考核来评估学生的实际操作能力和解决问题的能力,如实习报告、案例分析等。这些实践活动让学生有机会将理论知识应用于实践中,同时,也能得到来自导师和行业专业人士的具体反馈。(7)技能证书。通过获得特定技能证书来证明学生掌握了相应领域的专业知识和技能,如IT领域的认证考试、语言等级考试等。这些证书不仅是学生能力的证明,也是他们在求职市场上的重要竞争力之一。英国产业学院通过实施这些多元化的评价方式,不仅能够全面准确地评估学生的学习成效,还能激发学生的学习动力,帮助他们更好地适应未来的职场挑战。在我国,产业学院也可以借鉴这种做法,建立起多元化的评价体系,更加客观地评估教学效果和服务质量。

3. 建立健全反馈机制,促进沟通与交流

英国产业学院的学生评价体系确实非常注重建立一个健全的反馈机制,以确保学生能够从每一次评估中获得有意义的信息,促进其持续成长和发展。具体举措关键点如下:(1)反馈意见及时有力。采用在线平台自动评分系统,快速给出结果,或定期安排一对一会谈或小组讨论,面对面交流反馈意见,确保学生能够尽快收到评价反馈信息,及时了解自己的表现,明确需要改进的地方。(2)反馈信息具体明确。每次反馈信息都很具体且针对性强,避免模糊不清的表述,帮助学生明确知道哪些方面做得好,哪些方面需要改进,譬如对于作业或项目,详细列出其优点与不足之处,在评价表中使用具体的例子来支持相应的观点等。(3)采用建设性批评。反馈意见具有建设性,既指出问题也提出改进建议,鼓励学生接受挑战,积极寻找解决办法,在强调正面反馈的同时,也诚实地指出需要改进的地方。(4)反馈意见个性化。考虑到每位学生的特点和需求,提供个性化的反馈意见,确保每位学生都能从反馈意见中受益,促进其个性化发展。如根据学生的学习风格和个人目标定制反馈内容,鼓励学生提出自己希望获得哪方面的反馈。(5)注重自我反思。鼓励学生积极参与到反馈过程中,学会自我评价,培养学生独立思考和自我反省的能力,如设计反思日记或自我评价表,引导学生思考自己的学习过程,或在反馈会上预留时间让学生分享自己的想法和感受等。(6)多元化视角反馈。除了教师外,还引入同行评价、行业专家评价等多种来源的意见,为学生提供更全面的视角,帮助他们从不同角度理解自己的表现。如邀请行业专家参与到课程项目评审中,给予专业意见。(7)连续性反馈意见。跟踪学生的进步情况,持续提供反馈和支持,确保学生能够根据反馈不断调整学习策略,实现持续进步,如利用学习管理系统(LMS)记录学生的表现变化,便于追踪和回顾等。英国产业学院的学生评价体系建立了一个健全的反馈机制,不仅能够帮助学生清晰地认识到自己的优势与不足,还能激发他们主动寻求改进的机会,促进其全面发展。在我国,学校也可以建立起类似的反馈机制,促进学生与学校的沟通和交流,共同推动教育事业的发展。

第三节　产业学院的学生评价体系构建策略

一、产业学院建设背景下学生评价体系构建原则

（一）实用性和适用性原则

学生评价体系应该具有实用性和适用性，能够准确评估学生对在产业学院所学知识和技能的掌握程度。评价内容应该与产业学院的培养目标和行业需求相匹配，确保评价结果能够为学生未来的就业和职业发展提供有益的参考。学生评价既要关注学生对岗位技能的掌握、专业知识的运用，又要对学生的情感态度与价值观、思想道德水平、职业素养、社会适应能力等综合素质进行考查，根据产业发展需求确定评价标准，确保评价内容与产业实践和就业需求相匹配。评价体系应关注学生的实际操作能力、解决问题能力和创新能力，将学生培养成为适应产业发展的人才。

（二）多元性原则

多元智能理论认为，人的智力不是单一的能力，而是由多种能力构成的。有一部分知识是不能通过纸笔测试测出来的，而是要通过综合素质评价来体现。[①]对高职学生进行评价时，评价主体、评价方法、评价方式、评价结果都要以学生发展为中心，体现多元性，评价方式包括课堂测验、实践项目、作业、口头报告等，以全面评估学生的学习表现。通过多元化评价方式，可以更加客观地反映学生的综合能力和潜力，培养学生的实际操作能力和解决问题的能力，确保学生在真实的产业环境中得到充分锻炼。

（三）结果导向原则

基于高职教育的特点，学生的专业技能往往是通过逐步训练而提高的，学生评价不仅要注重学习的终极结果，更要注重学生进步幅度和对学习过程的跟踪考察，注重评价结果的有效性和实用性，评价结果能够客观准确地反映学生的学习成果和能力水平，为学生的学习和职业发展提供有针对性的指导和支持。

---

① 高智华,齐雪茹,王飒爽.产教深度融合模式下高职院校学生学习质量评价体系研究[J].河北职业教育,2017,1(1):21-25.

(四）激励性原则

评价体系的构建与实施要发掘学生的创造潜质，对学生起到激励和调动作用，使评价变成教育教学和学生学习的重要环节。评价体系的建设要充分考虑学生的需求和意见，鼓励学生参与评价体系的建设和运行，建立学生评价委员会或类似机构，让学生参与评价体系的制定和管理，提高学生对评价体系的认同感和参与度。同时，评价体系应建立健全的反馈和改进机制，鼓励学生提供反馈意见和建议，促进评价体系的持续改进和优化。学校应及时响应学生的反馈，调整评价标准和方式，不断提升评价体系的质量和效果。

二、产业学院建设背景下学生评价体系构建策略

（一）明确学生评价目标的意义

产业学院建设背景下学生评价体系的评价目标应当与产业需求相匹配，以确保学生毕业后能够满足产业的需求，提高学生的就业竞争力和适应能力。因此，产业学院学生评价体系建设的目的是促进学生的全面发展和提高就业竞争力，评价目标应与产业需求和学生能力培养目标相匹配，以确保评价体系的有效性和实用性。具体来说包括以下几个方面：其一，实践能力。产业学院的目标是培养应用型人才，因此，学生评价体系应重点评估学生的实践能力。评价目标可以包括学生在实习、项目实践、实验等实践环节中的表现，以及解决实际问题的能力。其二，创新能力。产业发展需要具有创新精神和创新能力的人才，因此，学生评价体系应考量学生的创新能力。评价目标可以包括学生在科研项目、创业比赛等方面的表现，以及提出新颖想法和解决问题的能力。其三，团队合作能力。产业的发展离不开团队合作，学生评价体系应评估学生的团队合作能力。评价目标可以包括学生在团队项目中的表现、团队沟通和协作能力等方面。其四，行业认可度。产业学院的目标是培养符合行业要求的人才，因此，学生评价体系应考量学生在行业中的认可度，可以包括学生在实习单位、企业实践项目中的表现，以及行业认可证书和奖项等方面。通过与产业需求相匹配的评价目标设定，学生评价体系可以更好地反映学生的实际能力和素质，提高学生的就业竞争力和适应能力，促进学生和产业的良性互动和发展。

（二）根据产业需求设定评价标准

根据产业发展需求和相关行业标准，确定学生评价的各项标准和指标，评价

标准应包括学业成绩、实践能力、创新能力、团队合作能力等方面,以全面评价学生的综合能力和素质。评价指标包括:其一,学业成绩。学生在各门课程中的学习成绩和绩点可以作为评价标准之一,它反映学生对知识和技能的掌握情况。其二,实践能力。它包括实习、项目实践、实验等实践环节中的表现,以及解决实际问题的能力和实践经验,评价标准可以包括实习单位的评价、项目成果、实验报告等。其三,创新能力。它评价学生在科研项目、创业比赛等方面的表现,以及提出新颖想法和解决问题的能力,评价标准可以包括创新项目的成果、专利申请、创新竞赛获奖等。其四,团队合作能力。它评价学生在团队项目中的表现、团队沟通和协作能力等,评价标准可以包括团队项目评分、团队合作报告等。其五,行业认可度。它评价学生在实习单位、企业实践项目中的表现,以及行业认可证书和奖项等,评价标准可以包括实习单位的评价、企业项目成果、行业认可证书等。其六,社会责任感。它评价学生的社会责任感和公益意识,评价标准可以包括社会实践活动的参与情况、志愿服务经历等。具体的评价标准可以根据产业发展需求和相关行业标准进行调整和完善,确保评价体系能够全面、客观地评估学生的综合素质和能力,提高学生的就业竞争力和适应能力。

(三) 采用多元化评价方式评价学生的综合素质

在产业学院建设背景下,为了更全面地评价学生的综合素质和能力,可以采用多元化的评价方式,结合不同的评价方法和工具,综合反映学生在学习、实践、创新、团队合作等方面的能力。(1)学业成绩评定。学生在各门课程中的学习成绩和绩点可以作为评价的一个方面,主要反映学生对知识和技能的掌握情况。(2)实践能力评价。它的评价对象包括实习、项目实践、实验等实践环节中的表现,以及解决实际问题的能力和实践经验,可以通过实习单位的评价、项目成果评定、实验报告评分等方式进行。(3)创新能力评价。它的评价对象包括学生在科研项目、创业比赛等方面的表现,以及提出新颖想法和解决问题的能力,可以通过考查创新项目的成果、专利申请情况、创新竞赛获奖等进行。(4)团队合作能力评估。它的评价对象包括学生在团队项目中的表现、团队沟通和协作能力等,可以通过团队项目的评分、团队合作报告评定等方式进行。(5)自我评价和同行评价。学生可以通过自我评价表述自己的学习、实践、创新和团队合作能力,同时也可以邀请同行学生或老师进行评价,从不同角度获取对学生综合素质的评价。(6)口头答辩和综合评定。可以设置结业答辩环节,要求学生对自己的学习成果、实践经验、创新项目以及团队合作能力进行阐述和展示,由评委进行综合评定。通过多元化的评价方式,不仅可以更全面地了解学生的学习情况和能力表现,帮助学生发现自身的优势和不足,提高学生的综合素质和就业竞争力,还可以激发学生的学习动力和创新潜力,促进其全面发展,提高评价的客观性和准确性。

(四)建立学生评价反馈机制

在产业学院建设背景下,建立学生评价的反馈机制非常重要。建立反馈机制,可以使学生评价更加有效,帮助学校了解学生的需求和意见,及时采取措施改进教学和管理工作,提高教学质量和学生满意度。第一,定期开展学生满意度调查。可以通过问卷调查等形式,定期对学生进行满意度调查,了解他们对教学质量、教师教学水平、课程设置、实践实习安排、学校管理等方面的评价和意见,及时发现问题,采取改进措施;第二,组织学生座谈会或研讨会。可以定期组织学生座谈会或研讨会,邀请学生代表就教学管理、课程设置、实践活动等方面进行意见交流和建议反馈,促进学生的参与和沟通。第三,设立意见箱或在线平台。学校可以设立意见箱或在学校网站上建立在线平台,让学生自由发表对学校的建议和意见,匿名提交问题和反馈,鼓励学生对学校的管理和服务提出改进建议。第四,设立学生代表团队,代表学生参与学校的决策和管理,及时向学校反馈学生的意见和需求,促进学校与学生的互动和沟通。第五,定期进行教学评估和审查,学院可以定期对教学质量和管理制度进行评估和审查,邀请学生参与评议,听取学生的意见和建议,促进教学质量的提升和持续改进。通过建立学生评价的反馈机制,产业学院可以更加及时地了解学生的需求和意见,促进产业学院与学生之间的互动和沟通,提高教学质量和学生满意度,推进产业学院的持续发展。建立学生评价结果的反馈机制,可以及时向学生反馈评价结果和建议,帮助学生了解自己的优势和不足,提供个性化的学习指导和支持。同时,可以鼓励学生提出对评价体系的改进建议,持续优化评价体系。

(五)加强信息化建设,推进评价的科学性

产业学院建设背景下,加强信息化建设对于学生评价是非常重要的。通过信息化建设,学校可以更加有效地收集、整理和分析学生评价数据,实现评价的及时、准确和全面,从而提高学校的教学质量和学生满意度。具体方式如下:

第一,建立学生评价信息系统。学校可以建立学生评价信息系统,实现学生评价数据的集中管理和整合分析。通过系统化的数据录入、存储和处理,可以更加方便地进行评价结果的查阅和分析。

第二,开发在线评价工具。学校可以开发在线评价工具,让学生通过电子方式进行评价,提高评价的便捷性和效率,通过在线评价工具,可以实现实时反馈和

及时改进,促进教学改进和提升。

第三,建立学生评价数据分析平台。学校可以建立学生评价数据分析平台,通过数据挖掘和分析技术,对学生评价数据进行深入挖掘和分析,发现潜在问题和改进空间,为学校的教学管理提供有力支持。

第四,推广移动评价应用。通过移动评价应用,可以更好地获取学生的反馈和建议,推广移动评价应用,让学生可以随时随地通过手机或平板电脑进行评价,提高评价的参与度和及时性。

第五,持续完善信息化建设。提高信息化建设的智能化和个性化水平,不断更新和升级评价系统和工具,为学生评价提供更好的支持和服务。通过加强信息化建设,学院可以提高学生评价的准确性和全面性,促进评价结果的及时反馈和教学改进,提高教学质量和学生满意度,推动产业学院的持续发展。通过信息化建设,可以提高评价工作的效率和准确性,为学生评价体系的持续改进和优化提供支持。

通过以上策略,产业学院可以构建起科学合理的学生评价体系,促进学生的全面发展和提高就业竞争力,为产业学院的建设和发展提供有力支持。同时,不断优化和完善评价体系,确保其与产业需求和学生需求保持一致,为学生提供更加有针对性和有效的支持和指导。

三、产业学院建设背景下学生评价体系构建要求

(一)评价体系符合行业需求,使人才培养定位更准确

新评价体系突出了职业教育的特点,学生的学习与行业新要求、新标准接轨,将国家职业标准和企业使用的行业标准和工作规范等纳入评价方案中,提高了高职教育的竞争力。

(二)将学习质量评价的标准融入课程中

将学习评价的标准融入课程中,把评价作为课程标准的一个重要组成部分,转变了课堂教学和学习方式,更加注重创新、协同学习和综合实践能力的培养,促进了学生与职业就业的接轨。

(三)评价体系有效提高学生的职业能力

适时引入企业评价,在一定程度上可以缩小学生所学专业与就业岗位的差距,增强学生就业竞争能力。缩短学生的就业上岗适应期,学生进入企业后很快

就可以进入状态。从企业反馈的信息看,这样做可以降低企业的用工成本,受到了企业的认可和好评。

当然,学生学习质量评价的改革实践还在不断规范和完善的过程中,对于任何评价模式和体系而言都需要恰当的、发展性的应用。产教深度融合模式下的学生学习质量评价体系为高职院校今后人才培养过程的优化和调整提供了理论依据,使人才培养模式更加规范、完整。

四、产业学院建设背景下学生评价体系构建

以广州科技贸易职业学院为例,基于产教深度融合,该校以培养综合职业素质为目标,实施产业学院教学模式,即学生学习分为"学校学习阶段"和"企业实习阶段"两个阶段。此模式通过学校和企业共同努力,校内学习和企业实习深度融合,培养与职业岗位零对接的高素质的技能型人才。根据产业学院的具体情况,针对这两个学习阶段分别进行学生评价。在评价学生的学习时突出体现学生职业关键能力的变化,做到"教学过程评价全程化,专业技能评价过程化,以及学生能力评价全面化"。学生的学习过程离不开课程学习,学习质量评价通过课程学习评价来实现。在学习质量评价过程中,学生在不同阶段、不同年级、不同学期、不同课程中,评价内容、评价方法和评价方式的选择亦不相同。通过对学生学习的智力、过程、情境、能力等进行多元化分析、评估,来达到促进学生全面发展、提高学生综合素质的最终目的。

学校学习阶段的评价主要针对公共理论课程、专业基础课程和专业核心课程进行考核。专业基础课程的讲授采用专业理论教学与实训教学平行交替进行、实训教学进行岗位轮换的教学模式,其中专业理论教学和公共理论课程主要侧重对知识的理解,强调专业基础体验,评价采用试卷命题检验法,采用诊断性评价与终结性评价,以定量评价为主;专业基础课程的实践教学和专业核心课程讲授主要采用项目教学、理实一体的教学模式,侧重考查学生的动手操作能力,评价采用笔试、任务式、定时操作式、个人问答式等方法,采用诊断性评价、形成性评价和终结性评价,通过定量评价与定性评价相结合,把传统的"点式"评价变为"面式"评价或者"立体式"评价。

在企业实习阶段评价中,针对岗位技能训练课程进行考核,侧重考查学生的岗位适应能力和社会适应能力,采用形成性评价和终结性评价,以行业标准去衡量学生的能力。评价采用行为样本、现场观察、已有绩效等进行,可综合学生在德、能、勤、绩等方面的表现,给出等级评定和描述性评语。各评价主体在学习质量评价中的职责各有分工,其中学校学生处主要负责对学生的思想品德、就业率

和就业质量等的评价；教务处主要负责建立数字化教务管理系统，对学生的专业知识掌握程度、应用能力和创新能力等进行评价；系部负责对学生进行包括学习态度、日常行为、社会实践活动等在内的综合素质进行评价；企业主要负责学生见习、生产实习和顶岗实习期间的项目完成情况、工作创新程度、工作绩效、职业道德和团队意识等以及录用学生满意度、毕业生对就业工作满意度及就业后的离职率等进行综合评价。

产教深度融合模式下的学生学习质量评价不是只注重过程而不注重结果的评价，而是对课程实施意义上的学习动机、过程和效果的三位一体的评价。采取目标与过程并重的价值取向，对学习的效果、过程以及与学习密切相关的非智力因素进行全面的评价。在评价结果中，形成性评价以"综合性、激励性的评语＋等级"的形式呈现；展示性评价采用"等级制"(优、良、合格、待努力，即 A、B、C、D)的形式呈现；水平性评价采用"百分制＋等级"的形式呈现。评价功能包括对学生的学习质量水平做出判断，肯定成绩，找出问题，促进学生对学习的过程进行积极的反思等。

总之，该评价体系注重学习目标与学习过程的结合，通过学习过程中学生的行为表现以及形成的结果，从多方面、多角度来衡量学生的学习效果。基于产教深度融合的学生学习质量评价不仅要落实在办学理念中，而且要全面地体现在教育教学和教育管理的全过程，可以在课程开始前、课程进行中、课程结束后随机实施，对学生学习质量进行预测性、阶段性、终结性评价，从而形成对学生学习过程的动态的、全程的评价。

第十章　产业学院的社会服务评价体系构建

第一节　产业学院的社会服务评价概况

职业院校肩负"为党育人、为国育才"的重要使命,职业院校教师参加各类专业性及公益性社会服务,是大局观、政治观的一种体现,也是自身发展的需要,不仅服务社会,也为学生起到了良好的榜样示范作用。职业院校的学生除了传统课堂外,还可以通过社会服务锻炼实践能力,既培养良好的道德情操,又可以发挥自身特长服务社会,从而成长为高素质技术技能型人才。职业院校社会服务的开展,能够充分挖掘学校优势和资源,积极整合人力、物力,在社会就业、民生发展、专业突破及公益活动等方面起到规模效应。与一般的企业相比,职业院校参与社会服务,不仅能降低相应成本,更能在服务过程中,于无形中促进社会职业教育水平的全方位提升。只有对职业院校社会服务进行合理评价,才能持续发挥这种促进作用。

我国对职业院校社会服务评价的研究,主要集中在高职院校服务评价体系构建和服务能力评价标准制定两个方面。在体系构建方面,多采用定性分析方法,如邹瑞睿提出了评价体系构建所应坚持的系统性、可量化、客观性和动态性原则。在评价标准制定方面,多采用模糊数学理论或实证数据分析方法,对各评价标准的权重进行测算,如蒋政利用归纳分析法选出评价体系中的各个指标,并利用层次分析法来确定权重;同时,较多研究通过具体实证数据来验证评价标准制定的合理性,并将评价结果应用于提高高职院校社会服务能力的具体实践,如孙永春通过建立社会服务绩效评价测算模型来分析广东省各高职院校的数据等。[①]

现有研究主要集中于职业院校社会服务能力评价体系本身的设计、指标制定、实证试算等方面,但有些具体指标在实际评价应用中存在不全面的问题,例如社会捐赠,这一指标虽然体现了职业院校在支持慈善事业方面的经济能力和支持意愿,但又受到职业院校的学科种类、所处的经济区位、学校级别等客观因素的影响,对衡量高职院校社会服务能力的科学性较为有限,将之归类为职业院校社会

---

① 王津.职业院校社会服务能力评价体系探究[J].对外经贸,2022(9):136-139.

影响力的评价重要参考更为适宜。同时,在新时代背景下,职业院校社会服务能力的评价方式和评价效率也应与时俱进,积极采用云计算、大数据、互联网等信息技术手段,简化评价流程,节约时间及人力成本。

第二节 德美英产业学院的社会服务评价发展情况

一、德国产业学院的社会服务评价

(一)发展概况

德国产业学院社会服务评价是指德国产业学院(Institute of Industrial Management at RWTH Aachen University)对社会服务领域开展评价和研究。通过评价和研究,促进社会服务领域的发展和提升,提高社会服务的质量和效果。德国产业学院社会服务评价的主要内容有社会服务需求评估、社会服务项目评价、社会服务机构评价、社会服务政策评价等,其中,社会服务需求评估是通过调研和分析,了解社会服务领域的需求和问题,为制定有效的社会服务方案提供依据;社会服务项目评价是对已实施的社会服务项目进行评价,分析项目的效果和影响,为进一步改进项目提供建议和指导;社会服务机构评价是对社会服务机构的管理和运营进行评价,促进机构的规范化和提升,确保服务质量和效果;社会服务政策评价是对社会服务政策的实施和效果进行评价,为政策制定和调整提供参考意见。社会服务评价的目的在于促进社会服务领域的发展和进步,提高社会服务的质量和效果,实现社会福祉的提升。通过评价和研究,为社会服务行业的可持续发展和改进提供了重要支持和指导。

德国的产业学院社会服务在德国社会中扮演着重要的角色,为学生和社会提供了许多实际利益。一方面,通过为学生提供实习机会、培训课程和就业服务,帮助他们在社会服务领域获得经验和技能;通过社区服务、志愿者活动、环保项目等活动,帮助学生更好地理解社会问题,提升自己的综合素质,培养他们的社会责任感和团队合作能力,以促其顺利就业并融入社会。另一方面,产业学院的社会服务也对社会起到了积极作用,为企业提供专业人才,并促进产业发展,与当地社区密切联系,帮助改善社会福利和公共服务;为社会提供了各种支持和帮助。德国产业学院的社会服务在教育质量和就业率方面颇受好评,许多学生通过产业学院的社会服务成功找到工作。此外,产业学院社会服务还致力于社会公益活动和环保项目,为社会作出积极贡献,在社会服务领域发挥着重要作用。

（二）发展历程

1. 初期阶段

在产业学院社会服务刚刚兴起的阶段，评价体系相对简单，主要关注项目的实施情况和效果，评价主要侧重于项目的完成情况、学生参与度和社会影响等方面。这一时期产业学院社会服务评价的关注点主要在以下几个方面：第一，项目目标和成果评估。评价主要集中在项目的目标设定和实现情况上，评估项目的目标是否明确、具体，以及项目是否达到了预期的成果。第二，参与者满意度评价。评估项目参与者（包括学生、教师、社区居民等）对项目的满意度和评价，了解参与者对项目的看法和反馈，以改进项目的质量和效果。第三，项目实施过程评估。评估项目的实施过程和管理，包括项目的组织架构、资源调配、沟通协调等方面，确保项目的有效推进。第四，社会影响评估。初步评估项目对社会的影响和贡献，包括项目是否解决了社会问题、是否促进了社会发展等方面，评估项目的社会效益和可持续性。初期阶段的社会服务评价主要以项目为单位进行，重点关注项目的完成情况和效果，评价方法主要采用问卷调查、访谈、观察等定性和定量方法，为项目的改进和提升提供参考。

2. 发展阶段

随着产业学院社会服务项目规模和复杂度的增加，评价体系开始向多方面发展。评价内容逐渐扩展到教育质量、社会影响、合作伙伴关系等方面，为项目的全面评估提供支持，主要包括以下几个方面：第一，教育质量评价。评价社会服务项目对学生教育的质量和效果，注重培养学生的实践能力和社会责任感，重点关注项目对学生实践能力、社会参与能力和职业素养的培养效果。第二，社会影响评价。评价社会服务项目对社会的影响和贡献，注重社会责任和可持续发展，重点关注项目对社会问题的解决和社区发展的促进效果，以及项目的社会可持续性。第三，合作伙伴关系评价。评价产业学院与社会服务项目合作伙伴之间的关系和合作效果，注重建立稳固的合作伙伴关系，重点关注合作伙伴的专业能力、合作态度和项目成果，以促进合作关系的深化和优化。第四，绩效评价。评价产业学院社会服务项目的绩效和效果，注重实践导向和成果导向，重点关注项目的目标达成情况、资源利用效率、项目管理水平等方面的评估，以提高项目的效益和效果。通过对多方面进行评价，德国产业学院能够更全面地了解社会服务项目的质量和效果，促进项目的改进和提升，进一步提升学生的综合素质和社会责任感，推动社会服务项目的可持续发展。

3. 提升阶段

随着社会服务项目对产业学院和社会的重要性不断增加,评价体系开始朝着专业化和标准化方向发展,建立了更系统化的评价指标和方法,以确保评价结果的客观性和可靠性。这一阶段重点会在以下几个方面进行发展和改进:第一,建立更为全面和系统的评价体系。德国产业学院可以建立更为全面和系统的评价体系,包括设立明确的评价指标、建立评价标准和流程,并制定评价报告和反馈机制,这样可以更科学地评估社会服务项目的质量和效果,促进项目的持续改进和提升。第二,强化数据收集和分析能力。德国产业学院可以加强数据收集和分析能力,利用数据来支持评价工作,深入了解项目的运行情况和效果,通过数据分析,可以发现问题、制定改进措施,并为未来的决策提供依据。第三,加强社会参与和利益相关者交流。德国产业学院不断加强与社会各界利益相关者的交流与合作,包括学生、教职员工、社会团体、企业等,通过广泛的社会参与和合作,可以获得更多的反馈和建议,促进评价工作的公正性和客观性。第四,提升评价专业化水平。德国产业学院可以提升评价团队的专业化水平,培养评价专业人才、引进评价技术和方法,提高评价工作的科学性和准确性,这样可以更有效地进行评价工作,为学院的社会服务项目提供更加有力的支持和指导。

4. 持续改进阶段

目前,德国的产业学院社会服务评价体系处于持续改进阶段,评价体系不断更新和完善,以适应产业学院社会服务发展的需求,促进项目的持续优化和提升,主要有以下几个方面:其一,制定长期评价规划。德国产业学院可以制定长期的评价规划,设定明确的评价目标和指标,规划评价工作的时间表和流程,确保评价工作的持续性和系统性,不断提升社会服务项目的质量和效果。其二,强化评价结果应用。德国产业学院可以更加重视评价结果的应用,确保评价结果得到充分利用,为学院的决策和管理提供依据,通过将评价结果与实际工作相结合,可以实现评价工作的价值最大化,推动学院社会服务项目的持续改进和提升。其三,加强反馈机制。德国产业学院可以建立健全的评价反馈机制,及时向各利益相关者反馈评价结果,听取他们的意见和建议,通过开放式的反馈机制,可以促进社会参与和合作,提高评价工作的透明度和公正性。其四,持续学习和提升评价能力。德国产业学院可以持续学习和提升评价团队的能力,不断引入新的评价方法和技术,提高评价工作的科学性和准确性,通过持续学习和提升,可以适应不断变化的环境和需求,推动评价工作的不断创新和发展。

经历这些发展阶段,德国的产业学院社会服务评价体系逐渐完善和成熟,为社会服务项目的质量提供了有效的评估和监测机制,也为产业学院社会责任的履行提供了重要支持。

(三)特点与启示

1. 德国产业学院的社会服务评价的特点

第一,多元化的评价方法。德国产业学院的社会服务评价采用多元化的评价方法,以全面、深入地评估社会服务项目的质量和效果。具体包括以下几种:其一,定性评价方法。通过访谈、焦点小组讨论、观察等方式收集定性数据,深入了解社会服务项目的实施情况、影响因素和效果。定性评价方法可以帮助揭示项目的细节和内在机制,提供深入的理解和分析。其二,定量评价方法。采用问卷调查、统计分析等定量方法,收集大量数据进行量化分析,评估社会服务项目的效果和影响,定量评价方法可以提供客观、量化的评价结果,为项目的改进和提升提供量化依据。其三,实地考察和案例研究。德国产业学院的社会服务评价会进行实地考察和案例研究,深入项目实施现场,了解项目运作情况,收集真实数据和案例,以验证评价结果的准确性和可靠性。其四,参与式评价方法。通过与项目相关利益相关者(如受益者、合作伙伴)进行合作,共同参与评价过程,共同制定评价目标和标准,促进评价工作的公正性和合作性。其五,绩效评价方法。德国产业学院社会服务评价还会采用绩效评价方法,即通过比较项目实现的目标和预期效果,评估项目的绩效和成效,为项目的管理和决策提供依据。通过采用多元化的评价方法,德国产业学院社会服务评价可以全面、深入地评估社会服务项目的质量和效果,为项目的改进和提升提供多维度的评价支持。

第二,专业化的评价团队。德国产业学院拥有专业化的评价团队,评价团队成员通常包括评价专家、研究人员、数据分析师等,他们具有不同领域的专业知识和技能,团队成员具有丰富的评价经验和专业知识,能够针对不同类型的社会服务项目进行专业化评价,为社会服务项目提供科学、准确的评价支持。德国产业学院的评价团队会根据项目的需求和评价目标,制定评价方案、选择评价方法、收集和分析数据,撰写评价报告,并提出改进建议。在评价过程中他们会严格按照专业标准和方法进行工作,确保评价结果的准确性和可靠性,通过拥有专业化的评价团队,德国产业学院能够为社会服务项目提供高质量、科学的评价支持,帮助项目方全面了解项目的运作情况和效果,促进项目的持续改进和发展。

第三,强调实用性和可操作性。德国产业学院的社会服务评价注重评价结果的实用性和可操作性,评价报告清晰明了,提出具体的改进建议,帮助项目方更好地改进和提升社会服务项目的质量。在进行评价工作时,会着重考虑评价结果的实际应用性和操作性,确保评价结果能够为项目的管理和决策提供有益的信息和建议。在评价过程中通常会采取以下几种措施:首先,确定清晰的评价目标和问题。在开始评价工作之前,评价团队会与项目方充分沟通,确保对评价目标和问题达成共识,评价问题要具体明确,能够为项目管理和改进提供有针对性的信息。其次,采用合适的评价方法和工具。评价团队会根据评价目标和问题选择合适的评价方法和工具,确保评价过程科学有效。评价方法和工具要简洁明了,易于操作和理解。再次,提供具体的改进建议。评价团队在撰写评价报告时,会提供具体的改进建议和行动计划,帮助项目方对评价结果进行解读和落实,这些建议和计划要具体可行,能够帮助项目方改进和提升项目的质量和效果。最后,与项目方密切合作。评价团队会与项目方保持密切的合作和沟通,确保评价过程中项目方的需求和反馈得到充分考虑,评价结果也会与项目方共同讨论和解读,促进评价结果的有效应用。

第四,注重持续改进和学习。评价并不是一次性的工作,而是一个持续的过程,在评价过程中发现问题、改进措施、学习经验是评价的重要目标之一。德国产业学院的社会服务评价强调持续改进和学习,通过不断总结评价经验、引入新的评价方法和技术,提高评价工作的水平和效果,为社会服务项目的持续发展提供支持。例如,德国产业学院社会服务评价团队会鼓励项目方和各利益相关方在评价过程中积极参与,共同探讨评价结果,识别问题和挑战,并提出改进措施。评价结果不仅是为了指导管理和决策,更重要的是为了促进项目的持续改进和学习。同时,评价团队会在评价报告中提出具体的改进建议和行动计划,帮助项目方实施改进措施,监测改进效果,并不断调整和优化项目管理和运作方式。在项目后续阶段积极与项目方保持联系,了解改进情况,提供支持和指导。此外,德国产业学院社会服务评价团队也会通过组织培训和交流活动,促进项目方和其他社会服务机构之间的学习和经验分享,推动整个行业的持续改进和发展。

第五,强调社会参与和合作。德国产业学院的社会服务评价重视社会参与和合作,评价团队认为社会服务评价不仅仅是专家或评价团队的责任,更应该是一个全社会共同努力的过程。因此,德国产业学院社会服务评价鼓励广泛的社会参与和合作,以实现更加全面和有效的评价结果。例如,在德国产业学院社会服务评价中,社会参与是评价的重要原则之一,评价团队在评价中积极与项目方、受益者、利益相关方以及社会大众进行广泛交流和合作,听取他们的意见和建议,了解他们的需求和期望,确保评价过程更加符合社会实际情况,评价结果更具有说服力和可信度,提高评价工作的公正性和透明度;评价团队也会鼓励项目方在评价过程中主动参与,分享信息和经验,提供必要的支持和协助,项目方的参与可以让评价更具针对性和实效性,帮助评价团队更好地理解项目的背景和目标,提高评价的准确性和可靠性;注重与其他社会服务机构和行业组织的合作,共同制定评价标准和方法,开展联合评价项目,促进经验交流和共享,推动整个社会服务行业的发展和进步。通过强调社会参与和合作,德国产业学院社会服务评价能够更好地与社会各界进行沟通和合作,为社会服务项目提供更加全面和有效的评价结果,促进社会服务行业的可持续发展。

2. 德国产业学院的社会服务评价对我国的启示

第一,强调持续改进和学习。德国产业学院的社会服务评价强调评价不是一次性的工作,而是一个持续改进和学习的过程。我国社会服务评价工作也应该注重持续改进,及时反馈评价结果,制定改进措施,促进项目的持续发展。主要举措有:其一,建立健全反馈机制。在社会服务评价过程中,建立健全反馈机制,及时收集和分析评价结果,发现问题和改进空间。通过持续的反馈和学习,不断优化评价工作,提高评价的准确性和有效性。其二,加强专业能力建设,为了实现持续改进和学习,加强社会服务评价人员的专业培训和能力建设,提供定期的培训和学习机会,不断提升评价人员的专业水平和能力,以适应社会服务领域的发展和变化。其三,推动政策和制度创新,持续改进和学习需要政策和制度的支持,要推动社会服务评价政策和制度的创新,建立灵活、高效的评价机制,促进评价工作的持续发展和进步。社会服务评价强调持续改进和学习的理念为我国社会服务评价工作提供了有益的启示,通过建立健全的反馈机制、加强专业能力建设和推动政策和制度创新,可以实现社会服务评价工作的持续改进和提高,为提升社会服务质量和效果提供重要支持。

第二,重视社会参与和合作。德国产业学院社会服务评价强调社会参与和合作,在评价过程中积极吸纳项目方、受益者、利益相关方等各方的意见和建议,我国的社会服务评价工作也应该加强与社会各界的沟通和合作,促进共建共享,促进社会服务的改进和质量的提升。主要体现在:其一,促进透明和公正。社会参与和合作可以增强评价的透明度和公正性,通过吸纳各方意见和建议,评价结果更具客观性和可信度,从而提高评价工作的公信力。其二,提高评价效果和效益。社会参与和合作可以促进评价工作的全面性和深入性,不同利益相关方的参与可以提供多样化的视角和反馈,帮助评价工作更准确地捕捉社会服务的实际效果和问题,推动改进措施的实施和效果监测。其三,促进社会服务行业的发展。社会参与和合作可以促进社会服务行业的发展和规范化,通过与各方合作,可以促进行业内经验的共享和交流,推动行业的创新和进步,提升整个社会服务体系的质量和效果。因此,我国在社会服务评价工作中可以借鉴德国产业学院社会服务评价的做法,加强社会参与和合作,建立多元化的评价参与机制,吸纳各方意见和建议,促进共建共享。通过社会参与和合作,可提高评价工作的质量和效果,推动社会服务领域的可持续发展,更好地满足社会需求和提升社会福祉的目标。

第三,推动行业发展和进步。德国产业学院的社会服务评价通过与其他社会服务机构和行业组织合作,促进经验交流和共享,推动整个社会服务行业的发展和进步。我国的社会服务评价工作也可以借鉴这种合作模式,促进社会服务行业的规范化和社会服务水平的提升。主要体现在:其一,制定规范标准。德国产业学院的社会服务评价通过制定规范标准,推动了整个行业的发展和进步。在我国,建立统一的社会服务评价标准和指南,可以提高评价工作的一致性和可比性,促进行业的规范化,提升整体水平。其二,推动技术创新。德国产业学院社会服务评价注重技术创新,通过引入先进的评价方法和工具,推动了评价工作的现代化。我国可以借鉴这一做法,推动社会服务评价工作的技术创新,引入新技术和方法,提高评价效率和质量。其三,促进行业合作。德国产业学院的社会服务评价通过促进行业内外的合作,实现了资源共享和互利共赢。在我国,可以加强行业内外的合作机制,促进各方资源的整合和共同发展,推动整个社会服务行业的发展和进步。总的来说,德国产业学院社会服务评价推动行业发展和进步的经验为我国社会服务评价工作提供了有益的启示,我们可以借鉴其理念和做法,不断完善我国的社会服务评价机制,提高社会服务的质量和效果,推动社会服务行业的可持续发展。

二、美国产业学院的社会服务评价

(一) 发展概况

美国的产业学院通常专注于工程、技术、管理等领域的教育和研究,社会服务评价更多地由社会工作学院、社会学系或独立的第三方社会服务评估机构来进行。美国的产业学院通常侧重在工程、技术和管理等领域的教育和研究,社会服务方面的评价可能不是其主要职责。有些产业学院可能会关注社会责任和社会影响,通过各种方式支持社会服务和社会发展。一些产业学院可能会参与社会服务项目或建立合作伙伴关系,以推动社会服务的创新和改进。他们可能会与非营利组织、政府机构或社区合作,共同开展社会项目,促进社会公益事业的发展。产业学院也可能通过研究、培训和社会创新项目等方式,为社会服务领域提供支持和专业知识。虽然产业学院可能不会直接进行社会服务的评价工作,但它们可以通过支持社会服务项目和发展社会创新来间接促进社会服务的提升。

（二）发展历程

1. 早期阶段

在这一阶段，产业学院可能主要关注教育和研究方面，对社会服务的关注并不太明显。随着社会对社会责任和可持续发展的重视，一些学院开始意识到社会服务的重要性，并开始探讨如何评价社会服务的效果和影响。在美国的产业学院，社会服务评价的早期阶段可以追溯到对社区参与和社会责任的关注，随后开始探索如何评价其社会影响和效果。在最初的意识觉醒时期，产业学院开始意识到社会服务的重要性，开始关注社会责任和社区参与等问题，开始探讨如何将社会服务融入学术教育和研究中，以促进社会变革和可持续发展；产业学院开始尝试参与社会服务项目，与社会组织、政府机构或企业合作，共同开展社会服务活动，这些项目有可能涉及教育、环保、社区发展等领域，旨在促进社会公益事业的发展；随后，产业学院开始探索如何评价社会服务项目的影响和效果，他们会制定评价指标、开展评估研究，以评估社会服务项目的质量、可持续性和社会影响，从而提升社会服务的效果和价值。美国产业学院社会服务评价初探阶段虽然尚未建立完善的评价体系和机制，但开始关注社区参与和社会责任，为后续的社会服务评价体系建设奠定了基础，也为产业学院更深度、广泛地参与社会服务领域打下了基础。

2. 探索阶段

在这一阶段，产业学院开始尝试参与社会服务项目，并探索如何评价其社会影响和效果，如他们会与社会组织、政府机构或企业合作，共同开展社会服务项目，并逐步建立起评价体系衡量这些社会服务活动的影响和效果。这一阶段主要行动有：其一，产业学院会设立专门的社会服务部门或中心，负责协调和推动社会服务项目的开展，这些部门通常会与社会组织、政府机构和企业合作，开展有意义的社会服务活动；其二，产业学院会制定明确的社会服务目标和指标，以衡量社会服务项目的成效和影响，这些目标和指标通常会与学院的使命和价值观相一致，帮助学院更好地实现其社会责任和可持续发展目标；其三，产业学院会积极开展社会服务项目的评估和研究工作，以了解项目的实际影响和效果，评估和研究可能涉及定性和定量方法，帮助学院不断改进社会服务项目的质量和可持续性；其四，产业学院会积极与其他机构和组织建立合作伙伴关系，共同推动社会服务评价工作的开展，这些合作伙伴关系可以帮助学院获取资源和支持，扩大社会服务项目的影响范围和深度。在探索阶段，通过不断实践和学习，产业学院逐渐建立起适合自身特点和需求的社会服务评价体系和机制,有助于更好地理解和应对社会服务领域的挑战。

3. 建设阶段

随着对社会服务评价的需求不断增加,产业学院逐步建设起相应的评价体系,通过制定评价指标、开展评估研究,建立起评价机制和流程,以确保社会服务项目的质量和效果。具体行动有:其一,产业学院设立专门的社会服务评价部门或团队,负责研究和实施社会服务项目的评价工作,这些部门或团队通常由专业的评估专家和研究人员组成,具有丰富的评价经验和知识;其二,建立明确的社会服务项目评价框架和指标体系,以规范和标准化评价工作,这些框架和指标通常会包括输入、过程、输出和影响等方面的评价要素,帮助学院全面了解项目的实际效果和成效;其三,开展系统性的评估和监测工作,定期对社会服务项目进行评估和监测,帮助学院及时发现问题和改进机会,提高社会服务项目的质量和效果;其四,推动评价结果的应用和转化,将评价结果与决策制定、项目管理和社会服务改进等实际工作相结合,将评价结果转化为实际行动,更好地实现社会服务项目的长期可持续发展目标。在这一阶段,产业学院通常已经积累了一定的经验和资源,能更系统地进行社会服务评价工作,有助于建立起更加科学和有效的社会服务评价体系,提升在社会服务领域的影响力和可持续发展能力。

4. 持续改进阶段

评价体系的建设是一个持续改进的过程,产业学院在建立了一定的社会服务评价体系和机制后,不断进行评价实践,优化评价体系,根据实际情况调整评价指标和方法,以适应社会服务领域的发展和变化,提高评价的有效性和可持续性。具体行动有:其一,产业学院定期对社会服务评价体系进行评估和调整,以确保评价指标和方法的科学性和有效性,会根据实际情况对评价框架和指标进行修订和更新,以适应不断变化的社会服务需求和环境;其二,产业学院会加强评价团队的专业能力建设,通过组织评价培训和工作坊,提升评价人员的专业知识和综合技能,提高评价工作的质量和水平;其三,产业学院会倡导和分享社会服务评价的实践经验,促进评价经验和成果的交流和分享,通过组织评价研讨会和会议,邀请业内专家和学者分享评价经验和案例,促进社会服务评价领域的发展和进步;其四,产业学院会强化评价结果的应用和转化,建立反馈机制,确保评价结果得到及时应用和反馈,将评价结果与决策制定和项目管理相结合,促进社会服务项目的持续改进和提升。在持续改进阶段,产业学院将不断完善和提升社会服务评价工作,推动评价机制的不断创新和发展。这一阶段的持续改进有助于学院更好地应对社会服务领域的挑战和满足需求,提升学院在社会服务领域的影响力和可持续发展能力。

总之,美国产业学院在社会服务评价体系构建方面的发展历程较为缓慢,但随着社会责任意识的增强和社会需求的变化,越来越多的产业学院开始关注社会服务的评价,并逐步建立起相应的评价体系。

(三) 特点与启示

1. 科学性和可操作性

在社会服务评估中,美国产业学院遵循科学性、真实性和可操作性等原则,确保评估结果的可靠性和实用性。其一,在基础准备阶段,评估小组会制定详细的评估方案,并遵循一定的方法来选择和处理指标,评估指标的选择和设计是通过制定相应的评估指标和选择指标处理方法来实现的,具有多元化的特点,包含社会效益、经济效益、环境影响、组织影响等,可以从不同角度和层面审视项目的质量和效果,全面评估社会服务项目的成效和影响,为项目改进和决策提供更多有益的信息;其二,为了提高评估的科学性和准确性,各类先进的评估手段、工具和统计方法被不断引入,如得州农工大学-Commerce(A&M-Commerce)购买了评估管理系统,并制定了评估计划和结果的机构评审标准;其三,为了确保公平公正,教学结束时要接受学生评估,这些评估由学术院长审批的评估工具来开展,且由学生填写,评估结果将以书面形式记录并提供给老师,这种做法不仅确保了评估的客观性,还促进了教学质量提高、教师发展和教学改进。总之,美国产业学院通过系统化的准备、多样化的评估手段、严格的执行程序以及对反馈的及时处理,确保了评估结果的科学性和可操作性。这一特色对我国有借鉴意义,有助于评估社会服务项目的效果和影响。

2. 参与性评价方法

美国产业学院的社会服务评价通常采用参与性评价方法,即项目参与者和利益相关者均可参与评价过程,这种评价方法能够提高评价的参与度和可信度,增强评价结果的可操作性和可持续性。他们可以共同制定评价目标和方法,增加评价的参与度和可信度,提高评价结果的可操作性和可持续性;他们也可以直接参与评价过程,提供反馈意见和建议,通过与项目参与者和利益相关者密切合作,评价过程更具有实效性和实用性,有助于促进项目的改进和发展。具体行动如下:首先,为了促进评价参与,工作人员会为评价者提供相应的服务与指导,如提供资料、列出清单及提供笔记等;其次,参与性评估是一种合作方法,让所有利益相关者积极参与评估的制定和实施过程,通过问卷、访谈、焦点小组等多种方式确保利益相关者的参与度,使评估结果更加全面和可靠;再次,通过集体讨论和头脑风暴,集思广益,提出可能的解决方案和改进措施,有助于激发创新思维,找到更有效的解决办法;最后,明确不同利益相关者的角色,确保所有相关人员在评价中的地位,确保评价过程的公平性和透明度。我国也应倡导参与性评价方法,一方面可以提高评价的参与度和可信度,另一方面也有利于加深利益相关者的合作。

3. 数据驱动的评价

美国产业学院的社会服务评价体系注重数据驱动,即通过收集和分析项目数据和指标,进行客观、科学的评价。这种数据驱动的评价方法有助于评估项目成效和效果,为项目改进提供依据。评价体系会收集、分析和解读各种数据,包括定量数据和定性数据,以了解项目的实际效果和影响,主要措施包括:(1)构建全面的数据集成平台。将社会服务中的多维度数据汇聚起来,运用先进的数据分析和人工智能技术进行深度挖掘与预测,为政府提供实时、精准的信息支持。这有助于优化决策流程,提高政策的科学性和执行效率。(2)需求识别与管理。开展大数据分析,以较低成本、更高效率的方式获得海量社会成员行为和状态数据,降低统计误差,提高需求辨识的精准度,通过高效整合数据,提升数据质量、提高数据处理效率、强化数据整合能力,更好地管理公共服务需求。(3)优化服务流程。通过大数据应用进一步改进申办和审批流程,提高效率,方便公众,减少福利欺诈、暗箱操作和设租寻租等现象。在我国产业学院的社会服务评价过程中,也可以充分借鉴美国的评价方式,通过数据驱动的评价方法,可以更加客观地评估社会服务项目的成效,发现问题和挑战,并为未来的改进提供有力的依据,这有助于提高评价的科学性和可靠性,为项目的持续改进和发展提供重要支持。

4. 持续改进和学习

美国产业学院的社会服务评价体系注重持续改进和学习,评价体系不仅关注项目的效果和成效,还着重于评价过程的反思、调整和改进,以提升评价的有效性和可持续性。具体行动有:产业学院会开展评价实验和研究,探索新的评价方法和工具,推动评价体系不断完善和发展;产业学院注重定期评估和反馈机制,评价体系可以识别项目中存在的问题和改进空间,并采取相应的措施来提高项目的质量和效果;产业学院还注重开展一些经验分享等活动,促进组织内部的学习和知识共享,帮助组织不断改进和提升绩效。持续改进和学习是评价体系的重要特征,有助于确保社会服务项目能够持续地适应和满足不断变化的需求。我国产业学院的社会服务评价体系也应该注重持续改进和学习,通过反思和反馈机制不断提高评价质量。

5. 透明度和责任

美国产业学院的社会服务评价体系通常具有较高的透明度和责任性,即公开评价过程和结果,接受外部审查和监督。这种透明度和责任性有助于提升评价的公信力和影响力,促进社会服务项目的质量和效果提升。具体体现在:首先,美国产业学院的评价方案是公开的,评价过程、评价标准、评价方法和评价结果都是公开透明的,项目参与者和利益相关者都能对评价方案及过程了解和理解;其次,美国产业学院的社会服务评价体系会积极与项目参与者和利益相关者沟通和合作,多方征求意见,确保评价的科学性和公开性,同时也确保他们可以了解评价过程和结果,提供反馈意见和建议。此外,美国产业学院社会服务评价通常会建立独立的评价机构或委员会,负责评价的实施和结果的解读,确保评价的独立性、公正性和客观性,确保评价结果的科学性和公信力。透明度和责任性是评价体系的重要特征,我国也可以建立高度透明和负责的评价体系,提高评价的公信力和可信度,同时也有助于建立信任关系和促进合作,促进项目的持续改进和发展。

三、英国产业学院的社会服务评价

英国产业学院的社会服务评价体系是一个相对成熟和完善的体系,充分考虑了不同层面的评价需求和方法,以确保对社会服务项目和政策进行全面评估和改进。主要包括政府评价、第三方评估机构评价、学术机构评价等。(1)政府评价。英国政府通常会委托政府部门或独立机构对社会服务项目或政策进行评价,以评估项目的效果、成本效益和社会影响,为政府决策提供依据。(2)第三方评估机构评价。英国有许多独立的评估机构,如社会研究机构、智库机构等,专门从事社会服务项目和政策的评价工作,以提供独立、客观的评价结果。(3)学术机构评价。学术界在英国也扮演着重要的评价角色,许多大学和研究机构会开展社会服务项目的评估研究,为学术研究和政策制定提供支持。此外,英国倡导参与性评价方法,鼓励社区居民、利益相关者和服务用户参与到评价过程中,以确保评价结果更具代表性和参与性。同时,英国的社会服务评价体系会注重数据驱动,通过收集和分析数据来支持评价结论和决策,提高评价的科学性和客观性。

(一)发展历程

1. 初期阶段

英国的产业学院在成立之初,主要关注职业培训和技能培养,对社会服务领域的评价工作较为有限。随着社会服务行业的发展和需求增加，产业学院才逐渐引入评价机制，开始对社会服务项目和课程进行评估，以确保培训效果和质量。

2. 发展阶段

产业学院与社会服务机构、企业和政府部门建立合作关系，共同开展社会服务评价工作，加强评价的专业性和全面性。同时，产业学院逐步建立了制度化的社会服务评价体系，包括评价标准、流程、工具和指标体系，以确保评价的科学性和客观性。

3. 完善阶段

产业学院不断创新评价方法和工具，引入新的技术和数据分析手段，提高评价效率和质量，满足社会服务领域的需求。同时，产业学院倡导参与性评价方法，鼓励社会服务项目参与者和利益相关者参与到评价过程中，以确保评价结果更具代表性和参与性。

英国产业学院的社会服务评价的发展经历了从初期建立评价机制到制度化评价，再到创新和发展的过程，其评价体系不断适应社会服务行业的发展需求，不断提升评价水平和效果。

（二）特点与启示

1. 多元化的评价方法

英国产业学院的社会服务评价采用多种评价方法，包括定量和定性方法、案例研究、问卷调查、访谈等，以全面评估社会服务项目的效果和影响。（1）定量评价。产业学院通过收集和分析数量化的数据指标，如统计数据、问卷调查结果等，来评估社会服务项目的影响和效果。定量评价提供了客观、可量化的评估结果。（2）定性评价。除了定量数据外，产业学院也重视定性评价，通过案例研究、访谈、焦点小组讨论等质性研究方法，深入了解社会服务项目的实际运作情况和影响。（3）参与性评价。产业学院鼓励社会服务项目的参与者、利益相关者和服务用户参与到评价过程中，分享他们的经验、意见和建议，确保评价过程更具代表性和参与性。（4）绩效评价。产业学院注重绩效评价方法，通过制定明确的绩效指标和目标，评估社会服务项目是否达到预期的效果和目标，为项目的持续改进提供数据支持。（5）质性评价。产业学院也使用质性评价方法，如逻辑框架分析、主题分析等，帮助理解社会服务项目的实施过程、成效和影响。我国产业学院在实践中也可以采用多元化的评价方法，全面评估社会服务项目的效果和影响，为社会服务项目的持续改进和提升提供有力支持。

2. 参与性评价

英国产业学院在社会服务评价中倡导参与性评价方法,这种方法强调社会服务项目的参与者、利益相关者和服务用户应参与到评价过程中,分享他们的经验、意见和建议,以确保评价过程更具代表性、透明性和参与性。参与性评价方法的核心理念是将项目的利益相关者和受益者视为评价过程的主体,他们能够提供宝贵的信息和观点,这些信息和观点有助于全面了解项目的实际影响和效果。参与性评价方法包括以下几种形式:

其一,参与式调查。通过开展问卷调查、焦点小组讨论等方式,邀请社会服务项目的参与者和利益相关者分享他们对项目的看法、体验和建议。

其二,参与式评估。社会服务项目的受益者和利益相关者可以参与到评估过程中,共同制定评价标准、收集数据、分析结果,从而提高评估过程的透明度和可信度。

其三,企业或社区参与。通过与当地社区或企业建立合作关系,邀请社区居民或企业员工参与到社会服务项目的规划、实施和评价中,确保项目符合社区的需求和期望。

其四,与利益相关者对话。定期与项目的各个利益相关者进行沟通和交流,了解他们的关切和期望,及时调整项目策略和措施。

我国在产业学院建设中可以借鉴这种参与性评价方法,建立更加开放、透明和包容的评价机制,提高社会服务项目评价的有效性和可信度。

3. 数据驱动评价

英国产业学院在社会服务评价中注重数据驱动评价,即通过收集、分析和运用数据来评估社会服务项目的效果和影响。数据驱动评价方法强调以客观、量化的数据为基础,确保评价结果具有客观性、准确性和可信度。主要采取以下措施:其一,数据收集。通过建立有效的数据收集机制,产业学院能够及时、准确地收集项目实施过程中产生的数据,包括统计数据、问卷调查结果、档案资料等。其二,数据分析。产业学院利用专业的数据分析工具和技术,对收集到的数据进行深入分析和解读,发现数据之间的关联性和规律性,为评价提供客观的依据。其三,绩效评估。通过设定明确的绩效指标和目标,产业学院能够对社会服务项目的绩效和效果进行量化评估,从而评估项目的实际效果是否达到预期目标。其四,数据驱动决策。产业学院将数据作为评价和决策的重要依据,基于数据分析的结果进行决策制定和项目改进,确保项目的持续发展和提升。其五,定期监测和评估。产业学院建立了定期的监测和评估机制,对项目的数据和绩效进行定期检查和评估,及时发现问题并采取改进措施。通过数据驱动评价方法,英国产业学院能够更加科学、准确地评估社会服务项目的效果和影响,为项目的持续改进和提升提供有力支持。在我国产业学院的社会服务评价中,也可以通过数据驱动评价,提高评价的客观性和可信度,促进社会服务领域的发展和创新。

4. 持续改进

英国产业学院社会服务评价体系强调持续改进,即通过定期评估、监测和反馈机制,不断寻求改进和提升社会服务项目的效果和影响。持续改进是评价体系的核心理念,旨在确保社会服务项目能够不断适应变化的需求和挑战,提高项目的质量和影响力。主要包括:其一,定期评估和监测。产业学院建立了定期的评估和监测机制,对社会服务项目的效果和影响进行定期评估,及时发现问题和改进措施。其二,反馈机制。产业学院鼓励社会服务项目的参与者和利益相关者提供反馈意见和建议,以便及时了解项目的优势和不足,有针对性地提出改进建议。其三,持续学习和发展。产业学院鼓励项目团队和参与者进行持续学习和专业发展,不断提升项目的专业水平和服务质量。其四,制订改进计划。产业学院基于评估结果和反馈意见,制定具体的改进计划和措施,确保项目能够不断改进和提升。其五,实施改进措施。产业学院积极推动改进措施的实施,监督和跟踪改进效果,确保项目的改进措施得到有效落实。通过持续改进的评价体系,英国产业学院能够促进社会服务项目的不断发展和提升,提高项目的效果和影响力,实现社会服务的可持续发展和创新。我国在产业学院建设中也应借鉴这种方式,确保增强项目的适应性和灵活性,更好地满足社会需求和服务目标。

5. 建立合作伙伴关系

英国产业学院与社会服务机构、企业、政府部门等建立合作关系,以推动社会服务项目的发展和实施。这种合作关系可以促进资源共享、知识交流和互利合作,实现更大的社会影响和效果。合作伙伴主要包括:其一,社会服务机构。英国产业学院与社会服务机构合作,可以共同开展社会服务项目、研究和培训等活动,提高社会服务项目的专业水平和效果。其二,企业。产业学院与企业合作可以开展社会责任项目、人才培训和技术创新等活动,促进企业社会责任的实现和社会效益的提升。其三,政府部门。英国产业学院与政府部门合作可以参与政府社会服务政策的制定和实施,提供专业意见和支持,促进社会服务项目的合作和协调。其四,非营利组织。英国产业学院与非营利组织合作可以共同开展社会服务项目、资源整合和专业培训等活动,实现社会效益最大化。通过与各机构建立合作关系,英国产业学院能够拓展社会服务项目的影响范围和深度,提高项目的可持续性和创新性,更好地实现服务社会和推动社会变革的目标。我国也应该建立校企合作命运共同体,推进资源整合、知识共享和互相学习,推动社会服务项目的不断发展。

6. 指标化评价

英国产业学院在社会服务领域建立了一套完善的评价指标体系,旨在评估社会服务项目的效果、影响和可持续性,以确保项目的质量和有效性。这个评价指标体系通常包括以下几个方面:第一,成果评价。评估社会服务项目的实际成果和效果,如项目的目标达成情况、服务对象的满意度、社会问题解决程度等。第二,影响评价。评估社会服务项目对社会、经济、环境等方面的影响,如社会变革、政策影响、经济效益等。第三,持续性评价。评估社会服务项目的可持续性和影响持续性,包括项目资源的可持续性、社会问题的持续解决、社区参与的持续性等。第四,创新评价。评估社会服务项目的创新性和可持续性,包括项目的创新理念、方法和实践,对社会服务领域的创新影响等。第五,参与评价。评估社会服务项目的参与度和社区参与程度,包括社区参与的程度、参与者满意度、参与者权利和责任等。通过这套完善的评价指标体系,英国产业学院能够全面评估社会服务项目的效果和影响,及时发现问题和改进措施,提高项目的质量和影响力。我国也可以借鉴这套评价指标体系,全面评估社会服务项目的效果和影响,促进社会服务项目的创新和可持续发展,提高社会服务项目的质量和效果,建立适合中国特色的社会服务评价体系,推动社会服务项目的发展和提升,实现社会服务的可持续发展和社会变革的目标。

第三节 产业学院的社会服务评价策略

《国务院关于加快发展现代职业教育的决定》《现代职业教育体系建设规划(2014—2020年)》《职业教育法》等文件的出台和法律的颁布,表明现代职业教育是面向经济社会发展和生产服务一线、培养高素质劳动者和技术技能人才并促进全体劳动者可持续职业发展的教育类型,高职教育应在现代职业教育体系建设中发挥重要的中坚和纽带作用。随着产教融合的深入开展,产业学院建设成为高职院校产教融合的主要模式,我国社会形态的日益成熟以及产业结构的转型升级,对以就业为导向、以培养学生专业技能为主要目标的高等职业教育人才培养规格提出了新的更高的要求,鼓励和支持社会各界特别是企业积极发展职业教育,着力培养高素质技术技能人才,为区域产业转型升级提供有力的智力支撑。

一、社会服务评价存在的问题

为了探究产业学院建设背景下社会服务评价体系的构建问题,在先期进行文献等理论整理及准备工作后,通过发放调查问卷、座谈交流等方式,收集了社会服务评价工作的意见与建议并进行整理,发现当前产业学院的社会服务评价工作存在的主要问题如下:

(一)评价标准有待统一

职业院校社会服务的评价,在不同院校之间甚至同一所院校在不同时间段,均存在标准不统一的问题。

校与校之间评价标准有待统一。不同的职业院校之间,因为建校历史、专业侧重及师生特点等方面的不同,在产业学院的社会服务评价标准方面存在较大差异。如有的院校重点考查教师在学生实习指导、社团指导等方面的工作量;有的院校则侧重校企合作的拓展及长期师生合作领域的评价指标;有的院校对师生参与各类疫情防控、社区公益活动等给予较大的评价赋分比重等,有待形成相对统一的职业院校社会服务评价标准。

同校不同时段评价标准有待统一。在社会服务评价标准方面,通过实地调研,发现部分职业院校因为聘期衔接、考核方案改革等原因,在社会服务工作评定方面,针对某一项具体工作,如学生顶岗实习指导,在上一个聘期内算作社会服务,能够给予积分认定,但在同一年度的下半年,即新聘期、新学年开始之后,社会服务工作的考核认定归类有待明晰。

(二)社会服务工作认定流程复杂

社会服务工作涉及人才服务、培训服务、技术服务、公益服务、合作交流服务等多方面,在实际的认定及评价中,经常会归口到职业院校的组织、人事、宣传、纪检、学生处、团委、教务、国际处等多个管理部门,在社会服务的认定方面,往往需要消耗较多时间和人力成本,流程相对复杂。

(三)对师生参加社会服务工作有待激励

当前社会服务工作涵盖层面种类数量庞大,涉及科技专利、校企合作、公益服务等众多方面。职业院校教师虽然是综合素质较高的群体,但面对多元化的社会服务工作,部分职业院校对于社会服务工作的评价标准要求较高,在缺乏激励政策的背景下,广大教师在同时面对众多教育教学日常工作、科学研究工作时,对社会服务工作有所忽略；职业院校的学生，在参与志愿服务、公益活动等社会服务工作中，缺乏量化标准，多数以活动签到次数或参加频率认定其参与情况，忽略了对其参与社会服务的质量和自身能力提升情况的考核等。

二、产业学院的社会服务评价策略

构建职业院校产业学院建设背景下的社会服务评价体系，首先需要明确社会服务目标；然后选取符合发展目标的评价指标，进行评价体系的构建；最后在实务中运用评价体系中的指标时，要根据地域等发展情况创新社会服务评价体系的应用方法。

（一）明确产业学院社会服务目标

产业学院的社会服务是学校连接社会的一条重要纽带，通过社会服务工作，力求达到学校发展、师生能力、企业及社会资源等多方共赢。

1. 学校发展方面

通过社会服务，产业学院可以更好地与社会、行业企业对接，了解最新行业动态、技术发展方向和用人需求，及时调整更新人才培养方案，提升产业学院学生的就业竞争力，确保学生的培养不会滞后于社会的发展，从而促进产业学院所在学校的发展。

2. 师生能力方面

职业院校产业学院师生将自身的知识和能力应用于社会服务实践中，一方面能更好地巩固自身专业技术优势，提升个人的专业技术能力；另一方面可以投身社会，为社会作出更多的贡献。通过师生积极参与到社会服务中，全社会也会形成热心公益、互助共享的大环境，有利于师生在教育教学中不断取得更大的进步。

3. 企业及社会资源方面

社会、企业的正常运行发展，势必离不开人力和技术的支持。《国家示范性高等职业院校建设计划》中对高职院校的社会服务范围进行了一定的扩展，打破了高职院校社会服务的空间范围，在新农村建设、对口交流支援、人员培训等方面都列入社会服务范畴。可以说，全社会及各类企业都可以在产业学院的社会服务工作中得到益处。

（二）产业学院的社会服务评价指标体系

产业学院的社会服务种类及内容涵盖众多方面，为了在产业学院建设中更好地发挥职业院校学校发展、师生能力、企业及社会资源等方面的功能,在社会服务的评价体系中,也应设立不同方面的具体指标,可从人才服务、培训服务、技术服务、公益服务、合作交流服务五个层面,构建产业学院的社会服务评价的分级指标体系,各层面的细分指标如表10-1。

表 10-1

序号	一级指标	二级指标	三级指标
1	人才服务	素质培养	指导学生数量、质量、师生满意度
		职业技能	师生各类职业技能大赛成绩、职业技能证书获得情况
		人才社会需求	就业率、对口率、毕业生满意度、雇主满意度
2	培训服务	职业技能培训	各类职业技能培训开展种类、场次、覆盖人数、满意度
		继续教育	继续教育数量、继续教育者满意度、就业率及就业质量
		各类讲座	开展传统文化、校园文化、企业文化、科技科普等公益教育临时培训讲座次数、参与人数、满意度
3	技术服务	技术咨询	向对口企业提供技术咨询次数、质量、教师社会公益兼职情况
		横向项目	校企合作横向项目获得的到账经费
		专利获得	各种发明、实用新型、外观设计等专利获得情况
		成果转化	院校教研成果转化率、转化到账经费
4	公益服务	校内活动	参与校内招生宣传、迎新、校园文化建设等
		社会公益活动	参与社区下沉、定点帮扶、志愿者等公益活动服务频率及时长
		设施及文化服务	文化体育场所、科研设施对外开放率、社会活动次数及满意度
5	合作交流服务	校企合作	长期实习实训合作企业数量、实习接纳人数、企业兼职导师数量
			校企合作课程共建、教材共建、组队参赛等情况
		合作办学及交流	中外合作办学专业数量、生源质量、合作办学毕业生用人单位满意度
			合作交流项目和活动开展数量及效果
			与其他院校共建、资源共享情况

（三）产业学院社会服务评价方法

1. 定位精确，细化标准

社会服务评价工作的实施，首先要按照分级指标，制定全面、精确、可靠的计量规则，杜绝模糊化。例如，对于产业学院整体的社会服务评价，应对应每级指标赋予相对稳定的权重，可供产业学院较为迅速、准确地完成社会服务工作评价及比较。而对于教师和学生个人参与社会服务的评价工作，不宜要求每个个体都做到面面俱到，可以用累加的形式，分学期、学年、聘期等阶段进行计算。当然，随着社会的发展，产业学院社会服务的范围和项目也会相应扩展和变化，在评价标准的制定上，需要做到靠前指挥，及时更新。

2. 多措并举，保障师生参与

对产业学院的社会服务评价，一是在对社会服务的积极性评价时，从外部给予正向激励，如对于艰苦、困难的社会服务工作给予一定补助支持，超额完成社会服务的师生在职称评定、奖助评优等方面获得一定优先或加分条件等。二是在社会服务工作认定和评价上，要积极打破传统框架思维，学习职称评定中"破五唯"思想，设置多选项，完成给定范围工作的任一项或任几项都能够满足要求，师生可以根据自身优势及情况，自选完成相应更为擅长的社会服务工作，这样既能让师生在参与社会服务工作中更为游刃有余，又能有一个积极向上的心态，获得相应的评价结果。

3. 利用智慧手段，提升评价效率

社会服务工作评价流程复杂，在当今智慧信息时代，在产业学院的社会服务评价工作中，要考虑引入信息化手段，如可依托志愿服务 APP，较好地记录在籍志愿者参与各类社会公益活动的情况，从活动报名—签到—活动确认—时长认定等，给予广大志愿者便捷式的记录方式，平台能方便归集个体的服务时长、星级等基本信息，可以大大减少各类纸质证明和资料的流转，节约社会资源，提升社会服务评价工作的效率。

（四）社会服务评价结果的应用领域和意义

产业学院的社会服务评价结果，可应用于人才选拔、院校建设及社会公益。

一是完备、健康、准确的社会服务评价可以让行业企业更快速地了解对应院校及学生的优势,从而更精准地组织校园招聘,选拔录用人才。二是社会服务评价结果对于职业院校本身也是一个反馈和激励,能够让职业院校认清自身优势和不足,同时促进与行业企业的交流,以便继续增强社会服务能力,促进产业的发展。三是对于全社会来说,科学、良好的社会服务评价结果能够体现职业院校参与各类社会公益活动的质量,社会服务评价的完善亦能够更好地促进全社会公益事业的发展。

参考文献

[1] 爱德华·弗里德曼.战略管理:利益相关者方法[M].王彦华,梁豪,译.上海:上海译文出版社,2006.

[2] 彼得·F.德鲁克,等.知识管理[M].杨开峰,译.北京:中国人民大学出版社,1999.

[3] 蔡敏.美国高校教学评价改革及其启示[J].教育科学,2007,23(3):88-91.

[4] 蔡永红,黄天元.教师评价研究的缘起、问题及发展趋势[J].北京师范大学学报(社会科学版),2003(1):130-136.

[5] 陈慧,潘东明,朱新秤,等.高校教师发展性教学评价的多维探析[J].高教探索,2005(3):33-35.

[6] 陈向平,袁洪志.高职院校学生发展诊断与改进指标体系研究[J].中国职业技术教育,2016(24):27-30,35.

[7] 崔岩.从"迎评"到"诊改",高职"蝶变"的路径[N].光明日报,2017-06-08.

[8] 崔岩.履行质量主体责任,高职如何找准"坐标系"[N].中国教育报,2016-11-05.

[9] 丁晓昌.高等教育质量保障体系研究[M].南京:江苏教育出版社,2008.

[10] 范立南,李佳洋.新工科视域下多方协同产业学院的共建共管机制研究[J].教育现代化,2018,5(1):129-131,143.

[11] 冯铭.高职教育"产学合作"中存在的问题、障碍及其对策浅谈[J].长沙航空职业技术学院学报,2006,6(3):5-6,20.

[12] 高智华,齐雪茹,王飒爽.产教深度融合模式下高职院校学生学习质量评价体系研究[J].河北职业教育,2017,1(1):21-25.

[13] 顾明远.教育大辞典:增订合编本[M].上海:上海教育出版社,1998.

[14] 国家教育发展研究中心.2000年中国教育绿皮书[M].北京:教育科学出版社,2000.

[15] 贺国庆.从莫雷尔法案到威斯康星观念:美国大学服务职能的确立[J].河北大学学报(哲学社会科学版),1998,23(3):91-97.

[16] 贺国庆.藤大春教育文集[M].济南:山东教育出版社,2005.

[17] 胡昌送,李明惠,卢晓春.美国产学研结合发展历程与主要模式[J].中国职业技术教育,2006(23):56-58.

[18] 胡昌送,卢晓春.浅析英国产学研结合的历史沿革及其发展趋势[J].职业时空(研究版),2007,3(4):36-37.

[19] 胡文龙.论产业学院组织制度创新的逻辑:三链融合的视角[J].高等工程教育研究,2018(3):13-17.

[20] 黄丹青.英国产业大学的发展及其特色[J].中国电化教育,2001(8):55-57.

[21] 黄楠.促进科技成果转化的机制研究:产学研合作的模式与问题分析[D].上海:复旦大学,2009.

[22] 姜大源.职业教育要义[M].北京:北京师范大学出版社,2017.

[23] 姜蕙.当代国际高等职业技术教育概论[M].兰州:兰州大学出版社,2002.

[24] 克拉克·A.坎贝尔(Clark A. Campbell).一页纸项目管理:只需一页纸就可做好任何项目[M].周秋洪,译.北京:东方出版社,2008.

[25] 李凌艳,陈慧娟.基于学生发展的学校自我诊断实施流程:学校自我诊断研究之二[J].教育测量与评价(理论版),2017(2):11-15.

[26] 李凌艳,苏怡.学校自我诊断研究之一:基于学生发展的学校自我诊断的内涵、指标及项目设计[J].教育测量与评价,2017(1):42-45.

[27] 李平.高职院校发展性教学评价研究综述[J].现代职业教育,2017(1):11-13.

[28] 李青,邓毛程,姚勇芳,等.基于建构型"自我诊断+企业参与"的专业评价指标体系构建研究[J].中国职业技术教育,2018(35):53-58.

[29] 李青,袁宜英,贺秋芳.企业参与顶岗实习质量评价的探索与实践:以广东轻工职业技术学院为例[J].中国职业技术教育,2013(30):25-28.

[30] 李潭.产业学院:校企合作新型路径[J].教育评论,2017(11):27-30.

[31] 李志义.成果导向的教学设计[J].中国大学教学,2015(3):32-39.

[32] 联合国教科文组织国际21世纪教育委员会.教育:财富蕴藏其中[M].联合国教科文组织总部中文科,译.北京:教育科学出版社,1996.

[33] 林崇德.中国学生核心素养研究[J].心理与行为研究,2017,15(2):145-154.

[34] 刘丽娜.现代产业学院研究述评与建设内涵辨析[J].教育视界,2023(32):12-17.

[35] 刘伟年,张国强,杨德良.论高职产学研合作中的利益基础和组织创新[J].当代经理人,2006(1):158-159.

[36] 刘亚琼.高校课堂教学质量发展性评价研究:基于学生学习的角度[D].南宁:广西大学,2012.

[37] 罗伯特·金·默顿.十七世纪英国的科学、技术与社会[M].成都:四川人民出版社,1986.

[38] 马培安.把握好"诊改"内涵才不怕"走偏"[N].中国教育报,2017-02-05.

[39] 潘建华.论职业教育学的范式研究和学科理论体系生长[J].江西教育科研,2007(10):82-84.

[40] 彭惠芳,戴远威.美国职业教育课程设置的特点与启示[J].淮南职业技术学院学报,2005,5(2):6-8.

[41] 漆家庆.职业院校主导型产业学院建设的价值取向与实践路径[J].教育科学论坛,2023(12):24-29.

[42] 乔治·凯勒(George Keller).大学战略与规划:美国高等教育管理革命[M].别敦荣,译.青岛:中国海洋大学出版社,2005.

[43] 秦旭,陈士俊.产学合作的系统分析及运行机制研究[J].科学管理研究,2002,20(5):70-72.

[44] 瞿葆奎.教育学文集—第22卷—英国教育改革[M].北京:人民教育出版社,1993.

[45] 饶从满,杨秀玉,邓涛.教师专业发展[M].长春:东北师范大学出版社,2005.

[46] 任占营.职业院校教学工作诊断与改进制度建设的思考[J].国家教育行政学院学报,2017(3):41-46.

[47] 上海师范大学教育系.马克思恩格斯论教育[M].北京:人民教育出版社,1979.

[48] 苏敬勤.产学研合作创新的交易成本及内外部化条件[J].科研管理,1999,20(5):68-72.

[49] 汤尧.大学治理内部控制架构之实务研究[J].复旦教育论坛,2006,4(1):51-57.

[50] 田恩舜.我国高等教育质量保证模式的建构策略[J].高等教育研究,2006,27(7):66-72.

[51] 托马斯·莫尔(Thomas More).乌托邦[M].2版.戴镏龄,译.北京:商务印书馆,1982.

[52] 王成方.用人才培养状态大数据诊断和改进教学[N].中国教育报,2016-06-23.

[53] 王华新,张志东.高职院校产业学院质量评价指标体系构建研究[J].中国高校科技,2024(2):47-52.

[54] 王津.职业院校社会服务能力评价体系探究[J].对外经贸,2022(9):136-139.

[55] 王璐.德国"双元制"职业教育法律法规研究[D].天津:天津大学,2009.

[56] 王寿斌.关注"教学诊改"①:"望闻问切",通俗化解读"教学诊改"[N].中国教育报,2017-04-25.

[57] 王寿斌.关注"教学诊改"②:"由表及里",对"教学诊改"进行"诊改"[N].中国教育报,2017-05-08.

[58] 王显芳,吴志功.欧美教育合作新举措:EC/US 计划的内容、特点及启示[J].比较教育研究,2004,25(3):87-90.

[59] 威廉·F.派纳(William F. Pinar),等.理解课程:历史与当代课程话语研究导论[M].张华,等译.北京:教育科学出版社,2003.

[60] 吴雪萍.英国国家职业资格的评定方法[J].比较教育研究,1995,17(5):29-31.

[61] 吴一鸣."教学诊改"内生动力何以形成?[N].中国教育报,2017-06-20.

[62] 吴一鸣."诊改"须解决主体参与有效性问题[N].中国教育报,2017-06-27.

[63] 吴一鸣.高职"诊改"突破口:内部专业评估[N].中国教育报,2016-09-13.

[64] 谢继延,赖晓彬,钟阁.诊断与改进是推进专业建设的有效路径:以高职院校服装设计专业为例[J].轻纺工业与技术,2016,45(6):131-133.

[65] 许俊生.提升高职教学质量需用绩效管理"武装"[N].中国教育报,2016-11-08.

[66] 杨宝进.探索产学结合途径,建立合作运行机制,培养高等技术应用性人才[J].郑州牧业工程高等专科学校学报,2002(2):125-127.

[67] 杨仁发,汪涛武,吴伟.高职高专产学结合人才培养机制研究[J].职教论坛,2005(9X):27-29.

[68] 袁洪志,陈向平.文化育人:高等职业教育质量提升的新视角[J].江苏高教,2016(1):135-137,151.

[69] 约翰·S.布鲁贝克.高等教育哲学[M].王承绪,郑继伟,张维平,译.杭州:浙江教育出版社,2001.

[70] 张俊.高等学校产学研结合模式及发展趋势研究[D].武汉:华中农业大学,2001.

[71] 张艳芳,雷世平.英国产业大学与我国产业学院的比较及启示[J].职业教育研究,2020(1):85-90.

[72] 张燕琴,潘利强,王书荣,等.校企"二元制"培养模式下教学质量评价体系的构建[J].湖北开放职业学院学报,2020,33(8):48-49.

[73] 张羽,王伟.高职混合所有制产业学院建设的关键点、运行机制与实施路径[J].教育与职业,2022(9):44-51.

[74] 赵敏.我国职业教育立法的改革与完善:从美国职业教育立法的启示谈起[J].科技信息(学术研究),2008(25):147-148.

[75] 郑永进.培育质量文化是"教学诊改"的灵魂[N].中国教育报,2017-07-04.

[76] 周步昆,许广举,冀宏,等.融合创新视角下应用型高校产业学院的特征、架构与评价[J].黑龙江高教研究,2021,39(5):35-40.

[77] 卓幼义.基于校企合作运作保障机制的实践与探究[J].汽车维护与修理,2022(2):54-56.